本书系教育部人文社会科学研究规划基金项目
"唐后期以皇权为主导的制度变迁研究"(编号:14YJA770017)
最终成果

方李邦琴北京大学人文学科文库出版基金赞助

北京大学人文学科文库 | 北大中国史研究丛书

唐后期皇权问题研究
对隐藏性权力的考察

Imperial Authority in Late Tang:
An Examination of Hidden Power

叶炜 著

图书在版编目(CIP)数据

唐后期皇权问题研究:对隐藏性权力的考察／叶炜著.--北京:北京大学出版社,2025.4.--(北京大学人文学科文库).--ISBN 978-7-301-36003-3

Ⅰ.D691.21

中国国家版本馆 CIP 数据核字第 20251W3C22 号

书　　　名	唐后期皇权问题研究:对隐藏性权力的考察 TANG HOUQI HUANGQUAN WENTI YANJIU: DUI YINCANGXING QUANLI DE KAOCHA
著作责任者	叶　炜　著
责任编辑	张　晗　邴文彬
标准书号	ISBN 978-7-301-36003-3
出版发行	北京大学出版社
地　　　址	北京市海淀区成府路 205 号　100871
网　　　址	http://www.pup.cn　新浪微博:@北京大学出版社
电子邮箱	编辑部 wsz@pup.cn　总编室 zpup@pup.cn
电　　　话	邮购部 010-62752015　发行部 010-62750672 编辑部 010-62755217
印　刷　者	北京中科印刷有限公司
经　销　者	新华书店
	650 毫米×980 毫米　16 开本　22 印张　261 千字 2025 年 4 月第 1 版　2025 年 4 月第 1 次印刷
定　　　价	78.00 元

未经许可,不得以任何方式复制或抄袭本书之部分或全部内容。
版权所有,侵权必究
举报电话: 010-62752024　电子邮箱: fd@pup.cn
图书如有印装质量问题,请与出版部联系,电话: 010-62756370

总 序

袁行霈

人文学科是北京大学的传统优势学科。早在京师大学堂建立之初,就设立了经学科、文学科,预科学生必须在5种外语中选修一种。京师大学堂于1912年改为现名,1917年,蔡元培先生出任北京大学校长,他"循思想自由原则,取兼容并包主义",促进了思想解放和学术繁荣。1921年北大成立了四个全校性的研究所,下设自然科学、社会科学、国学和外国文学四门,人文学科仍然居于重要地位,广受社会的关注。这个传统一直沿袭下来,中华人民共和国成立后,1952年北京大学与清华大学、燕京大学三校的文、理科合并为现在的北京大学,大师云集,人文荟萃,成果斐然。改革开放后,北京大学的历史翻开了新的一页。

近十几年来,人文学科在学科建设、人才培养、师资队伍建设、教学科研等各方面改善了条件,取得了显著成绩。北大的人文学科门类齐全,在国内整体上居于优势地位,在世界上也占有引人瞩目的地位,相继出版了《中华文明史》、《世界文明史》、《世界现代化历程》、《中国儒学史》、《中国美学通史》、《欧洲文学史》等高水平的著作,并主持了许多重大的考古项目,这些成果发挥着引领学术前进的作用。目前北大还承担着《儒藏》、《中华文明探源》、《北京大学藏西汉竹书》的整理与研究工作,以及《新编新注十三经》等重要项目。

与此同时,我们也清醒地看到,北大人文学科整体的绝对优势正在减弱,有的学科只具备相对优势了;有的成果规模优势明显,高度优势还有待提升。北大出了许多成果,但还要出思想,要产生影响人类命运和前途的思想理论。我们距离理想的目标还有相当长的距离,需要人文学科的老师和同学们加倍努力。

我曾经说过:与自然科学或社会科学相比,人文学科的成果,难以直接转化为生产力,给社会带来财富,人们或以为无用。其实,人文学科力求揭示人生的意义和价值、塑造理想的人格,指点人生趋向完美的境地。它能丰富人的精神,美化人的心灵,提升人的品德,协调人和自然的关系以及人和人的关系,促使人把自己掌握的知识和技术用到造福于人类的正道上来,这是人文无用之大用!试想,如果我们的心灵中没有诗意,我们的记忆中没有历史,我们的思考中没有哲理,我们的生活将成为什么样子?国家的强盛与否,将来不仅要看经济实力、国防实力,也要看国民的精神世界是否丰富,活得充实不充实,愉快不愉快,自在不自在,美不美。

一个民族,如果从根本上丧失了对人文学科的热情,丧失了对人文精神的追求和坚守,这个民族就丧失了进步的精神源泉。文化是一个民族的标志,是一个民族的根,在经济全球化的大趋势中，拥有几千年文化传统的中华民族，必须自觉维护自己的根，并以开放的态度吸取世界上其他民族的优秀文化，以跟上世界的潮流。站在这样的高度看待人文学科，我们深感责任之重大与紧迫。

北大人文学科的老师们蕴藏着巨大的潜力和创造性。我相信，只要使老师们的潜力充分发挥出来，北大人文学科便能克服种种障碍，在国内外开辟出一片新天地。

人文学科的研究主要是著书立说，以个体撰写著作为一大特点。除了需要协同研究的集体大项目外，我们还希望为教师独立探索，撰写、出版专著搭建平台，形成既具个体思想，又汇聚集体智慧的系列研究成果。为此，北京大学人文学部决定编辑出版"北京大学人文学科文库"，旨在汇集新时代北大人文学科的优秀成果，弘扬北大人文学科的学术传统，展示北大人文学科的整体实力和研究特色，为推动北大世界一流大学建设、促进人文学术发展做出贡献。

我们需要努力营造宽松的学术环境、浓厚的研究气氛。既要提倡教师根据国家的需要选择研究课题，集中人力物力进行研究，也鼓励教师按照自己的兴趣自由地选择课题。鼓励自由选题是"北京大学人文学科文库"的一个特点。

我们不可满足于泛泛的议论，也不可追求热闹，而应沉潜下来，认真钻研，将切实的成果贡献给社会。学术质量是"北京大学人文学科文库"的一大追求。文库的撰稿者会力求通过自己潜心研究、多年积累而成的优秀成果，来展示自己的学术水平。

我们要保持优良的学风，进一步突出北大的个性与特色。北大人要有大志气、大眼光、大手笔、大格局、大气象，做一些符合北大地位的事，做一些开风气之先的事。北大不能随波逐流，不能甘于平庸，不能跟在别人后面小打小闹。北大的学者要有与北大相称的气质、气节、气派、气势、气宇、气度、气韵和气象。北大的学者要致力于弘扬民族精神和时代精神，以提升国民的人文素质为己任。而承担这样的使命，首先要有谦逊的态度，向人民群众学习，向兄弟院校学习。切不可妄自尊大，目空一切。这也是"北京大学人文学科文库"力求展现的北大的人文素质。

这个文库目前有以下17套丛书：

"北大中国文学研究丛书"

"北大中国语言学研究丛书"

"北大比较文学与世界文学研究丛书"

"北大中国史研究丛书"

"北大世界史研究丛书"

"北大考古学研究丛书"

"北大马克思主义哲学研究丛书"

"北大中国哲学研究丛书"

"北大外国哲学研究丛书"

"北大东方文学研究丛书"

"北大欧美文学研究丛书"

"北大外国语言学研究丛书"

"北大艺术学研究丛书"

"北大对外汉语研究丛书"

"北大古典学研究丛书"

"北大人文学古今融通研究丛书"

"北大人文跨学科研究丛书"①

这17套丛书仅收入学术新作,涵盖了北大人文学科的多个领域,它们的推出有利于读者整体了解当下北大人文学者的科研动态、学术实力和研究特色。这一文库将持续编辑出版,我们相信通过老中青学者的不断努力,其影响会越来越大,并将对北大人文学科的建设和北大创建世界一流大学起到积极作用,进而引起国际学术界的瞩目。

---

① 本文库中获得国家社科基金后期资助或入选国家社科基金成果文库的专著,因出版设计另有要求,因此加星号注标,在文库中存目。

"北大中国史研究丛书"序

近年来,北大的人文研究开始活跃起来。国际汉学家研修基地、人文社会科学研究院、区域与国别研究院纷纷成立,举办各种各样的学术活动,会议、工作坊、讲座纷至沓来。一时间,学术气氛浓郁,不同学科也进一步加强了交流。与此同时,新的人文学部也在沉闷的评审、提职、定级、评奖的会议之外,开始组织讲座、论坛和工作坊,建设跨学科研究平台;构筑"北京大学人文学科文库",希望整体展示人文学科的学术成果。我等受命编辑"文库"中的"北大中国史研究丛书",得到同行的踊跃支持。

北大的中国史研究,可以追溯到1899年京师大学堂初设时的史学堂,作为新式教育的一科,包含中国历史研究。1903年,史学堂改为中国史学门和万国史学门,相当于今天的中国历史和世界历史两个专业。1912年京师大学堂改称国立北京大学,1919年设立史学系。1952年院系调整,新的北大历史系又接纳了清华大学历史系和燕京大学历史系的许多著名学者，使北大历史系成为研究中国历史的重镇。在北大史学系到历史系的发展历程中，中国史学研究的队伍不断壮大，名家辈出，也产生了许多传世名著。

但是，由于在20世纪经历了多次国难、内战、政治运动，特别是"文革"的迫害，在处于政治旋涡中的北大，史学研究者也不免受到冲击甚至没顶之灾。而且，最近几十年来社会观念巨变，大学里政经法等社会科学越来越受到重视，文史哲则日渐萎缩，历史学科的规模更是受到较大的限制。

然而，历史学作为一个综合性大学的基础人文学科，是不可或缺的。而中国历史，更是居于中国大学首位的北京大学所不可或缺的。北大的中国史研究者，也有着比其他人更加厚重的义务，需要更加努力地做好自己的研究。中国近代学术起步要晚于西方和日本，所以在相当长的一段时间里，即便是中国历史研究领域，也有不少优秀的学者是西方或日本培养起来的，陈寅恪先生因而有"群趋东邻受国史，神州士夫羞欲死"的感叹。历次政治运动，也使国人的许多研究领域拉开了与国外优秀学者的距离。但改革开放以来，包括北大学人在内的中国学者奋起直追，在中国史的许多方面，我们已经走在了学科发展前列，产生出一批优秀的学术著作，为东西洋学者同行刮目相看。

过去，北大历史系学人的特点之一，就是单打独斗。一些优秀学者在各个出版社出版的著作，为弘扬北大学术，做出了极大的贡献。但这样的做法，也使得不少学术研究成果，变成各种丛刊的组成部分，显现不出北大的学术积淀。"北京大学人文学科文库"的想法之一，就是把北大学人的成果凝聚在一起，形成一个比较宏大的气势，推进北大的人文研究。这一做法，对于北大中国史研究，无疑有助于提振士气，凝聚力量，可以集中展现北大中国史学科的研究成果。相信北大历史系暨中国古代史研究中心的学者，有义务，有承担，把自己最满意的研究成果，在"北大中国史研究丛书"中陆续推出。

荣新江　张　帆

2018年北大校庆前两日

目 录

第一章 导 论 ……………………………………………… 1
    一、研究视角的选择 …………………………………… 1
    二、篇章结构 …………………………………………… 9

唐后期皇权对政务信息的控制

第二章 唐代皇帝与中央官政务沟通方式的制度性调整 …… 15
    一、问题的提出：甒制变化所见唐代皇帝的信息难题 …… 15
    二、规范层次与程序：安史之乱以前相关制度的调整 …… 21
    三、强调直接与个别：安史之乱后的相关制度调整 ……… 28
    四、小结 ………………………………………………… 46

第三章 信息与权力：从《陆宣公奏议》看唐后期皇帝、
        宰相与翰林学士的政治角色 ……………………… 50
    一、问题的提出与讨论对象的选择 …………………… 51
    二、翰林学士与宰相议政方式的差异 ………………… 56

三、翰林学士与宰相议政方式差异的制度性基础 …………… 63
　　四、皇帝在政务信息流通中的支配地位 ………………………… 72
　　五、小结 …………………………………………………………… 82

第四章　释唐后期上行公文中的兼申现象 ………………………… 83
　　一、唐后期上行公文的兼申规定 ………………………………… 84
　　二、从闻奏兼申中书门下类公文看其"报告"属性 …………… 91
　　三、唐后期上行公文兼申的意义 ………………………………… 97
　　四、小结 ………………………………………………………… 108

唐后期皇权对议题的控制

第五章　唐代的集议与皇权 ………………………………………… 113
　　一、研究对象的确定 …………………………………………… 114
　　二、唐代集议的特点 …………………………………………… 117
　　三、唐代集议中的皇权因素 …………………………………… 125
　　四、唐玄宗前后集议的变化 …………………………………… 138
　　五、小结 ………………………………………………………… 152

第六章　从独见到共识：元和七年议个案研究 …………………… 154
　　一、唐代集议诏敕与议状的格式 ……………………………… 155
　　二、关于韩愈、署名元稹两篇议状的系年问题 ……………… 159
　　三、元和七年之前的唐代货币政策 …………………………… 166
　　四、元和七年议与此后唐代货币政策的调整 ………………… 175
　　五、小结 ………………………………………………………… 184

第七章　对唐代皇帝搁置行为的初步考察 …… 186
一、搁置的表现：疏奏不报与留中 …… 187
二、搁置的决策功能：压制潜在议题 …… 194
三、搁置与唐后期皇权 …… 201
四、小结 …… 210

唐后期大臣对皇帝人格依附的加强

第八章　唐代"批答"述论：以地方官所获"批答"为中心 …… 215
一、唐代文献中的"批答" …… 215
二、唐代藩镇长官所获批答数量与类型的变化 …… 219
三、"敕书"的分化与政务性"批答" …… 223
四、小结：唐后期的"批答"与皇权 …… 232

第九章　唐后期同时上呈皇帝、宰相类文书考 …… 235
一、问题的提出 …… 235
二、同时上呈皇帝与宰相的表状 …… 236
三、此类表状存在的政治背景 …… 251
四、小结 …… 257

第十章　从中古侍臣演变看决策群体之扩展 …… 258
一、问题的提出 …… 258
二、门下省—中书省—尚书省：皇帝身边侍臣的构成 …… 260
三、侍臣、侍官、内侍：功能分化与角色定位 …… 277

四、从武冠到进贤冠：冠制对侍臣演变的反映及其
　　　　意义 ………………………………………………… 287
　　五、小结 ………………………………………………… 293

第十一章　唐代异姓爵的袭封问题 ……………………… 296
　　一、肃、代以前异姓爵的承袭 ………………………… 297
　　二、肃、代以后异姓爵的承袭 ………………………… 302
　　三、异姓爵袭封制变化与唐后期皇权 ………………… 307

结　语 ……………………………………………………… 315

征引文献目录 ……………………………………………… 323

第一章

导 论

一、研究视角的选择

唐朝（618—907）近三百年的历史，大致可以安史之乱（755—763）为界，分为前后两期。本书所谓唐后期，是指安史之乱以后的唐朝。历经八年征战，中央政府艰难平定了叛乱，却也形成了藩镇割据的局面，唐朝的中央集权遭到沉重打击。在此状况下，唐朝中央政府还相对稳定地存在了百余年，既没发生唐前期那样弑兄逼父、政权易姓的事件，还比较适时地进行了制度调整，完成了诸如两税法这样划时代的制度创设。这些现象都促使学界对唐后期进行更为深入的思考与研究。刘后滨、陆扬、仇鹿鸣等先生近年来都从不同角度有所论述[①]。

[①] 刘后滨：《唐代中书门下体制研究：公文形态、政务运行与制度变迁（增订版）》，中国人民大学出版社，2022年；陆扬：《清流文化与唐帝国》，北京大学出版社，2016年；仇鹿鸣：《长安与河北之间：中晚唐的政治与文化》，北京师范大学出版社，2018年。他们的观点，这里暂不一一介绍，后面具体研究中再加以引述和分析。

本书并未打算全面解释以上现象，而是从对上述现象的思考出发，重点考察皇帝与皇权在唐后期政务运行中发挥作用的某些方式及其在制度运行和调整中所扮演的角色。为什么选择考察皇帝与皇权，我们又将具体考察哪些方面的内容呢？

皇权问题是传统政治史研究中的一个核心问题，因皇帝在中国古代政治体系和政治制度中居于关键地位，作用无可替代，故颇受学者重视，皇帝与皇权成为理解中国古代政治、制度、社会的重要切入点之一。西嶋定生先生以皇帝对人民的个别人身支配来理解秦汉帝国的政治结构、社会结构问题。在田余庆先生的《东晋门阀政治》中，"皇权"和"皇权政治"不仅是解释魏晋南北朝历史线索的出发点，亦被作为把握整个中国古代政治制度特点的关键概念。20世纪90年代以来，随着文化史、社会史的兴起，史学研究多元化，学界对中国古代皇帝制度的关注有所减少。近年来，一方面由于对中国古代社会特质的认识更加深刻，学界愈发注意到中国古代是一个"政治优先"的社会，认识到政治体制在决定社会等级、社会关系与社会观念上的巨大权重[1]。另一方面，西方新政治史和新制度主义等学术思潮也再度关注权力、关注制度建构的影响，认为在试图理解不同社会系统在发展方面存在的重要差异时，社会或经济结构变量不是关键原因，政治制度却是最重要的解释性因素[2]。制度分析视角重新受到关注，也是认识到政治生活中的组织因素才是至关重要的，制度影响到

---

[1] 阎步克：《中国古代官阶制度引论》，北京大学出版社，2010年，第8页。
[2] 罗伯特·古丁、汉斯-迪特尔·克林格曼主编，钟开斌等译：《政治科学新手册》，生活·读书·新知三联书店，2006年，第211页。

历史的进程①。在此学术背景下，皇权制度研究重新受到国内外学界的重视。渡边信一郎、阎步克、侯旭东、金子修一、甘怀真、邓小南、姚大力、张帆等学者的研究中，均从不同角度关注了中古皇帝、皇权制度问题。

就唐后期而言，《旧唐书·职官志》云："至德已后，天下用兵，军国多务，深谋密诏，皆从中出。"②"至德"是唐肃宗的第一个年号，时间是756年七月至758年二月，这意味着安史之乱爆发以后，内廷愈发成为帝国的政治中心③，内廷的核心当然是皇帝。唐后期引人注目的一个现象是，与唐后期政治息息相关并且对后世产生重大影响的制度安排，如翰林学士院学士、神策护军中尉、包括枢密使在内的内诸司使系统等，几乎都是围绕着皇权的运作而构建的，它们都直属皇权，与皇权有着直接而紧密的联系。可以说，唐后期重要政治制度的调整与变迁深刻地打上了皇权的印记。学界近年来的一些研究也更加深入地考察了唐代皇权问题，刘后滨《唐代中书门下体制研究》指出中书门下体制建立之后，"随着宰相职掌政务化的加强，君主也随之走到了处理国家政务的前台"；柳浚炯《唐代宦官与皇权运作关系研究》认为，在代宗、德宗以后，皇帝"更愿意通过中使处理政治事务"，

---

① 詹姆斯·G. 马奇、约翰·P. 奥尔森著，张伟译：《重新发现制度：政治的组织基础》，生活·读书·新知三联书店，2011年，第1、159页。

② 刘昫等撰：《旧唐书》卷四三《职官志二》翰林院注，中华书局，1975年，第1854页。

③ 松本保宣曾指出："政治场所明显地转向内部正是唐代后半期的趋势。"松本保宣：《从朝堂至宫门——唐代直诉方式之变迁》，邓小南、曹家齐、平田茂树主编：《文书·政令·信息沟通：以唐宋时期为主》，北京大学出版社，2012年，第251页。

"唐中后期皇帝减少了与事务之间的操作环节，以更加接近具体事务"①。这些都提示我们，在对唐后期的考察中，需要更为注重皇帝和皇权在政务运作及制度调整中的作用。

专制主义统治不是无限王权，而是有限王权②。或许由于对法律、规章、礼制、习俗、官僚群体等等对皇权限制的强调③，目前学界已有的相关研究中，直接研究唐后期皇权的成果相对较少，对皇权能动性的观察、重视不够。我们认为，能动性正是唐后期皇权研究中需要给予重视的部分。中国古代皇权本身具有高度能动性，首先，虽然从理论上说中国古代皇权并非不受限制，但是高度集中化的单一君主权力，确为中国古代专制皇权的本质特征之一④。其次，从唐后期的实际情况来看，安史之乱以后，中央集权的确有所削弱，但这并不意味着皇权必然随之衰落。相反，唐前期律令体系瓦解后产生的部分制度空白，还给皇帝提供了更大的施展个人权力、提高专制程度的空间。再次，安史之乱以后，为了应付空前复杂的政治局势，维系"裂于方镇"的国家架构，也需要中央的政策、制度进行频率较高的适时调整，给予皇帝更多发挥皇权的机会。皇帝与皇权的能动性成为唐后期制度

---

① 刘后滨：《唐代中书门下体制研究：公文形态、政务运行与制度变迁（增订版）》，第279页；柳浚炯：《唐代宦官与皇权运作关系研究》，北京大学2010年博士学位论文，第32页。

② 马克垚：《古代专制制度考察》，北京大学出版社，2017年，第45页。

③ 谢和耐就曾指出，行政中律法、规章和习俗对君王的专断起到"相当的制约作用"，君王"遵守传统和典章，是有力的节制力量，肯定比立宪机构更有效"，见谢和耐著，何高济译：《中国人的智慧》，上海古籍出版社，2004年，第14页。

④ 参阅步克：《政体类型学视角中的"中国专制主义"问题》，《北京大学学报（哲学社会科学版）》2012年第6期，第29—33页；肯尼斯·米诺格著，龚人译：《当代学术入门：政治学》，辽宁教育出版社、牛津大学出版社，1998年，第3页。

调整中的重要因素之一。

　　皇权在哪里？如何去观察？皇权体现于理论和技术两个层面。在中国古代，秦汉皇帝制度建立以后，"前主所是著为律，后主所是疏为令"，"天下之事，无小大皆决于上"等皇权至上的理论便已创制、固定下来①。只不过理论上的论证、演示是一回事儿，技术上如何实现是另一回事儿。秦汉以后，皇帝制度在理论上的变化较小，在技术上的更迭、演进则更多。汉武帝时，皇帝争取在与宰相议政的过程中掌握主动权，也就是由皇帝根据情况，主动提出新的政策、措施和用人方案，征求宰相意见，最后再由皇帝裁决。其基础则是汉武帝时尚书的发展，使皇帝能够及时掌握政务信息、了解国家情况，这样皇帝才有可能主动提议，并由此掌握议政的主动权②。这就是皇帝制度、皇权运用方式在技术层面的发展。张帆先生认为，所谓中国历史上君主专制的"强化"，主要也表现为专制水准的提高③。

　　技术的选择、实施及其演进，是与具体政治环境下的现实需求密不可分的。就皇帝的核心任务——国家最高决策工作而言，安史之乱前后政治环境的最大不同，就是由于溢出原有律令格式体系涵盖范围的新问题层出不穷，唐后期需要皇帝直接参与的风险决策数量大大增加。而且，唐后期周边强邻环伺，内部藩镇类

---

①　司马迁撰：《史记》卷一二二《酷吏列传》，中华书局，2013年修订本，第3800页；《史记》卷六《秦始皇本纪》，第325页。
②　参祝总斌：《两汉魏晋南北朝宰相制度研究》，中国社会科学出版社，1998年第2版，第30页。
③　张帆：《中国帝制时代"君主专制"问题片论》，北京大学历史学系、北京大学中国古代史研究中心编《吴荣曾先生九十华诞颂寿论文集》，中华书局，2022年，第738页。

型多样，不同藩镇与中央的关系处于动态变化之中，中央政治、经济等各种新政策也在摸索中相继出台。在唐后期愈发复杂的政治环境下，不确定，甚至深度不确定条件下的决策数量便有所增加。社会科学对决策问题的研究表明，政治环境越复杂，风险决策过程中所需要信息的数量就越多、质量也越高。在深度不确定条件下的决策，要求决策者具备的第一能力，就是及时的信息收集、分析处理能力。信息收集与分析处理能力应相匹配，如果缺乏分析处理能力，过多的信息只会徒增噪音。重要政务信息获取、处理能力，是唐后期皇帝所追求的。基于此，我们首先要考察的一种唐后期皇权的运用方式，是皇帝对重要政务信息的掌控。

唐后期皇帝努力掌控重要政务信息的流转和分配，希望在政务处理中发挥主导作用。这种主导作用，在相当程度上，是皇帝通过掌控议题而实现的。这是唐后期皇权发生作用的又一重要方面。较之前代，不同层次的议政在唐代更为规范，并在政务处理中发挥了更为重要的作用①。那么，哪些议题可以被上会讨论就是一个事关决策取向的重要问题。同时，那些没有上会也就是被搁置的议题也就被排除于决策的选项范围之外，因此，没有决策的搁置，其实也是一种重要的决策行为。

政治学领域关于权力的研究，对权力有不同的分类方式。一些学者将权力分为公开层面、隐藏层面和无形层面。三个层面的权力形式，分别由达尔、巴卡拉克和巴拉兹、卢克斯提出。第一公开层面，或称一维权力观，关注 A 通过威胁或报偿改变 B 的行

---

① 吴宗国：《中国古代的王朝和皇权》，氏著《中古社会变迁与隋唐史研究》，中华书局，2019 年，第 701—702 页。

为，使其违背最初的偏好与战略。B 对此有所了解，并能感受到 A 的权力影响。第二隐藏层面，或称二维权力观，关注 A 控制行动议程，限制 B 的战略选择。B 对此不一定有所了解，也不一定能意识到 A 的权力。第三无形层面，或称三维权力观，揭示了 A 帮助创建和塑造 B 的基本信念、认识与偏好。经过"洗脑"，B 不大可能对此或对 A 的权力影响有意识。这种划分反映了权力的运用对象发现自己受到权力影响的难度。隐藏层面和无形层面体现了结构性权力[1]。唐后期皇帝努力掌控信息，并以此为基础掌控议题的皇权运作方式，当属上述权力分类方式的第二个层面，即隐藏层面。这也是本书标题称为"对隐藏性权力的考察"之原因。

对信息、议题的控制权不是公开层面的命令式权力，而是属于隐藏层面的同化式权力，由于它相对于具有强制性的命令式权力更不容易被察觉，所以往往更为有效[2]。从历时性角度来看，对隐藏性权力的重视和利用，也是权力技术演进的一个方面。我们选择的具体考察对象，是皇帝并不直接参加讨论的"集议"，通过对集议的探讨，更能够彰显唐后期皇帝对议题设置以及决策的控制能力，看到唐后期皇帝能够颇为娴熟地使用隐藏性权力。

在政治学界，还有一种显性权力与隐藏性权力（隐性权力、隐权力）的划分方式。这种划分，和上述从权力"运用对象发现自己受到权力影响的难度"的视角划分不同，是从权力发出者角

---

[1] 参约瑟夫·奈著，王吉美译：《论权力》，中信出版社，2015 年第 2 版，第 16—17 页。

[2] 参约瑟夫·奈：《论权力》，第 19 页；史蒂文·卢克斯著，彭斌译：《权力：一种激进的观点》，江苏人民出版社，2008 年，导论第 1、正文第 55 页。

度而言的。显性权力的来源主要有法定的权力和来自上级部门的授权与分权。隐性权力的来源包括多种渠道：既可以来自某个人在组织中形成的个人魅力；也可以来自个人距离权力中心的客观位置，包括岗位上的距离和物理上的距离；同时隐性权力还可以基于对信息和话语的垄断而获得等①。中国古代史上的某些佞幸、宗室、外戚、宦官的权力以及现代社会中某些领导秘书的权力，很大程度上，就是属于这种隐藏性权力。对皇帝来说，至高无上的法定地位，赋予其正式显性权力，而其所拥有权力的集中性、任意性，以及对信息的垄断性，则为其带来庞大的隐藏性权力资源，从而强化了大臣对皇帝的依附关系。

专制皇权体制下，官员，特别是高级官员的仕途，最终是由皇帝决定的，由此形成了大臣对皇帝的人格依附。加强大臣对皇帝的人格依附关系，是中国古代专制皇权发展的重要内容之一。在此方面，唐后期皇帝的努力是多方面的，既包括强化皇帝与大臣的一对一联系，也包括通过赋予大臣"天子私人"的身份以加强其对皇帝的认同和依附，还包括皇帝将大臣原本具有世袭性的家族待遇变为当今圣上对大臣个人功德劳绩的奖赏等。这些既是唐后期皇权作用方式的重要方面，也可以视为皇权运作在技术层面的演进。

总之，本书研究的内容，是立足于对唐后期皇权能动性的考察，从皇权对政务信息的控制、皇权对议题的控制、加强大臣对皇帝的人格依附等三方面，探讨唐后期皇权的表现形式及特征，

---

① 何乃绍、李仕萍：《组织中的显性权力与隐性权力》，《中国人力资源开发》2004年第9期。参李勇军：《隐性权力的产生及其治理》，《领导科学》2015年第33期。

希望从皇帝对以上两类隐藏性权力的运用，观察皇帝权力及其运作方式在技术层面的发展，深入理解唐后期以皇权为主导的制度变迁。

二、篇章结构

首先需要说明的是，黄巢起义爆发后，唐朝陷于全面衰败，何灿浩先生称之为"唐末趋亡期"①。在此阶段，"天下诸侯，半出群盗，强弱相噬，怙众邀宠，国法莫能制"②，中央已经无力进行主动的制度调整，因此本书的研究时段，主要是从安史之乱（755）到黄巢起义（878）之间的一百二十余年。

全书分为三部分，第一部分聚焦于唐后期皇权对政务信息的控制。强调唐后期皇帝通过制度调整，努力提高他在重要政务信息流转过程中的控制力。唐后期皇帝不再是仅仅作为信息的接受者而处于政务信息流转过程中的顶端，而是处于政务信息流转过程的核心，控制着重要政务信息的筛选和分配。同期参与决策的宰相和翰林学士，则基于其信息来源渠道不同，在决策中承担不同角色。公文是政务信息的重要载体，唐后期不仅对需要决策的请示性公文，而且对暂不需要决策的报告性公文也有相应制度安排。唐代上行公文中的多种兼申规定，就主要出现在唐后期。报告性公文的兼申要求是唐后期在信息分层基础上，皇帝与中央机构力求更为及时准确地掌控重要、敏感政务信息的一种努力。通

---

① 何灿浩：《唐末政治变化研究》，中国文联出版社，2001年，第1页。
② 《旧唐书》卷一七九《萧遘传》，第4646页。

过兼申，皇帝或上级机构能够与具体负责机构同步掌握信息，有利于皇帝或上级机构对具体负责机构的管理、指导和监督。

第二部分主要讨论唐后期皇权对议题及议政程序的控制。研究主要围绕"议题"来进行。关注了议题的提出、选择，以及皇帝对议政程序、议政形式和议政范围的控制等问题。揭示了唐后期皇帝在集议过程中的参与方式：皇帝不是全程参与讨论，但也并非只是最后环节的拍板者，皇帝不仅拥有批准权和否决权，而且通过在若干关节点的参与，使其意志深入到决策过程的各个关键环节之中。对宪宗元和七年集议的个案研究，则更为深入地探讨集议在唐后期政治中的运作方式、功能与作用。我们不仅考察皇帝利用皇权做了什么，而且还需要关注皇帝利用皇权不做什么或没做什么。在唐代，搁置并非皇帝怠政的表现，搁置、暂不决策其实也是一种决策。搁置的重要功能是对议题的压制。重大决策做出后，对反对意见进行压制，使之不成为议题、不再讨论，是皇帝作为决策者意志的体现。搁置那些有可能引发或加剧官员内部矛盾的议题，体现了皇帝对官僚群体的掌控能力。搁置既是皇帝处理与官僚机构矛盾、压制大臣意见的方式，也是皇帝处理君臣关系时的一种灵活手段。

第三部分着眼于唐后期皇帝构建、强化与大臣私人性关系的问题。第八章"唐代'批答'述论：以地方官所获'批答'为中心"与第九章"唐后期同时上呈皇帝、宰相类文书考"揭示了唐后期皇帝与地方长官之间、中央高级官员与地方长官之间私人性联系的加强。第十章"从中古侍臣演变看决策群体之扩展"则在中古内外朝关系的背景下，讨论了唐代内外朝关系的调整，从皇帝角度而言，是力图将整个决策群体赋予"天子私人"的身份，由此加强决策群体对皇帝的认同与依附。对唐代异姓爵袭封问题的探讨，则揭示了唐后期将大臣的某些制度性待遇变为皇帝对大臣的临时、个人性封赏。以上这些制度性调整，又从不同方面强化了大臣对皇帝的人格依附。

唐后期皇权对政务信息的控制

在今天的信息化时代中，领导者如果能控制网络中的信息流，那么他们就掌握了重要的权力来源①。对信息掌控的能力属于一种隐藏性的权力。虽然古代领导者的信息搜集和处理能力无法与现代相比，但他们同样重视对重要信息的掌控，专制君主也要依靠报告和信息，因此有学者认为向国王报告的问题是一切君主制的核心问题②。为了提高决策的合理性、有效性，也为了加强对官员的控制，在中国古代，较为勤政而力图有所作为的皇帝大都希望通过不同方式，尽可能全面地掌握重要政务信息。

就唐后期皇帝而言，他们面对与唐前期大不相同的政治格局，努力调整并重新塑造重要政务信息的流转结构，安排自身以及宰相、翰林学士院学士等核心决策成员在重要政务信息流转结构中的位置。通过以皇权策略性地控制重要政务信息，唐后期皇帝在政务处理中的主动性得以加强，也提升了皇帝与决策机构对具体执行机构的监督、管理能力。

---

① 约瑟夫·奈著，李达飞译：《巧实力》，中信出版社，2013年第2版，第56页。
② 施米特著，吴增定译：《关于权力的对话——对卡尔·施米特的一个访谈》，见舒炜编：《施米特：政治的剩余价值》，上海人民出版社，2002年，第313、316页。

第二章

唐代皇帝与中央官政务沟通方式的制度性调整

一、问题的提出：匦制变化所见唐代皇帝的信息难题

皇帝为了全面掌握信息，历史上曾经出现过旨在广开言路、申明冤情的谤木、肺石等。与谤木、肺石功能类似，武则天垂拱二年（686），令铸铜为"匦"，置匦于朝堂①，目的是"申天下之冤滞，以达万人之情状"②。匦在唐代长期存在，各级官员，甚至百姓都可以通过匦

---

① 关于武则天置匦的时间、地点，史料记载略有差异，学者对此有所探讨。请参马俊民：《唐代匦使院制考论》，《天津师大学报》1990 年第 1 期；毛蕾：《唐"铜匦"设置地点小考》，《唐史论丛》第 11 辑，三秦出版社，2009 年。

② 李林甫等撰，陈仲夫点校：《唐六典》卷九《中书省》匦使院条，中华书局，1992 年，第 282 页。

上书天子、报告皇帝①。皇帝期望通过匦的方式，尽可能多地了解下情，但也正因为可以利用匦这种方式上疏的人数众多，容易导致信息冗杂，难于处理。如何解决这个矛盾？我们看到，对于是否对投匦上疏加以限制，是否由匦使对上疏勘验选择，唐代匦制曾反复调整，其中也显示出皇帝面临的信息处理难题。

武则天置匦，但匦使与匦并非同时所设。匦设置后不久，便出现了这一渠道信息过于庞杂，甚至成为政治斗争工具的问题，匦"既出之后，不逞之徒，或至攻讦阴私，谤讪朝政者"，为了保证给皇帝上疏的质量，需安排官员对上疏先行勘验，"令中书、门下官一人，专监其所投之状"②。匦使院以"正谏大夫（谏议大夫）及补阙、拾遗等一人充使，知匦事"③，专知受状，监其所投之状，然后许进封。此后直至玄宗时期，皇帝所见通过匦之上疏，其实都是知匦使选择的结果，玄宗开元七年敕所谓"如有可采，具状奏闻"便能反映这一点④。

信息由匦使选择性上报，可以解决信息冗杂的问题，但这也

---

① 宋敏求编：《唐大诏令集》卷八二，中宗神龙元年《申冤制》，"其官人、百姓等，有冤滞未申、或狱讼失职、或贤才不举、或进献谋猷，如此之流，任其投匦"，中华书局，2008年，第473页。王溥撰：《唐会要》卷三六《蕃夷请经史》记玄宗开元十九年，正九品下阶秘书正字"于休烈上表，投招谏匦言曰"，上海古籍出版社，1991年，第778页。陈子昂著，彭庆生校注：《陈子昂集校注》卷五《临邛县令封君遗爱碑》，"千余人复连表诣阙投匦，乞君以墨缞从事"，黄山书社，2015年，第802页。

② 刘昫等撰：《旧唐书》卷五〇《刑法志》，中华书局，1975年，第2143页。

③ 杜佑撰，王文锦等点校：《通典》卷二一《职官三·门下省》谏议大夫条注，中华书局，1988年，第555页。

④ 王钦若等编：《册府元龟》卷六八《帝王部·求贤二》，玄宗开元七年敕"诸投匦献书上策人，其中或有怀才抱器者，不能自达，宜令理匦使料简，随事探赜，仍加考试，如有可采，具状奏闻"，中华书局，1960年，第762页。

第二章 唐代皇帝与中央官政务沟通方式的制度性调整 17

在一定程度上违背了置匦"下情上通,无令壅隔"的诉求。肃宗、代宗之时,匦制发生了变化。肃宗先贬黜了希望坚持"先视其事状,然后为投"的匦令(匦使)阎式①,又下诏规定"其有独负奇才,未逢知己,即仰投匦,并所在陈状自论,长官登时与奏"②。代宗即位伊始,便要求"投匦者不须勘以停处姓名,务招直言,以副朕意"③,接着又命"不许匦使阅投匦人文状"④。至大历十二年(777)再次强调"理匦使但任投匦人投表状于匦中,依进来,不须勘责副本,并妄有盘问及方便止遏"⑤。完全放开、不加审查限制的做法,能解决信息壅隔的问题,但又势必造成无效信息过多,皇帝难以应付的局面。代宗时,左拾遗独孤及《谏表》称:"进匦上封者,大抵皆事寝不报、书留不下。但有容谏之名,竟无听谏之实。"⑥ 这或许就是皇帝难以处理过多信息的结果。

德宗即位后,恢复了对诣匦上疏的审查制度。建中二年(781)规定,投匦文状须由知匦使或理匦使"先验副本"⑦。要求理匦使对诣匦上疏加以限制,对不合规定"妄来进状者",不予转呈皇

---

① 《唐会要》卷五五《省号下·匦》,第1123页。
② 李昉等编:《文苑英华》卷四六二《诏天下搜贤俊制》,中华书局,1966年,第2354页。
③ 《唐大诏令集》卷二《代宗即位赦》,第9页。
④ 《旧唐书》卷一一《代宗纪》,第270页。
⑤ 《唐会要》卷五五《省号下·匦》,第1123页。《唐大诏令集》卷一〇五《令百官言事诏》略同,其中"不须勘责副本"作"不须勒留副本",第536页。
⑥ 独孤及撰,刘鹏、李桃校注:《毗陵集校注》卷四《谏表》,辽海出版社,2006年,第84页。
⑦ 欧阳修、宋祁撰:《新唐书》卷四七《百官志二》,中华书局,1975年,第1207页。

帝①。这显然是回到了肃宗以前的制度上。

半个世纪后，制度调整再次发生。文宗开成三年（838），谏议大夫、理匦使李中敏提出，以投匦文状副本呈匦使，由匦使来决定是否呈奏皇帝，违背了置匦之信息保密、意见直达天听的本意，故建议匦使对投匦文状不做取舍，只负责转呈，统统由皇帝自行决断，这样才能实现"置匦之本"②。建议获得了文宗的许可。同月，又"罢验副封"③。

一旦匦使对投匦文状不加拣择，问题也随之而来，如《厘革匦函进状诏》所谓"近者所投文书，颇甚烦碎。或论列祖曾功业，或进献自己文章，无补国经，有紊时政"。因此，武宗即位以后，就对投匦上疏的内容、范围加以限制，"今后如知朝廷得失、军国利害，实负冤屈有司不为申明者，任投匦进状，所由量时引进，不得雍滞。余不在投匦之限，宜委匦使准此，仍留副本"④。宣宗大中四年（850）敕又强调了匦使对投匦文状事先勘验的责任，不能事事上奏皇帝，徒增烦扰⑤。

唐代匦制的反复调整，在保证所有信息直达天听与设置匦使预加勘验、拣择之间徘徊，反映出在决策者信息处理能力一定的条件下，信息量的增加不一定能够提高决策的效率和质量。这揭

---

① 《唐会要》卷五五《省号下·匦》，第1124页。
② 《旧唐书》卷一七一《李中敏传》，第4451页。《唐会要》卷五五《省号下·匦》，第1125页。
③ 《新唐书》卷四七《百官志二》，第1207页。
④ 《唐大诏令集》卷九九《厘革匦函进状诏》，第503页。
⑤ 《唐会要》卷五五《省号下·匦》，第1126页。松本保宣指出："唐朝的政策在废除检阅与恢复检阅间摇摆不停，最终似乎固定为强调对投匦人之限制。"松本保宣：《从朝堂至宫门——唐代直诉方式之变迁》，邓小南、曹家齐、平田茂树主编：《文书·政令·信息沟通：以唐宋时期为主》，北京大学出版社，2012年，第249页。

第二章 唐代皇帝与中央官政务沟通方式的制度性调整

示了唐代皇帝,也包括古今中外决策者都面临的同样一个难题,即领导者如何能迅速、准确、尽量全面地掌握与决策相关的信息,同时又不被无效甚至虚假信息所包围。在诸多信息问题当中,与决策关系最为密切的,无疑是参与日常决策的中央官员与皇帝之间政务信息的沟通及其有效性问题。

在唐代,有机会与皇帝沟通、向皇帝奏报,并有机会参与日常决策的群体,主要是"每日朝参"的常参官。唐代的常参官包括在京"五品以上职事官,八品已上供奉官、员外郎、监察御史、太常博士",其中八品以上供奉官有"侍中,中书令,左、右散骑常侍,黄门、中书侍郎,谏议大夫,给事中,中书舍人,起居郎,起居舍人,通事舍人,左·右补阙、拾遗,御史大夫,御史中丞,侍御史,殿中侍御史"[①]。常参官是协助皇帝进行政务决策的主体。唐高宗曾谓五品已上官曰:"往日不离膝下,旦夕侍奉,当时见五品已上论事,或有仗下而奏,或有进状而论者,终日不绝,岂今时无事?公等何不言也。自今已后,宜数论事,若不能面奏,任各进状。"[②] 可见,"面奏"和"进状",是唐代五品以上官员与皇帝在政务方面进行沟通的最主要的两种方式。面奏是口头的[③],进状则是书面的。

---

① 《唐六典》卷二《尚书吏部》吏部郎中员外郎条,第33页。《旧唐书》卷四三《职官志二》作"两省自侍中、中书令已下,尽名供奉官",第1819页。其中左右拾遗为从八品上,属"八品已上供奉官",当为常参官之列,参陈文龙:《唐"通籍"考》,《中华文史论丛》2011年第2期。
② 《册府元龟》卷一〇二《帝王部·招谏一》,第1224页。
③ 唐代官员向皇帝的口头汇报不一定是面奏,也可以请人代为口奏。如代宗大历十三年(778)六月,中书舍人崔祐甫打算将自己的意见请中使吴承倩转奏,"祐甫将附中使口奏,承倩不受,乃抗疏曰:……"见《册府元龟》卷五五一《词臣部·器识》,第6617页。

唐代中央官员与皇帝见面的制度性机会主要是在朝会场合，所谓"天子视朝，宰相群臣以次对"①。唐代朝会有三类，分别是每年元旦、冬至的大朝会；每月初一、十五的朔望朝参；以及由中央五品以上职事官等构成的常参官之每日朝参。前二者是礼仪性的，相对而言，每日朝参才是皇帝与大臣们讨论政务的主要场合。可惜的是，我们对唐代每日朝参的具体情况了解并不多②。历史记载多是关注特殊的、变动的，当时人们耳熟能详、见怪不怪的日常情况却往往得不到有效的记录。因此，我们需要从恰好被时人关注并记载下来的对制度的强调或变动中来把握。

本章将要具体探讨的，就是唐代对中央官，特别是常参官面奏或进状的制度性规定及其调整。作为唐朝最高决策者，历任皇帝都在摸索解决有效获得重要政务信息问题的办法，但"安史之乱"前后，他们的解决策略有所不同，这是本章希望揭示的现象。

从唐代中央官面奏或进状的制度性规定及其调整着眼，大致可以"安史之乱"为界，分成前后两个阶段。前期强调奏事的层次、程序，注重皇帝与官僚机构之间的分工。后期则有意压制程式化、固定化的沟通形式，强调皇帝与大臣以个别或小范围的方式直接沟通，皇帝借此加强对重要政务信息的控制能力。我们希望以此揭示出唐代前、后期皇权运作及皇帝角色的某些差异性。以下罗列史料，分别讨论。

---

① 《新唐书》卷一六一《庾敬休传》，第4986—4987页。
② 较为系统的研究，请参松本保宣：《唐王朝の宫城と御前会议——唐代听政制度の展开》第三章"唐代常朝制度试论"，晃洋书房，2006年；杨希义：《唐代君臣朝参制度初探》，《唐史论丛》第10辑，三秦出版社，2008年。

二、规范层次与程序：安史之乱以前相关制度的调整

唐朝开始几十年，有关制度相对稳定，比较明显的制度调整开始于8世纪初期的中宗景龙年间。景龙二年（708）二月敕："仗下奏事人，宜对中书、门下奏。若有秘密，未应扬露，及太史官，不在此限。"① 所谓"仗下奏"，是与"对仗奏"相对而言的。对仗奏是指在朝会公开场合的面奏，而仗下奏则是朝会以后个别大臣向皇帝的面奏。仗下奏具有私密性强的特点，高宗永徽以后，甚至连专司记录的史官也不能参加②。中宗景龙二年二月敕要求，太史官以外，即使是仗下奏，如果不是十分隐秘之事，也不要仅对皇帝一个人报告，而是让中书、门下二省的高级官员同时参加，共同听取奏报。这是对面奏制度的规范。同年十二月，御史中丞姚庭筠奏称：

> "律令格式，悬之象魏，奉而行之，事无不理。比见诸司寮寀，不能遵守章程，事无大小，皆悉闻奏。臣闻为君者任臣，为臣者奉法。故云'汝为君目将思明'，则知万几务综，不可遍览也。所以设官分职，委任责成，百工惟时，以成垂拱之化。比者或修一水窦，或伐一枯木，并皆上闻旒扆，取断宸衷，岂代天理物至化之道也？自今以后，若缘军

---

① 《唐会要》卷二五《百官奏事》，第556页。
② 《唐六典》卷九《中书省》起居舍人条注，"自永徽已后，起居唯得对仗承旨，仗下之后，谋议皆不得预闻"，第278页。《新唐书》卷四七《百官志二》门下省起居郎条，"许敬宗、李义府为相，奏请多畏人之知也，命起居郎、舍人对仗承旨，仗下，与百官皆出，不复闻机务矣"，第1208页。

国大事及牒式无文者，任奏取进止。自余据章程合行者，各令准法处分。其有故生疑滞，致有稽失者，请令御史随事纠弹。"上从之。①

景龙二年十二月姚庭筠奏旨在强调，各机构官员，不能大事小事都报请皇帝。需报皇帝而"奏取进止"的只有两类：一是"军国大事"；二是现行法令规章没有明文规定、难以处理的事务，即"牒式无文者"。一般事务，不必奏闻，须按法令法规处理。此建议获得了皇帝的批准。景龙二年分别对面奏、疏奏的两次制度调整，指向一致，即努力发挥各级官僚机构的作用，规范奏报程序、层次，皇帝个人并不希望大包大揽、直接处理过多具体事务。

景龙三年二月，又连续颁布两项措施以规范奏报程序。一是景龙三年二月敕："诸司欲奏大事，并向前三日录所奏状一本，先进，令长官亲押，判官对仗面奏。其御史弹事，亦先进状。"② 此敕包含两方面内容，第一是对面奏的规定，要求各级机构奏报重要事务时，应提前以书面形式进奏状，而且需要该机构长官亲自署名并钤印，这是要求长官对本机构事务负责，控制随意上奏行为。面奏，由该机构的判官承担，采取"对仗"的公开面奏方式。第二是对御史弹劾需"先进状"的规定。"御史弹奏，上坐日，曰仗弹"③，即御史在朝会过程中公开对大臣进行弹劾。

---

① 《通典》卷二四《职官六·御史台》中丞注，第667—668页。"诸司寮案"，《资治通鉴》卷二○九《唐纪二十五》作"诸司"。《唐会要》卷六一、《太平御览》卷二二六、《册府元龟》卷五一六同《通典》。
② 《唐会要》卷二五《百官奏事》，第556页。
③ 《唐会要》卷六一《御史台·弹劾》，第1256页。

第二章　唐代皇帝与中央官政务沟通方式的制度性调整　23

"先进状"制度出台的背景是一次御史弹劾事件,"崔司知琬,中宗朝为侍御史,弹宗楚客反,盛气作色。帝优之,不令问。因诏:每弹人,必先进内状,许乃可。自后以为故事"①,侍御史当廷弹劾宰相宗楚客,可能造成了比较尴尬的局面,令皇帝不满,因此帝"不令问"。中宗随即规范御史"仗弹"之权,要求弹劾某人之前须事先报请皇帝批准,"皆先进状,听进止。许则奏之,不许则止"②,强调弹劾须奉圣旨,皇帝欲对御史仗弹之权加以控制。

第二项措施的出台,还是在中宗景龙三年二月,有司奏:"皇帝践阼及加元服,皇太后加号,皇后、皇太子立,及元日则例,诸州刺史、都督,若京官五品已上在外者,并奉表疏贺。其长官无者,次官五品以上者贺表。当州遣使,余并附表,令礼部整比,送中书录帐总奏。又应上表启及奏状,并大书,一行不得过一十八字,其署名不得大书。诸奏军国事者,并须指陈实状,不得漫引古今。凡须奏请者,皆为表状,不得辄牒中书省。若事少者,即于表内具陈,使尽事情。若多不可尽书者,任于事前作一事条,表内不许重述。"③除了规范地方官、京官的礼仪性贺表外,还从形式和内容上对政务性表状做了要求,特别强调"诸奏军国事者,并须指陈实状,不得漫引古今",也就是强调报告皇帝的重要政务信息需要内容平实、准确,文字简洁、规范。

---

① 刘𫗧撰,程毅中点校:《隋唐嘉话》卷下,中华书局,1979 年,第 44 页。《通典》卷二四《职官六·御史台》及两《唐书》宗楚客传均记弹劾者为监察御史崔琬,弹劾名目亦略有差别。

② 《唐六典》卷一三《御史台》,第 379 页。

③ 《唐会要》卷二六《笺表例》,第 588 页。

与之相应,"若多不可尽书者,任于事前作一事条,表内不许重述",对内容复杂的表状,可同时上一内容提要,且提要不应在正文中重复。"凡须奏请者,皆为表状,不得辄牒中书省",就是若含有请示的内容,则需要以表状形式报请皇帝,而不能直接作为牒报中书省。这些其实是在景龙二年敕基础上对疏奏的进一步规范措施,目的是控制上奏皇帝政务信息的数量,只有军国大事才能疏奏皇帝,不使皇帝被非重要信息打扰。疏奏文字要求简洁、明确,保证信息质量,这有助于提高政务信息传递的效率。

710年睿宗即位,改元景云。景云年间至玄宗开元前期,围绕官员向皇帝面奏、疏奏的制度调整,仍然延续着中宗时的基本方向。规范文书格式及处理层次,强调发挥宰相及其他官僚机构的作用,避免皇帝陷入无效信息的包围。

睿宗景云二年(711)六月敕:"南衙、北门及诸门进状,及封状意见,及降墨敕,并于状上昼题时刻、夜题更筹。"① 这个职责被落实于刑部司门司,"凡奏事,遣官送之,昼题时刻,夜题更筹"②。玄宗先天二年(713)三月诰:"制、敕、表、状、书、奏、笺、牒,年月等数,作一十、二十、三十、四十字。"③ 这是对上奏程序和疏奏文字的规范措施。不久以后,玄宗开元二年(714)闰二月敕:"诸司进状奏事,并长官封题,仍令本司牒所

---

① 《唐会要》卷二六《笺表例》,第588页。
② 《新唐书》卷四六《百官志一》刑部司门郎中员外郎条,第1200页。
③ 《唐会要》卷二六《笺表例》,第588页。《旧唐书》卷七《睿宗纪》,第161页略同。

第二章　唐代皇帝与中央官政务沟通方式的制度性调整　25

进衙门,并差一官送进。诸司使奏事,亦准此。"① 所谓"封题",就是文书需注明所送具体机构名称,上皇帝者则需注明送往宫殿的哪一个门。唐律规定"文书行下,各有所诣,应封题署者,具注所诣州府"②。如"诸臣及宫臣上皇太子,大事以笺,小事以启,其封题皆曰'上于右春坊'"③。前引中宗景龙三年敕"长官亲押",是要求长官对该机构准备面奏的事务负责;开元二年"长官封题"则是要求长官对该机构的疏奏事务加强管理。二者在规范文书程序、发挥机构长官作用的精神上是吻合的。在同一敕书中,还规定"其有告谋大逆者,任自封进。除此之外,不得为进。如有违者,并先决杖三十"④。这是要求不能随意上奏皇帝,与景龙二年岁末的规定一致。

在睿宗景云二年十二月的《不许群臣干请诏》中,批评了大臣多请仗下奏的现象,"又每谒见之时,多请仗下奏事,不闻公议,惟乞荣班"⑤。玄宗开元五年(717)九月诏:"比来百司及诏

---

① 《唐会要》卷五九《尚书省诸司下·司门员外郎》,第1220页。"衙门",《唐会要》卷二六《笺表例》第588页作"门"。又此敕发布时间,《唐会要》卷五九记为"闰二月十日",《唐会要》卷二六记为"闰三月",开元二年置闰于二月,当以《唐会要》卷五九为是。

② 长孙无忌等撰,刘俊文点校:《唐律疏议》卷一〇《职制》驿使稽程条疏,中华书局,1983年,第210页。

③ 李昉等撰:《太平御览》卷二四六《职官部四十四》太子舍人条引《六典》,中华书局,1960年,第1164页。

④ 《唐会要》卷二六《笺表例》,第588页。此处记为"开元二年闰三月敕",误,因为开元二年置闰于二月,并无闰三月。参陈垣:《二十史朔闰表》,中华书局,1962年新1版,第93页。金石资料也可证明开元二年置闰于二月,参王化昆:《金石与唐代历日》,国家图书馆出版社,2012年,第183页。故时间当据《唐会要》卷五九《尚书省诸司下·司门员外郎》第1220页改。

⑤ 《唐大诏令集》卷一一〇《不许群臣干请诏》,第571页。

使奏陈，皆待仗下，颇乖公道，须有革正。自今以后，非灼然秘密，不合彰露者，并令对仗。如文书浩大，理文杂著，仍先进状。其太史官，自依旧例。"① 开元五年诏再次强调要大臣"对仗"奏，其实与前引中宗景龙二年二月"仗下奏事人，宜对中书、门下奏"之强调面奏相对公开的诉求是一致的。若奏事庞杂，须"先进状"，则与景龙三年二月"诸司欲奏大事，并向前三日录所奏状一本，先进，令长官亲押"的规定一脉相承。一年以后，开元六年七月诏曰："百司及奏事，皆合对仗公言，比日以来，多仗下独奏。宜申明旧制，告语令知，如缘曹司细务及有秘密不可对仗奏者，听仗下奏。"② 这依然是在强调官员奏事应采取相对公开的对仗奏，要"对仗公言"，而不是向皇帝一人"仗下独奏"。开元后期，李林甫始任宰相，一次朝班之后他"佯为蹇步"，走路一瘸一拐，故意落在后面。玄宗问"何故脚疾"？李林甫回答"臣非脚疾，愿独奏事"③。可见当时即便宰相，独奏的情况亦非常态。以上若干制度调整的目的，是发挥宰相和官僚机构的作用，不由皇帝个人处理非重要政务信息、处置过多具体事务，如玄宗所言，只有"事之大者当白奏"④。可见，睿宗景云二年诏，特别是玄宗开元五年、六年的两道诏书，其实是重申了中

---

① 《唐会要》卷二五《百官奏事》，第556页。"诏使"，《文渊阁四库全书》本《唐会要》作"诸使"，台湾商务印书馆景印《文渊阁四库全书》第606册第358页。"并令对仗"，《册府元龟》卷六〇《帝王部·立制度一》作"并令封状奏"，这与诏书的整体意思不符，《册府元龟》或因"對""封"形近而讹。

② 《唐会要》卷二五《百官奏事》，第556—557页。《册府元龟》卷六〇《帝王部·立制度一》略同，第671页。

③ 李肇撰，聂清风校注：《唐国史补校注》卷上，中华书局，2021年，第5页。

④ 李德裕编：《次柳氏旧闻》，王仁裕等撰，丁如明辑校：《开元天宝遗事十种》，上海古籍出版社，1985年，第2页。

宗景龙二年与三年诏的规定。

以上所述诸制度规定，虽历经中宗、睿宗、玄宗三代，但也就是在十年之间，政策密集且指向明确。开元中至安史之乱以前，相关制度调整还有两次。

玄宗开元十八年（730）四月敕："五品以上要官，若缘兵马要事，须面陈奏听。其余常务，并令进状。"① 与前引高宗永徽诏书"不能面奏，任各进状"相比，开元十八年敕将"面奏"与"进状"这两种高级官员与皇帝沟通的基本方式做了层次与功能的区分。军国要务，须面奏皇帝；常规政务，要采取疏奏的方式。

玄宗天宝八载（749）七月，"中书门下奏：'比来诸司使及诸郡并诸军，应缘奏事，或有请中书门下商量处分者。凡所陈奏，皆断自天心，在于臣下，但宣行制敕。既奏之内，则不合别请商量，乃承前因循，有此乖越。自今已后，应奏事一切更不合请付中书门下，如有奏达，听进止。'敕旨从之"②。所谓"应缘奏事，或有请中书门下商量处分者"，当指某些大臣的表状中，有希望并请求皇帝将某些事务付宰相机构处置的情况。如开元元年，左拾遗刘彤《论盐铁表》末"伏请付中书、门下，令妙择才干、委以使车"云云③。开元五年，右补阙卢履冰奏文末云："臣前状单略，议者未识臣之恳诚。谨具状重进，请付中书、门下商

---

① 《唐会要》卷二五《百官奏事》，第557页。
② 《唐会要》卷五四《省官上·中书省》，第1088页。"既奏之内，则不合别请商量"，《文渊阁四库全书》本《唐会要》作"奏文内则不合列请商量"，第606册第682页。
③ 《文苑英华》卷六二五《论盐铁表》，第3238页。时间据《旧唐书》卷四八《食货志上》，第2106页。

量处分。"① 在某种程度上，这干预了皇帝处置文书的权力，故玄宗采纳了中书门下的意见，下诏"自今已后，应奏事一切更不合请付中书门下"。

从总体上看，安史之乱以前，对中央官员面奏或进表状的制度性规定及其调整，重点在于规范面奏与疏奏的层次、程序和功能，还包括对表状等文书格式、文字的规范。制度调整注重皇帝与宰相及官僚机构之间的分工，强调不能事无巨细都直接上奏皇帝，疏奏需要机构长官签押负责，面奏尽量采取相对公开的对仗奏形式。在这一架构之下，皇帝处于政务信息流转与决策过程的顶端，原则上只处理军国大事或现行法律规章无法涵盖、难以处理的问题。

三、强调直接与个别：安史之乱后的相关制度调整

高宗、武周至玄宗时期，随着政治经济形势的变化，原有的制度架构、律令体系已经开始动摇，中央制度处于不断调整之中，中书门下、使职差遣制度逐渐衍生出来②。安史之乱以后，原有律令格式体系受到更大的冲击，更多的事务是原有制度框架下难以解决的，中书门下、使职差遣继续发展。同时，历经大动

---

① 《旧唐书》卷二七《礼仪志七》，第1030页。时间据《新唐书》卷二〇〇《儒学下·卢履冰传》，第5698页。因事在开元十一年"中书门下"成立之前，故将点校本《旧唐书》第1030页标点改为"中书、门下"。

② 参刘后滨：《唐代中书门下体制研究：公文形态、政务运行与制度变迁（增订版）》第四章，中国人民大学出版社，2022年；孟宪实：《唐代前期的使职问题研究》，载吴宗国主编：《盛唐政治制度研究》，中国人民大学出版社，2019年。

第二章 唐代皇帝与中央官政务沟通方式的制度性调整

荡后，皇帝对大臣的不信任，也较之以前更为突出。在此背景下，皇帝与常参官的沟通方式也出现了制度性调整和变化。

主要变化表现在两个方面，在疏奏方面，调整集中于肃宗、代宗时期，政策是广开言路，并给予部分中央官以疏奏直达特权。面奏方面的调整，也是从肃宗、代宗时期开始的，但主要调整是在德宗以后，有意压制程式化、固定化的朝参沟通形式，皇帝力图通过延英召对（延英奏对）、次对等小范围沟通的方式，掌握面奏的主导权。以下分别论述。

肃宗登基两个月后，便于至德元载（756）九月十日下诏"谏议大夫论事，自今以后，不须令宰相先知"①，即门下省谏议大夫向皇帝的疏奏，可以不知会宰相而达御前。这开启了安史之乱以后重视言官并给予他们疏奏特权的先声。这一命令，在同年十月三日癸未诏书中得到重申，并将论事"不须宰相先知"的范围从谏议大夫一职扩展为全体谏官②。皇帝开始赋予谏官群体以特权，使谏官得以越过宰相，与皇帝直接疏奏沟通。

三年之后，肃宗乾元二年（759）四月敕："两省谏官十日一上封事，直论得失，无假文言，冀成殿最，用存沮劝。"③所谓

---

① 《通典》卷二一《职官三·门下省》谏议大夫条注，第555页。时间据《唐会要》卷五五《省号下·谏议大夫》，第1113页。
② 《册府元龟》卷六四《帝王部·发号令三》，第713页。《新唐书》卷六《肃宗纪》，第157页。十月诏与九月诏内容相近，但至德元载九月壬子朔，十日为辛酉，十月辛巳朔，三日为癸未。二诏月日干支均难吻合，故当非记载有误，而是重申。池田温编：《唐代诏敕目录》亦将其视为两道诏书，三秦出版社，1991年，第264、265页。
③ 《唐会要》卷五五《省号下·谏议大夫》，第1113页。《通典》卷二一《职官三·门下省》谏议大夫条注同，第555页。四月敕之"两省谏官"，《旧唐书》卷一〇《肃宗纪》作"两省官"。《太平御览》卷二二三《职官部二一·谏议大夫》引《唐书》、《通志》卷五二《职官略二·门下省》谏议大夫条均亦作"两省谏官"。故不取《旧唐书》。

"封事",始于西汉宣帝时期,是大臣直接上呈皇帝,由皇帝本人或皇帝所指定的人开阅处理的一种秘密章奏①。唐初至玄宗时期,大臣得以"上封事"的机会,绝大部分都是在天象异常或发生灾害之时。主要表明皇帝下诏自责、接受批评的姿态。肃宗以后,皇帝命令大臣"上封事"的时机发生了显著变化,皇帝命群臣"上封事"的时机多在即位、改元等颁布赦文、德音之时。在赦文、德音中要求"上封事",并强调"朕将亲览",且均以不次升迁作为鼓励②。"上封事"对政治的实际意义强于玄宗以前。肃宗乾元二年四月,命两省谏官上封事,给予了谏官与皇帝沟通更便捷、秘密的方式。"直论得失,无假文言",与前文所引景龙诏"须指陈实状,不得漫引古今"类似,讲求疏奏文字的平实、准确,提高信息沟通的效率。"十日一上封事""冀成殿最,用存沮劝",则是对谏官"封事"的要求与激励。类似的要求,又出现于肃宗上元二年(761)九月的《去上元年号赦》中,"其谏官令每月一上封事,指陈时政得失,若不举职事,当别有处分"③。

代宗即位伊始,广德元年(763)七月诏令"谏官每月一上封事,无所回避"④。一年后,"广德二年九月二十一日,敕谏官令每月一上封事,指陈时政得失"⑤。为了保证谏官疏奏的顺畅、及时,代宗大历十二年(777)四月进一步规定:"自今已后,谏

---

① 廖伯源:《汉"封事"杂考》,《中国上古秦汉学会通讯》创刊号,1995年6月。收入廖伯源:《秦汉史论丛(增订本)》,中华书局,2008年,第195—204页。

② 《唐大诏令集》卷六九《乾元元年南郊赦》,第384页;卷二《顺宗即位赦》,第10页;卷八五《长庆四年正月一日德音》,第486页;卷五《改元开成赦》,第30页。

③ 《唐大诏令集》卷四《去上元年号赦》,第23页。

④ 《唐大诏令集》卷九《广德元年册尊号赦》,第58页。

⑤ 《唐会要》卷五六《省号下·左右补阙拾遗》,第1139页。

第二章 唐代皇帝与中央官政务沟通方式的制度性调整 31

官所献封事,不限早晚,任进状来,所由门司不得辄有停滞。如须侧门论事,亦任随状面奏,即便令引对。如有除拜不称于职、诏令不便于时、法禁乖宜、刑赏未当、征求无节、冤滥在人,并宜极论得失,无所回避,以称朕意。"①

德宗贞元年间,谏议大夫薛之舆奏:"谏官所上封章,事皆机密,每进一封,须门下、中书两省印署文牒,每有封奏,人且先知,请别铸谏院印,须免漏泄。"② 与疏奏"不须令宰相先知"相比,薛之舆的建议取向大体一致,但更为具体,目的是谏官封章的私密性得到制度的保障。这一建议在当时似乎并未被采纳,至文宗始设"谏院之印"。《册府元龟》卷一○三《帝王部·招谏二》:大和九年(835)十二月,"敕创造谏院印一面,以'谏院之印'为文。谏院旧无印,苟有章疏,各于本司请印。谏官有疏,人多知之。至是特敕置印。兼诏谏官,凡所论事有关机密,任别以状引之,不须以官衔结署"。谏官封章的私密性得以加强。

代宗德宗期间,谏官职位数量也获得了扩充,大历七年(772)"补阙、拾遗,宜各加置两员"③,左右补阙各六人、左右拾遗各六

---

① 《唐大诏令集》卷一○五《令百官言事诏》,第 536 页。时间据《新唐书》卷六《代宗纪》,第 179 页。《唐会要》卷五六《省号下·左右补阙拾遗》第 1139 页、《册府元龟》卷一○二《帝王部·招谏一》第 1225 页所记时间同。《翰苑新书前集》卷一二《谏院》引《大历实录》亦作"大历十二年诏"。《唐会要》卷五五《省号下·谏议大夫》第 1116 页亦收此诏,内容与《唐大诏令集》略同,但将时间系于"开元十二年四月",《文渊阁四库全书》本《唐会要》第 606 册第 698 页作"大历十二年四月",是。

② 《唐会要》卷五五《省号下·谏议大夫》,第 1117 页。庞元英著:《文昌杂录·补遗》作"贞元中薛元舆为谏议大夫"云云,中华书局,1958 年,第 77 页。彭大翼撰:《山堂肆考》卷六一《请赐创印》将此事系于唐代宗大历二年(767)。据《唐会要》卷五五《省号下·谏议大夫》,薛之舆代宗永泰(765—766)以后"逃匿于山险间十余年,〔德宗〕建中(780—783)后,方复仕宦"。故"大历二年"不确。

③ 《唐会要》卷五六《左右补阙拾遗》,第 1132—1133 页。

人；贞元四年（788）"加置谏议大夫八员，分中书四员为右，门下四员为左"①。除了给予谏官群体疏奏特权外，在某些时候，"封事"的特权也会扩大至中央百官。代宗广德二年（764）制："百官有论时政得失，并任指陈事实，具状进封，必宜切直无讳。……朕将亲览，必加择用。"②德宗贞元九年，命"诸司官有陈便宜者，各尽所见，条疏封进"③。元和十五年（820）正月，穆宗即位，命"内外文武官及诸色人等，任上封事，极言时政得失，才有可观，别当甄奖"④。但这些扩展是临时的、非制度性的。

前文述及，安史之乱以前对官员疏奏的制度性规定及调整，是强调不能事无巨细都直接上奏皇帝，官员疏奏需要所在机构长官签押负责，注重皇帝与宰相及官僚机构之间的分工，皇帝仅处理军国大事等重要政务信息。与之相比，安史之乱后，在广开言路、特别给予部分官员以疏奏特权方式下，皇帝在重要政务信息流转过程中的位置发生了调整，皇帝不再是处于政务信息流转过程中的顶端，而是处于政务信息流转过程的核心。代宗时谏官独孤及上疏曾言，说代宗对"所上封皆寝不报"⑤，即对上封事采取了搁置的处理方式。由此看来，对百官"封事"，是肯定并下发讨论、直接否决，还是搁置不议，皇帝有全权⑥。

---

① 《旧唐书》卷一三《德宗纪下》，第364页。
② 《册府元龟》卷一〇二《帝王部·招谏一》，第1225页。
③ 陆贽撰，王素点校：《陆贽集》卷三《贞元九年冬至大礼大赦制》，中华书局，2006年，第80页。
④ 《唐大诏令集》卷二《穆宗即位赦》，第12页。
⑤ 《新唐书》卷一六二《独孤及传》，第4991页。
⑥ 《册府元龟》卷一〇二《帝王部·招谏一》，代宗广德二年（764）三月诏："文武百官及诸色人等，有论时政得失上封事者，状出后，宜令左右仆射、尚书及左右丞、诸司侍郎、御史大夫、中丞等于尚书省详议可否，具状闻奏。"第1225页。对封事所涉议题的讨论，必须是在"状出后"，即由皇帝许可下发后。

第二章 唐代皇帝与中央官政务沟通方式的制度性调整

在给予部分中央官员疏奏特权的同时,为了不使皇帝无法应付过多信息,对地方信息的上报,依然强调分层。代宗永泰二年(766)四月制:"诸司诸使及天下州府,有事准令式各申省者,先申省司取裁,并所奏请。敕到省,有不便于事者,省司详定闻奏,然后施行。"① 唐德宗大历十四年(779)五月即位,六月大赦天下,"天下诸使及州府,有须改革处置事,一切先申尚书省,委仆射已下众官商量闻奏,外使及州府不得辄自奏请"②。"不得辄自奏请",就是限制地方向皇帝的直接奏报。与之相关,唐后期的地方官员中,只有节度使、观察使有权直接上奏皇帝,数量众多的州刺史,除了刚刚上任后礼仪性的谢上表、谢官表外,其他涉及日常政务的公文,全部呈交尚书省各部③。

对皇帝而言,给予部分中央官制度性"封事"特权,或给予全体中央官临时性"封事"机会,意义何在呢?一方面当然如唐前期一样,具有表现皇帝虚心纳谏的的形式意义。然而更重要的是,通过"封事",皇帝希望借此可以更迅速地了解情况,并掌握信息的筛选、分配。由于对封事处理,皇帝有全权,故掌控封事信息分配的这个目的无疑可以基本达到。但同时,希望通过谏官封事的方式及时了解下情的目标却不一定能够达成。这缘于两种情况,一是"朝官谏言,都不陈奏,时之利病,何以知之"④,

---

① 《唐会要》卷五七《尚书省诸司上·尚书省》,第 1155—1156 页。《文渊阁四库全书》本《唐会要》作"诸司诸使及天下州府事务,准令式各申省者",见台湾商务印书馆景印《文渊阁四库全书》第 606 册第 725 页。后者似更佳。

② 《册府元龟》卷八九《帝王部·赦宥八》,第 1057 页。

③ 张达志:《唐代后期藩镇与州之关系研究》,中国社会科学出版社,2011 年,第 90—91 页。

④ 《唐会要》卷二五《百官奏事》,第 557 页。

二是"谏官纷纭言事,细碎无不闻达,天子益厌苦之"①。也就是有时信息过少,皇帝无从了解;又有时信息过多,皇帝难以应付。因此,疏奏制度发生变化的同时,面奏制度也开始了调整。

与安史之乱前要求采取相对公开的对仗奏形式相比,安史之乱以后对面奏的调整,表现为两个特点,一是从外廷到内朝、从公开到私密;二是有意压制程式化、固定化的沟通形式,皇帝努力将面奏的灵活性、主动性掌握在自己手中。两方面变化是联系在一起的,主要表现在每日朝参正衙奏事的衰退、延英召对重要性的上升,以及巡对、次对的制度安排上。

延英殿及延英召对学界研究已多②。这里并不对其本身加以探讨,而是从本章特定角度,在总结前贤成果基础上加以论述。延英殿位于大明宫内朝正殿紫宸殿以西,修建于高宗龙朔年间③,但皇帝与大臣的延英奏对成为经常性制度,是在肃宗、代宗以后④。相对于安史之乱前提倡的对仗奏,延英奏对的特点是什么呢?以大明宫为例,从空间上看,朔望朝参和每日朝参,是在被视为"正衙"的宣政殿,对仗奏在此举行。仗下奏,须通过上阁门,向北"入阁"进入紫宸殿。而延英奏对,则是进入皇帝私人性更强的延英殿,在这里,没有繁文缛节,皇帝和大臣甚至可以

---

① 《旧唐书》卷一九二《隐逸·阳城传》,第5132页。
② 以松本保宣的系列研究最有代表性,后结集成《唐王朝の宫城と御前会议——唐代听政制度の展开》。
③ 杨希义:《唐延英殿补考》,《文博》1987年第3期。
④ 袁刚:《延英奏对制度初探》,《北京大学学报(哲学社会科学版)》1989年第5期。谢元鲁:《唐代中央政权决策研究(增订本)》,北京师范大学出版社,2020年,第65—66页。杜文玉:《论唐大明宫延英殿的功能与地位——以中枢决策及国家政治为中心》,《山西大学学报(哲学社会科学版)》2012年第3期。

促膝交谈①。从沟通范围、内容和效果来看，如果说对仗奏是"正衙奏事，则泛咨访于群臣"，那么延英奏对就是"便殿询谋，则独对扬于四辅"，它是皇帝与高级官员之间的小范围沟通。而且，"对御之时，只奉冕旒，旁无侍卫"，由于延英奏对的私密性相当突出，故能"献可替否，得曲尽于讨论；舍短从长，故无虞于漏泄"②。德宗贞元年间，有人回忆说"自乾元已来，群臣启事，皆诣延英，方得详尽"③。"乾元"是肃宗时年号，可见肃宗时期，延英奏对已被认为是皇帝与官员沟通的有效方式，这主要得益于君臣讨论比较从容、深入，内容详尽、保密。

肃宗时期的延英召对已经体现了其有效性的特点，但在这个阶段，延英召对还只是正衙奏事的补充。代宗广德二年（764）在"敕谏官令每月一上封事"后不久，"十二月乙酉，令谏官每日奏事"④。命令旨在进一步发挥谏官与皇帝的沟通作用，这里并未说明面奏地点，一般当指正衙朝参之时。更显著的变化开始于德宗时期。

兴元元年（784）九月十九日，德宗对宰相说："今大盗虽除，时犹多艰，宜广延纳，以达众情。近日朝官谏臣，都不条奏外事，人之利病，朕何以知之"，皇帝为了及时了解情况，"令精择谏官，俾极言无隐"，在做人事调整的同时，又在制度上规定"自今每正衙及延英坐日，常令朝臣三两人面奏时政得失，庶有

---

① 《旧唐书》卷一五九《韦处厚传》，文宗"大和二年十二月，因延英奏对，造膝之际，忽奏'臣病作'，遽退"，第4187页。

② 《册府元龟》卷三一四《宰辅部·谋猷四》卢文纪后唐清泰二年（935）上疏记述唐肃宗情况，第3709页。

③ 不著撰人，罗宁点校：《大唐传载》，中华书局，2019年，第20页。

④ 王应麟撰：《玉海（合璧本）》卷六一《艺文·奏疏策》唐诏百官言事条，中文出版社，1977年，第1217页。

弘益也"①。规定场合、规定人数向皇帝面奏政情，正是针对"朝官谏臣，都不条奏外事"的情况设置的。德宗贞元元年（785）十二月，"诏延英视事日，令常参官七人引对，陈时政得失。自是群官互进，有不达理道者，因多诋讦，不适事宜，上亦优容遣之"②。德宗命令，当在延英殿召见官员时，安排七位常参官面奏"陈时政得失"。这也是要求大臣面奏政情，但与前一年的命令相比，存在两点变化。一是增加面奏人员，同时把参与人员控制在与政务处理关系最为密切的"常参官"范围之内。二是面奏场合从"正衙及延英"，压缩到仅在延英殿进行。延英殿在处理政务中的重要性有所上升，考虑到延英召对私密性的特点，官员很有可能是单独面奏皇帝，即所谓"独对"③。就是出现官员之间相互诋毁攻击的情况，德宗也不在意，"上亦优容遣之"，因为在一定程度上，皇帝掌握官员之间的矛盾，更便于皇帝对他们的控制。兴元元年、贞元元年规定场合、人员面奏皇帝，实为贞元七年巡对制度之张本。

德宗贞元七年（791）"冬十月癸丑，每御延英，令诸司官长二人奏本司事。寻又敕常参官每一日二人引对，访以政事，谓之巡对"④。"巡对"有时又被称为"次对"⑤。关于"巡对"，另外还

---

① 《册府元龟》卷一○三《帝王部·招谏二》，第1227页；《旧唐书》卷一二《德宗纪上》，第346页。

② 《旧唐书》卷一二《德宗纪上》，第352页。《册府元龟》卷五八《帝王部·勤政》，第650页略同。

③ 唐代皇帝与大臣"独对"的实例，始于德宗贞元年间。

④ 《旧唐书》卷一三《德宗纪下》，第372页。《唐会要》卷二六《待制官》，第593页略同。

⑤ 《册府元龟》卷一○七《帝王部·朝会一》，"贞元七年诏：每御延英，引见常参官二人，访以政道，谓之次对官"，第1280页。程大昌撰，黄永年点校：《雍录》卷八《待制次对》"其曰次对者，即巡对官"，中华书局，2002年，第170页。

有不同记载,"帝疑下情不达,因诏延英坐日,许百司长官二员言阙失,谓之巡对"①;《册府元龟》作"每遇延英殿,令诸司长官二人引见访问,谓之巡对"②。记载差异在于"巡对"是指"诸司长官"还是"常参官"。无论"巡对"到底指什么,联系前引资料,其制度安排的指向是清晰的。也就是自兴元元年以来,德宗将与参与决策中央官员面对面沟通、有效获取政务信息的努力,寄希望于私密性更强、沟通范围更小的延英召对、巡对,这与唐前期所提倡的对仗奏形成鲜明对比。

德宗贞元十八年(802)"秋,七月,辛未,嘉王府咨议高弘本正牙奏事,自理逋债"③,德宗很不满意,认为高弘本谈论私事浪费时间。四天以后,下《罢百官正衙奏事敕》:"朕励精庶政,博求嘉言,比者百官正衙奏事,至有移时者,公卿庶寮,属当寒暑,为弊亦深,在于朕意,岂谓优礼。自今勿正衙奏事,如陈奏者,宜诣延英门请对。"④对此,当时"议者以为:正牙奏事,自武德以来未之或改,所以达群情,讲政事;弘本无知,黜之可也,不当因人而废事"⑤。虽有不同意见,但诏书仍然执行,罢正衙奏事。贞元十八年废除程式性、固定性的正衙奏事,面奏改为延英请对,看似事起偶然,其实是德宗兴元以来面奏制度调整的继续和结果。

---

① 《新唐书》卷一四三《薛珏传》,第4689页。
② 《册府元龟》卷五八《帝王部·勤政》,第650页。"访"原作"方",据《宋本册府元龟》(中华书局,1989年)第87页改。
③ 司马光编著:《资治通鉴》卷二三六《唐纪五十二》,中华书局,1956年,第7599页。《唐会要》卷二五《百官奏事》作"高宏本",第557页。
④ 《唐大诏令集》卷一〇一《罢百官正衙奏事敕》,第514页。
⑤ 《资治通鉴》卷二三六《唐纪五十二》,第7599—7560页。

贞元十八年正衙奏事被废以后,固定场合、人员的"巡对"也在德宗贞元二十一年(805)以"恐烦圣听"被废止①。宪宗元和元年(806)以后,中央官的面奏基本上变为了延英请对、候对模式。元和元年四月规定,中书省、门下省、御史台官员,"如要论奏,但于延英候对"②,"尚书省六品以上职事官、东宫师傅宾詹、王傅等,每坐日令两人待制,退朝,诏于延英候对"③。元和二年二月十一日,宰相延英奏对之后,"起居舍人郑随次对。诏入面受进止,令宣付两省供奉官,自今已后,有事即进状来,其次对宜停"④。此后至唐末,固定性的次对时设时废⑤,面奏的主流无疑是延英请对、候对。袁刚先生甚至认为,开延英几乎成了皇帝沟通外朝的唯一渠道⑥。

在延英请对、候对模式下,皇帝在决策中的主动性、对议政的控制性体现得越发明显。

第一,肃宗至唐末的大部分时间里,与定期举行的朝参制度不同,开延英并无制度规定,是否开、何时开,全由皇帝决定。

---

① 《资治通鉴》卷二三七《唐纪五十三》宪宗元和元年四月条,胡注引宋白曰,第7631页。见船越泰次编:《宋白续通典辑本》,汲古书院,1985年,第200页。又元和元年四月御史中丞武元衡奏称次对官"去岁已停"亦可为证,见《唐会要》卷二六《待制官》,第593页。

② 《唐会要》卷二六《待制官》,第593—594页。原文无"门下省",据《雍录》卷八《待制次对》、《资治通鉴》卷二三七《唐纪五十三》宪宗元和元年四月条胡注补。

③ 《旧唐书》卷一四《宪宗纪上》,第417页。

④ 《册府元龟》卷一〇七《帝王部·朝会一》,第1280页。《旧唐书》卷一四《宪宗纪上》作"次对官宜停",第420页。《新唐书》卷七《宪宗纪》作"罢两省官次对",第209页。

⑤ 陈晔:《唐代次对制析论》,《天府新论》2010年第6期。

⑥ 袁刚:《延英奏对制度初探》,《北京大学学报(哲学社会科学版)》1989年第5期。

南宋程大昌《雍录》对此有论:

> 元和四年(809),御史台奏:延英开日,群臣皆不得前知,遇陛下坐时,方进状请对。则是凡开延英,初无定日,直俟御宣政、紫宸,临时奏请也。钱希白之言曰:"凡内有公事商量,即降宣付阁门开延英,阁门翻宣申中书并膀正衙门。"则临时不可预拟其日矣。至天祐元年(904),诏今后每月许一、五、九开延英,如有大段公事,中书门下具膀子奏请开延英,不计日数。则是天祐后方定一旬三开延英之制,前此未也。①

程氏论据,很有可能分别来自《唐会要》卷二六《待制官》、钱易(希白)《南部新书》卷乙、《唐会要》卷二四《朔望朝参》,虽引述材料在时间上略有疏误,如"元和四年"当作"大和四年","天祐元年"当作"天祐二年"②,但其开延英"临时不可预拟其日"、唐末哀帝"天祐后方定一旬三开延英之制"的论断还是有道理的③。

正因如此,我们才看到裴度对敬宗"两月已来,入阁开延英稍稀,或恐大段公事须禀睿谋者,有所拥滞"的批评④。文宗大

---

① 《雍录》卷四《延英召对》,第67—68页。
② 程大昌认为"延英开日,群臣皆不得前知"是元和四年御史台奏,或据《唐会要》卷二六《待制官》第594页。但据《旧唐书》卷一七下《文宗纪下》第539页、《册府元龟》卷五一六《宪官部·振举一》第6171页,此内容当是文宗大和四年御史中丞宇文鼎所奏。程氏所谓"天祐元年诏",据《旧唐书》卷二〇下《哀帝纪》,当是天祐二年十二月辛丑敕,第803—804页。
③ 《玉海(合璧本)》卷一六〇《宫室·唐延英殿》引此条后小注"是开延英无定日",第3031页。
④ 《旧唐书》卷一七〇《裴度传》,第4429页。

和四年（830）十月，延英请对的方式又做了一些调整。"御史中丞宇文鼎奏：'今月十三日，宰臣奉宣进止，自今已后欲对，并令前一日进状来者。伏以延英开日，群臣皆不前知，遇陛下坐时，如进状请对，或本司各有要事，便得奏闻。今遣应候对官前一日进状，以寻常公事，不假面论，只具于表章，足以陈露。傥临时有切务，文字不足尽言，则咫尺天听，无路闻达。更俟后坐，动逾数辰，处置之间，便有不及。以兹限约，恐失事机。窃以请对官状入之时，合在平旦，苟或居后，则乖敬恭，致令临事排比，时有失次。伏乞重赐宣示，俾其晓知。限以状入者，并在卯前，如在卯后，听不收览。自然人各遵奉，理将得中。'可之"。① 调整的重点，是延英请对时，需提前进状，供皇帝判断是否召见，若是寻常公事，则不必面奏，疏奏即可。同时，由于某些重要事务为突发事件，故宇文鼎建议将提前一天进状，改为当日卯时（约5:00～7:00）之前进状，便于皇帝利用延英召对处理紧迫事务。制度调整，正是为了适应开延英无一定之规的现实。

至于皇帝欲召集核心大臣讨论，则可随时开延英召对。皇帝有权召开决策会议，本无疑义，这里只是想略举两例，强调皇帝可以突破惯例，在他认为有必要时进行延英召对。在古代，惯例对皇帝行为的实际约束作用，有时候甚于法律。玄宗以来，形成了朔望朝不听政之"故事"，"其后遂以为常"，元和十年"三月壬申朔，〔宪宗〕御延英殿召对宰臣"，宪宗打破惯例，在三月初一召对宰相，是"特以事召也"②。大约在贞元后期到元和前期，

---

① 《宋本册府元龟》卷五一六《宪官部·振举一》，第1325页。中华书局影印明本《册府元龟》文字略有差异，不如宋本。

② 《册府元龟》卷一〇七《帝王部·朝会一》，第1281页。

第二章 唐代皇帝与中央官政务沟通方式的制度性调整 41

形成了"双日不坐"的惯例,也就是在双日,皇帝不上朝、不接见群臣。德宗贞元十三年(797)十月"丁丑,徐泗节度使张建封来朝,上嘉之,次日于延英召对"①。"十月丁丑"为十月二十五日,次日则二十六日。对这一次延英召对,史料称为"德宗礼遇加等,特以双日开延英召对"或"帝不待日召见延英殿"②。与此类似,宪宗元和五年(810)"十二月十二日,〔义武军节度使张茂昭〕至京师。故事,双日不坐,是日特开延英殿对茂昭,五刻乃罢"③。为了彰显对某些大臣的特殊待遇,皇帝可打破惯例开延英召对。

第二,在延英殿见不见大臣由皇帝决定,见哪个大臣的主动权往往也是由皇帝掌握的。宪宗元和元年,左拾遗元稹有感于谏官"大不得备召见,次不得参时政,排行就列,累累而已"的情况,加之"近年已来,正衙不奏事,庶官罢巡对"的问题,上《论谏职表》,文末称"伏愿陛下许臣于延英候对,召臣一见。……谨诣东上阁门奉表以闻"④。元稹诣东上阁门奉表,希望皇帝允许他于延英候对。这就是"请对",即唐代所谓"诣阁请对"⑤。"请对"后是否得以召见,则取决于皇帝。对宰相来说,虽然皇帝曾强调"有事即诣延英请对,勿拘常制"⑥,但见与不见,最终还是

---

① 《旧唐书》卷一三《德宗纪下》,第386页。
② 分见《旧唐书》卷一四〇《张建封传》,第3830页;《新唐书》卷一五八《张建封传》,第4940页。
③ 《旧唐书》卷一四一《张茂昭传》,第3859页。
④ 元稹著,周相录校注:《元稹集校注》卷三三《论谏职表》,上海古籍出版社,2011年,第903页。
⑤ 《旧唐书》卷一一《代宗纪》,第296页。《唐大诏令集》卷九九《复尚书省故事制》,第503页。德宗以后延英请对的地点主要是在延英门,见《资治通鉴》卷二四六《唐纪六十二》武宗会昌元年闰月条胡注,第7954页。
⑥ 《唐会要》卷二五《杂录》,第553页。

只能由皇帝来决定。穆宗长庆二年（822）初，以元稹为相，罢裴度为东都留守，这引起了部分大臣的不满，"谏官叩延英，言不可罢〔裴〕度兵，摇众心"，但穆宗以"不召"处理，未开延英①。同年十二月，"宰臣李逢吉率百僚至延英门请见，上不许"②。又李德裕《献替记》云：宰相李德裕会昌元年（841）三月"二十五日早入中书，崔相珙续至，崔郸次至，陈相最后至，已巳时矣。余令三相会食，自归厅写状，请开延英赐对。进状后更无报答。至午又自写第二状封进，兼请得枢密使至中书问有此事无。……至申时，报开延英"③。宰相李德裕上午十点前后写状请开延英赐对，皇帝一时没有理会，他能做的也只是在中午"写第二状封进"，再次申请。

对一般大臣来说，更是如此。元和年间，太府卿王遂"为西北供军使，言营田非便，与〔户部侍郎、判度支，兼京北五城营田使潘〕孟阳会议相非，各求请对。上怒，俱不见"④。文宗大和五年（831）三月，宦官构陷宰相宋申锡，狱成。"左常侍崔玄亮、给事中李固言、谏议大夫王质、补阙卢钧、舒元褒、蒋係、裴休、韦温等复请对于延英，乞以狱事付外覆按。上曰：'吾已与大臣议之矣。'屡遣之出，不退。玄亮叩头流涕曰：'杀一匹夫犹不可不重慎，况宰相乎！'上意稍解，曰：'当更与宰相议之。'乃复召宰相入。"⑤ 这一次，文宗最终没有见延英请对的崔玄亮等

---

① 《新唐书》卷一七三《裴度传》，第5214页。《旧唐书》卷一七〇《裴度传》作"谏官相率伏阁诣延英门者日二三。帝知其谏，不即被召"，第4423页。
② 《旧唐书》卷一六《穆宗纪》，第501页。
③ 《资治通鉴》卷二四六《唐纪六十二》武宗会昌元年三月条《考异》引，第7951页。
④ 《旧唐书》卷一六二《王遂传》，第4241页。
⑤ 《资治通鉴》卷二四四《唐纪六十》文宗大和五年三月条，第7876页。

人，而是"召宰相入"。唐末僖宗时，"左拾遗孟昭图请对，不召"，他上疏批评僖宗，"陛下惟与〔田〕令孜闭城自守，不召宰相，不谋群臣，欲入不得，求对不许"①。以上可见，大臣延英请对之后，是否召见，由皇帝决定。

对延英召对时间、人员的掌握，显示出皇帝对在何时机、由何人、讨论哪些议题的把握，很大程度上体现出唐后期皇帝对延英会议议题的控制能力。

第三，延英召对的具体形式也由皇帝安排。一般而言，延英召对时，当朝几位宰相共同参加②，但也常见皇帝召某一位宰相单独讨论的情况。德宗贞元三年（787）八月，"上开延英殿独召〔中书侍郎、平章事李〕泌"③。元和十二年（817），宪宗与宰相商量讨伐淮西吴元济之事，宰相李逢吉、崔群、王涯等三人皆主张罢兵，门下侍郎平章事裴度主战，并愿亲自督战。第二天"延英重议，逢吉等出，独留度，谓之曰：'卿必能为朕行乎？'度俯伏流涕曰：'臣誓不与此贼偕全。'上亦为之改容"④。宰臣俱退，宪宗特意留下与自己意志相符的裴度，共同决断。再如文宗时，韦处厚为相，"大和元年（827）四月，宰相等于延英既出，再召处厚独对一刻余"⑤。

---

① 《新唐书》卷二〇八《宦者·田令孜传》，第5886页。
② 《唐会要》卷五六《省号下·起居郎起居舍人》，德宗"贞元十二年正月，宰相贾耽、卢迈皆假，故赵憬独对延英"，第1128页。由此可知，一般情况下，宰相共同参与延英召对。懿宗咸通年间萧倣"虽时启于延英，从容四辅"的说法，也可作为宰相通常可以共同参与延英召对的旁证。见《旧唐书》卷一七二《萧倣传》，第4481页。
③ 《资治通鉴》卷二三三《唐纪四十九》德宗贞元三年八月条，第7500页。
④ 《旧唐书》卷一七〇《裴度传》，第4416页；《册府元龟》卷三八九《将帅部·请行》，第4624页。
⑤ 《册府元龟》卷三一五《宰辅部·公忠》，第3725页。

第四，部分皇帝对延英召对的节奏也有较强的掌控能力。宣宗相当重视与大臣的讨论，史称宣宗"凡欲对公卿百僚，必先严整容止，更衣盥手，然后方出"①。裴庭裕《东观奏记》对宣宗时延英召对的一则记述颇具代表性：

> 上临御天下，得君人法。每宰臣延英奏事，唤上阶后，左右前后无一人立，才处分，宸威不可仰视。奏事下三四刻，龙颜忽怡然，谓宰臣曰："可以闲话矣。"自是，询闾里闲事，话宫中燕乐，无所不至矣。一刻已来，宸威复整肃，是将还宫也，必有戒励之言。每谓宰臣："长忧卿负朕，挠法，后不得相见！"度量如此。赵国公令狐绹每谓人曰："十年持政柄，每延英奏对，虽严冬甚寒，亦汗流洽背。"②

延英召对过程中，无论是宣宗唤宰臣上阶后"左右前后无一人立，才处分"，还是宣宗在"不可仰视"的威严与"龙颜忽怡然""宸威复整肃"中灵活转化，都体现了宣宗对延英召对节奏的掌控能力。这使得即便长期任宰相的令狐绹参与延英奏对时也颇为紧张，"虽严冬甚寒，亦汗流洽背"。

由于皇帝在延英召对中所处的主动地位，安史之乱以后的皇帝很喜欢延英召对的方式，德宗贞元年间，御史中丞韩皋多于紫宸殿陈奏，德宗对他说："我与卿言，于此不尽，可来延英，议及大政，多匡益之。"③ 元和十五年（820），穆宗即位，"是年冬，

---

① 苏鹗：《杜阳杂编》（《丛书集成初编》本），中华书局，1985年，第23页。
② 裴庭裕撰，田廷柱点校：《东观奏记》上卷，中华书局，1994年，第91页。
③ 《大唐传载》，第20页。李昉等编，张国风会校：《太平广记会校》卷一八七《韩皋》引《大唐传载》作"我与卿言，于此不尽，可来延英，当与卿从容，或无遗事"，北京燕山出版社，2011年，第2775页。

群臣入阁,既退,谏议大夫郑覃、崔郾,补阙辛邱度,拾遗韦瓘、温会等廷论得失",穆宗很不高兴,命令宰相转告郑覃等人,"阁中奏事,殊不从容,今日已后,有事须面论者,可于延英请对,当与卿等从容讲论"①。"阁中奏事"当指紫宸殿奏事。"殊不从容",《新唐书·郑覃传》作"殊不款款",虽说是在群臣退后郑覃等"廷论得失",穆宗也不满意,认为讨论不能够自如、充分,穆宗强调面奏还是要采取"延英请对"的方式。延英殿俨然成为了唐后期皇帝的主场。

宪宗以后,虽然固定性的次对时设时废,但也是与延英召对同时存在的皇帝与中央官面对面沟通的另一种方式。这里也有必要略加说明。研究表明,次对的地点或在延英殿、或在紫宸殿②。二殿位于大明宫东、西上阁门以北地区,属于阁内,故唐后期之次对相当于唐前期入阁之后的"仗下奏"。更值得注意的是,按照惯例,延英殿的宰相奏对和其他次对官奏对是分开进行的③。"宰臣奏事退",次对官"各奏本司公事"④。魏博节度使何弘敬墓志提供了一个难得的次对实例:何弘敬去世后,左谏议大夫卢告作为中央政府的代表之一,参与了何弘敬的丧礼事宜。"返命七日,上(懿宗)御紫宸殿,谏臣次对。上问曰:全暤何处见卿?礼度如何?〔卢〕告遂以郊迓闻。上曰:全暤年几?对以所

---

① 《册府元龟》卷五四六《谏诤部·直谏十三》,第6560页。《旧唐书》卷一七三《郑覃传》,第4489—4490页略同。
② 陈晔:《唐代次对制析论》,《天府新论》2010年第6期。
③ 《资治通鉴》卷二四三《唐纪五十九》穆宗长庆三年九月条胡注:"余考唐中世以后,宰相对延英,既退,则待制官、巡对官皆得引对,总可谓之次对官。所谓次对官者,谓次宰相之后而得对也,非次待制官而入对也。"第7829页。
④ 《唐会要》卷二五《杂录》文宗开成元年正月敕,第554页。

闻之年二十有七",接下来志文详细记录了君臣答问的内容。次对结束后,卢告"再拜贺谢讫,退至中书,尽以所奏言于四相国"①。何弘敬墓志的志文为卢告所撰,故这段记载的可靠性颇高。"退至中书,尽以所奏言于四相国",说明次对过程中,宰相是不在场的。宰相、次对官分别向皇帝奏事的制度安排,较之前引景龙二年敕"仗下奏事人,宜对中书、门下奏",制度设计的取向迥然不同。

总之,安史之乱以后,在疏奏制度方面,调整集中于肃宗、代宗时期,政策是广开言路,并给予谏官以疏奏特权,其疏奏以封事的形式越过宰相及所在机构,直达御前。面奏方面的制度调整,也从肃宗、代宗时期开始,主要调整是德宗以后,旨在有意压制程式化、固定化的朝参沟通形式,先后废除了正衙奏事和巡对,皇帝采用与主要中央官员小范围分别沟通的延英召对和次对方式。在此制度框架下,皇帝能够掌握面奏的主导权。通过谏官上封事、延英召对等,皇帝希望利用与主要官员分别沟通的方式,使重要政务信息直达并集中于皇帝。皇帝处于重要政务信息的汇聚点与信息流转的核心环节,力图掌握对重要政务信息的知晓、判断、筛选与分配的权力。

四、小结

刘后滨先生指出,唐后期政务文书的主体由奏抄转变为奏状②。

---

① 中国文物研究所、河北省文物研究所编:《新中国出土墓志》河北〔壹〕,文物出版社,2004年。拓片图版和录文分见上册第129页、下册第94页。

② 刘后滨:《唐代中书门下体制研究:公文形态、政务运行与制度变迁(增订版)》,第260页。

第二章 唐代皇帝与中央官政务沟通方式的制度性调整

其中某些奏状可以直达御前,唐后期皇帝对这部分直接奏状具有优先处置权,如果没有皇帝允许,翰林学士、宰相等均无法看到其他大臣的直接奏状①。然而奏状只是文书的一种,唐代皇帝所掌握的政务信息也不仅来自于奏状。信息问题是君主制中的重要问题,为了更清晰地认识皇帝在唐代政务信息流转过程中的角色,我们希望采取更为宽泛一点儿的视角,即从唐代皇帝与中央官,特别是常参官政务信息沟通方式及其制度性调整的角度来讨论。

本章研究显示,安史之乱以前,对中央官员面奏或进状的制度性规定及其调整,重点在于规范面奏与疏奏的层次、程序、功能,还包括对奏报格式、文字的规范。同时,注重皇帝与宰相及官僚机构之间的分工,不能事无巨细都直接上奏皇帝,疏奏需机构长官签押负责,面奏尽量采取相对公开的对仗奏形式。皇帝原则上只处理军国大事或现行法律规章所无法涵盖、难以处理的问题,皇帝处于政务信息流转以及决策过程的顶端。与之相比,安史之乱以后,皇帝广开言路、特别给予部分中央官以疏奏特权,其疏奏得以越过所属机构及宰相,直达御前。贞元年间废除固定性的正衙奏事,利用延英召对的特点,皇帝能够掌握面奏的时间、人员,且采取皇帝与参与决策的中央主要官员小规模或个别私密沟通的方式。这种沟通方式,并不是唐前期没有,而是唐后期皇帝更为倚重这样一种沟通方式。在此情况下,皇帝不再仅仅作为信息的接受者而处于政务信息流转过程中的顶端,而是处于政务信息流转过程的核心,控制着信息的筛选与分配。皇帝希望通过对重要政务信息的控制、议题的选设、议政方式的安排等,

---

① 请参本书第三章内容。

努力掌握政务处理的主动性。

安史之乱以后,皇帝给予谏官等部分官员疏奏特权,以及利用延英、次对的形式,皇帝与不同层次不同类型官员分别沟通,透过这些,我们已经可以看到宋代相关制度安排的雏形①。

为什么在安史之乱前后会出现这样的转变呢?吴丽娱先生认为唐后期藩镇体制下政事纷繁,中央地方财政三分后情况复杂,随时出现的新问题需要不断报请最高统治者,这是唐后期奏状数量上升的一个背景②。这对我们理解上述转变是有帮助的,在此略加申述、补充。第一,所谓"新问题",是指那些超出唐前期律令格式体系之外,且缺乏成案可循的问题。安史之乱以前,律令格式规定之内的决策为标准决策,这些由宰相与行政部门负责,皇帝原则上只处理军国大事或现行法律规章所无法涵盖、难以处理的问题,皇帝负责的是风险决策部分。安史之乱以后,律令格式体系瓦解,新的制度还在摸索过程中,中央政府不断以"长行敕""格后敕"的方式对规章制度进行修订,其实就表明溢出前期律令体系的问题颇多,需要皇帝以诏书的方式处理解决,再加以制度化。也就是需要由皇帝负责的风险决策,在安史之乱以后明显增多了。政治环境越复杂,风险决策过程中所需要信息的数量就越多、质量就越高。故无论是疏奏还是面奏,唐后期皇帝都致力于直接与大臣沟通,以获取重要政务信息。

第二,新问题以及皇帝风险决策的增多,可以帮助我们理解

---

① 宋代的情况,请参平田茂树著,林松涛、朱刚等译:《宋代政治结构研究》,上海古籍出版社,2010年,第12、15页。王化雨:《面圣:宋代奏对活动研究》上篇,生活·读书·新知三联书店,2019年。

② 吴丽娱:《下情上达:两种"状"的应用与唐朝的信息传递》,《唐史论丛》第11辑,三秦出版社,2009年。

第二章　唐代皇帝与中央官政务沟通方式的制度性调整　49

安史之乱后唐代皇帝更直接地了解重要政务信息的努力，但却难以解释为什么皇帝要采取与官员分别沟通的方式，并废除常规正衙奏事，运用延英召对等方式与大臣交流，希望以此控制重要政务信息的流转和分配。我们认为，这与经历了安史之乱后，总体上唐后期皇帝对大臣的不信任有关。代宗被认为是"畜疑之主"①，德宗"猜忌刻薄""疑天下之士"②，他和宣宗皆被认为是"怀疑以御下者"③，文宗在大和七年（833）后对"宿儒大臣，疑而不用"④。安史之乱后皇帝对宦官的信任和利用便与此不无关系，范祖禹称德宗便是"信宦者而疑群臣"⑤。在类似背景下，我们看到的现象，如马基雅维里所论，君主"在他的国家里选拔一些有识之士，单独让他们享有对他讲真话的自由权"，"一位君主应该常常征求意见，但是应该在他自己愿意的时候，而不是在他人愿意的时候"⑥。前者如本章所论皇帝赋予谏官之疏奏特权以及下一章将要讨论的翰林学士之顾问角色，后者如皇帝掌控的延英召对。这是特定背景下，皇帝出于维护自身权力、利益的考虑，所做出的皇帝制度对政治环境的适应性调整。

---

① 王夫之：《读通鉴论》卷二三《代宗九》，中华书局，1975年，第817页。
② 分见《新唐书》卷七《德宗纪》，第219页；范祖禹撰，吕祖谦音注：《唐鉴（附考异）》卷一二《德宗一》，商务印书馆，1936年，第109页。
③ 《读通鉴论》卷二六《宣宗五》，第945页。
④ 《旧唐书》卷一七二《李石传》，第4483页。
⑤ 《唐鉴（附考异）》卷一六《德宗五》，146页。
⑥ 尼科洛·马基雅维里著，潘汉典译：《君主论》，商务印书馆，1985年，第112、113页。

第三章

信息与权力：从《陆宣公奏议》看唐后期皇帝、宰相与翰林学士的政治角色

唐后期皇权的作用是通过何种方式体现的？皇帝又是如何利用旧制度，并在旧制度的基础上进行调整的？这种以皇权为主导的制度变迁的特点是什么？这些是我们关心的问题。本章打算从更具核心性的内容着眼，从某些重要政务信息的流转、支配角度，探讨在唐后期中央决策过程中，皇帝、翰林学士与宰相的角色。

《新唐书·百官志一》云："开元二十六年（738），又改翰林供奉为学士，别置学士院，专掌内命。"此后，翰林学士院学士即翰林学士渐渐与宰相一道成为唐后期参与中央决策的重要角色，陆贽是唐后期既做过翰林学士又做过宰相的人物之一，《陆宣公奏议》是陆贽担任翰林学士和宰相期间所作奏议的合集。本章欲以此为基础，通过对比陆贽任翰林学士和宰相期间所作奏议，以

个案的形式探讨唐后期翰林学士和宰相参与议政、决策的差异及其原因①，进而探讨皇帝在部分重要政务信息流转过程中的支配地位，以期对唐后期中央决策过程中，翰林学士、宰相与皇帝各自充当的角色、发挥的作用，有更为深入的理解。

一、 问题的提出与讨论对象的选择

宰相和翰林学士，是唐后期参与议政、参与决策的重要角色，这是学界普遍认可的。不过，对二者的关系，特别是对翰林学士是否侵夺相权，或者说在什么阶段、以什么方式侵夺了相权，学界的认识则有较大差异。翰林学士与宰相的关系问题，也是本章的一个思考背景，但是，我们在此并不打算直接回答这个问题，而是想换一个思考的角度。在一个组织中，不同的职位，

---

① 毛蕾和刘后滨从翰林学士与宰相差别的角度，对唐代翰林学士参与决策的特点做了有益的探讨。毛蕾从唐后期政务决策程序着眼，论证了翰林学士只能在审批阶段和撰制阶段发挥作用，而不能在讨论阶段发挥作用。这对深入了解唐代翰林学士的参政议政特色，很有价值。见毛蕾：《唐代翰林学士》第三章第二节，社会科学文献出版社，2000年，第95—116页。刘后滨指出，唐代中书门下体制下，"宰相的决策权体现在对日常政务的裁决，是主动的、经常的、务实的，而翰林学士只是作为皇帝的参谋顾问，其参与决策只是表现在为皇帝出谋划策，而且是被动的、偶发的、务虚的"，此说颇具见地，但可惜并未论证。见刘后滨：《唐代中书门下体制研究：公文形态、政务运行与制度变迁（增订版）》，第254页。此外，祝总斌《试论明代内阁制度的非宰相性质——兼略说明代以前秘书咨询官员权力的特点》（《文史》2002年第3辑）讨论秘书咨询官员与宰相议政权的差异时，指出"秘书咨询官员的议政权是被动的，而宰相的议政权则是主动的"，"秘书咨询官员的议政权是不稳定的，而宰相的议政权则是稳定的"，"秘书咨询官员的议政权是部分的，而宰相的议政权则是全面的"。这对我们理解唐代的情况极富启发意义。

其职责、权限,以及它在权力、信息网络中的位置是有差异的。不同的职位,在一定程度上决定了任职者的视野,也在一定程度上决定了任职者参政时的行为方式。考察同一人在不同职位上的不同表现,或许更能够揭示不同职位所带来的差异[①]。陆贽在唐德宗时期,先后担任过翰林学士和宰相,正好为我们提供了这样一个研究对象。

在唐代既当过翰林学士又当过宰相的人实在不少,仅德宗时期,除了陆贽以外,就还有姜公辅、赵宗儒、郑余庆三位。为什么偏要选择陆贽呢?基于以下三点原因,我们认为对陆贽及其《陆宣公奏议》的考察,最有助于揭示唐后期翰林学士和宰相在议政过程中的异同。

第一,德宗、顺宗时期是唐代翰林学士发挥作用最为突出的时期,代表人物就是陆贽。陆贽担任翰林学士有两个阶段,分别是德宗建中四年(783)三月到贞元三年(787)年底、贞元六年到贞元七年八月。其间被任命为翰林学士的,至少还有归崇敬、吴通微、吴通玄、顾少连、奚陟、吉中孚、韦执谊、梁肃、韦绶等人。梁肃和韦绶都是贞元七年才入院为翰林学士的[②],具体月份不知,即使在八月以前,与陆贽共事的时间也很短。其他诸人,奚陟似未赴任,其墓碑碑文称"诏授起居郎,充翰林学士,

---

[①] 杜希德(崔瑞德)曾以此角度分析陆贽任翰林学士与宰相时期的政治立场差异,见 Denis Twitchett,"Lu Chih (754-805): Imperial Advisor and Court Official", Arthur F. Wright and Denis Twitchett, *Confucian Personalities*, Stanford: Stanford University Press, 1962, 84-122。

[②] 丁居晦:《重修承旨学士壁记》,见洪遵辑:《翰苑群书》(《丛书集成初编》本),中华书局,1991年,第24页。

创巨愈迟,病不拜职"①。从目前掌握资料看,归崇敬、吉中孚与吴通微、吴通玄兄弟并未参与政务讨论。韦执谊在和德宗"相与唱和歌诗"的同时,"略备顾问"②,这显示他可能有机会参与政务,但并不多,且史料未详。在此期间参政较多的是顾少连,他任翰林学士的时间是从建中四年(783)到贞元八年(792)③。杜黄裳所撰碑文称,顾少连"赞丝纶之密命,参帷幄之谋猷,屡献嘉言,克昌天业。乘舆反正,酬劳计功,退保冲谦,口不言禄","公在翰林,仅将一纪,富平以周密自著,万石以谨审见称,故造辟而言,诡辞而出,谠言硕画,人莫得闻,帝深嘉之"④。顾少连为德宗信任,参政机会较多。可惜顾少连"谠言硕画,人莫得闻",对其具体参政议政的内容,不得而知。相比以上诸人,陆贽更为德宗所亲信、倚重。史称"贽入翰林,年尚少,以材幸,天子常以辈行呼而不名。在奉天,朝夕进见,然小心精洁,未尝有过,由是帝亲倚,至解衣衣之,同类莫敢望"⑤。《顺宗实录》记:"德宗在位久,益自揽持机柄,亲治细事,失君人大体,宰相益不得行其事职,而议者乃云由〔陆〕贽而然。"⑥翰林学士在唐代被称为"内相",也是特指陆贽,"虽有宰臣,而谋猷参决,多

---

① 刘禹锡著,瞿蜕园笺证:《刘禹锡集笺证》卷二《唐故朝议郎守尚书吏部侍郎上柱国赐紫金鱼袋赠司空奚公神道碑》,上海古籍出版社,1989年,第62页。
② 刘昫等撰:《旧唐书》卷一三五《韦执谊传》,中华书局,1975年,第3732页。
③ 《重修承旨学士壁记》,见《翰苑群书》第24页。
④ 李昉等编:《文苑英华》卷九一八《东都留守顾公神道碑》,中华书局,1966年,第4832页。
⑤ 欧阳修、宋祁撰:《新唐书》卷一五七《陆贽传》,中华书局,1975年,第4931页。
⑥ 韩愈著,马其昶校注,马茂元整理:《韩昌黎文集校注》,上海古籍出版社,1986年,第715页。

出于贽，故当时目为'内相'"①。

　　第二，陆贽为相期间，在群相当中起主导作用。陆贽任宰相（中书侍郎、同中书门下平章事）的时间，是从贞元八年（792）四月到贞元十年十二月②。此间为相的还有门下侍郎、同平章事董晋。贞元九年五月，董晋罢相，新入相者是贾耽和卢迈，二人结衔分别是尚书左仆射同中书门下平章事、尚书左丞同中书门下平章事。与陆贽共事的另一位宰相，是中书侍郎、同中书门下平章事赵憬。德宗时期的宰相群体有两个特点，一是担任宰相者人数多、任职时间短，史称"自建中以后，宰相罕有久在位者，数岁罪黜"③。与此相关，第二个特点是，德宗时宰相中尸位素餐者较多。《册府元龟·宰辅部》有"窃位"一门，将历代宰相中"尸禄冒宠、阿谀苟容，善不能称、恶不能救，进无所益、退无所损"④者列入此门。德宗年间被视为"窃位"的宰相有八位之多，显得密度颇大，其中就包括董晋。此外，贾耽为相，"安危大事亡所发明"⑤。"大政决在陆贽、赵憬，〔卢〕迈谨身中立，守文奉法而已。"⑥而在陆贽、赵憬当中，又以陆贽为主导。德宗曾派人告诉陆贽，"要重之事，勿对赵憬陈论，当密封手疏以闻"⑦。"罢

---

① 《旧唐书》卷一三九《陆贽传》，第3817页。
② 《旧唐书》卷一三《德宗纪下》，第374、380页。
③ 《旧唐书》卷一三六《崔损传》，第3755页。
④ 王钦若等编：《册府元龟》卷三三五《宰辅部·窃位》，中华书局，1960年，第3952页。
⑤ 《新唐书》卷一六六《贾耽传》，第5085页。
⑥ 《旧唐书》卷一三六《卢迈传》，第3754页。
⑦ 司马光编著：《资治通鉴》卷二三四《唐纪五十》贞元九年二月条，中华书局，1956年，第7540页。

贽,〔赵憬〕乃始当国"①,陆贽被罢免后,赵憬方得以主政。可见,陆贽担任宰相期间,实为诸相之首。

姜公辅、赵宗儒、郑余庆三人,在德宗期间也既曾任翰林学士,又曾做宰相。从目前资料看,无论是翰林学士还是宰相,他们三位任职期间在政务决策中发挥的作用,远不能与陆贽相比。建中元年(780)至四年,姜公辅、赵宗儒同任翰林学士,姜公辅任相是从建中四年到兴元元年(784),赵宗儒任相是从贞元十二年(796)到十四年。郑余庆在贞元八年至十三年间任翰林学士,在贞元十四年至十六年间任相。姜公辅任相,不到半年即被罢免,其间无甚作为。赵宗儒任翰林学士四年,郑余庆任翰林学士有六年,但史料所见其主要仕历都是在出学士院以后,有关在院任职的记载却没有②。赵、郑二人为相都是在贞元十年陆贽罢免之后,史称"上自陆贽贬官,尤不任宰相","中书行文书而已";又称"自贞元十年已后,朝廷威福日削,方镇权重。德宗不委政宰相,人间细务,多自临决","宰相备位而已"③。他们在相位上发挥的作用相当有限。

相对于德宗朝的其他翰林学士和宰相,陆贽在翰林学士与宰相两个职位上都对政务决策发挥了突出作用,因此作为讨论对象具有典型性。

第三,更为重要的是,陆贽参政、议政的材料被相对完整地

---

① 《新唐书》卷一五〇《赵憬传》,第4811页。
② 参傅璇琮:《新订唐翰林学士传论》,辽海出版社,2015年,第197—201页、第248—251页。
③ 分见《资治通鉴》卷二三五《唐纪五十一》贞元十二年十一月条,第7575页;《旧唐书》卷一五《宪宗纪下》,第472页。

保留了下来。陆贽死于顺宗永贞元年（805）。随即，权德舆便着手整理陆贽的文章，在宪宗元和年间已编辑成集①。此后，韦处厚又编纂陆贽文章，成《论议表疏集》十二卷、《翰苑集》十卷②。由于编辑及时，陆贽的文章当散佚不多。自北宋开始，陆贽及其作品受到士大夫的推崇，宋祁编撰《新唐书》，"例不录排偶之作，独取〔陆〕贽文十余篇，以为后世法"，"司马光作《资治通鉴》，尤重〔陆〕贽议论，采奏疏三十九篇。其后苏轼亦乞以贽文校正进读"③。南宋郎晔还为《陆宣公奏议》做了注。宋人及后代对陆贽作品的重视，使得陆贽的文集比较完整地流传了下来。

陆贽具有典型性，且资料相对完备，因此本章选择陆贽作为讨论对象。

二、 翰林学士与宰相议政方式的差异

《陆宣公奏议》是陆贽担任翰林学士和宰相期间所撰奏议的合集，与陆贽担任翰林学士期间草拟的诏令共同构成陆贽文集。

---

① 权德舆为陆贽集作序，题《唐赠兵部尚书宣公陆贽翰苑集序》。权德舆撰，蒋寅笺，唐元校，张静注：《权德舆诗文集编年校注》将此篇系于永贞元年（805），辽海出版社，2013年，第539页。权德舆撰，郭广伟校点：《权德舆诗文集》附《权德舆年谱简编》，将此篇系于元和元年（806），上海古籍出版社，2008年，第922页。权德舆序文中提及"其经纶制度，具在《德宗实录》"，据《旧唐书》卷一四《宪宗纪上》，《德宗实录》修成奏上于元和五年十月，故权序或在此后。权德舆元和十三年去世，故此篇写作时间最晚不过元和十三年。因此，陆贽去世后13年内，其文集肯定已被整理好了。

② 《新唐书》卷六〇《艺文志四》，第1616页。

③ 永瑢等撰：《四库全书总目》卷一五〇《集部·别集类三》之《翰苑集》提要，中华书局，1965年，第1287页。

权德舆编辑陆贽文集时，采取"以类相从"的原则，诏令之外，又将陆贽任翰林学士与宰相时的奏议分别编辑，前者称为"奏草"，后者称为"中书奏议"。权德舆序文称："润色之余，论思献纳，军国利害，巨细必陈，则有《奏草》七卷。览公之奏，则知公之为臣也。其在相位也，推贤与能，举直措枉，将斡璇衡而揭日月，清氛祲而平泰阶。敷其道也，与伊、说争衡；考其文也，与典谟接轸。则有《中书奏议》七卷。览公之奏议，则知公之事君也。"① 无论是权德舆《奏草》《中书奏议》各七卷本，还是韦处厚《论议表疏集》十二卷本，诸本流传至今，篇目没有变化，共有翰林学士"奏草"32篇，宰相"中书奏议"24篇。下面，我们以这56篇文章为基础，进行考察。

陆贽56篇奏状，几乎所有篇章的起首部分，都对文章的写作缘起有一个简要说明②。据此，可将这56篇奏状根据写作缘起分为三类：承问而对类、皇帝知会类、主动提议类。分别举例说明。

1. 承问而对类

《陆贽集》卷一一《论两河及淮西利害状》：

> 内侍朱冀宁奉宣圣旨：缘两河寇贼未平殄，又淮西凶党攻逼襄城，卿识古知今，合有良策，宜具陈利害封进者。

这是陆贽任翰林学士后的第一份奏状，据《资治通鉴》卷二二八，此状作于德宗建中四年（783）八月，陆贽为翰林学士已有五个月。"两河寇贼"与"淮西凶党"，是指当时的朱滔、王武

---

① 《权德舆诗文集》卷三三《唐赠兵部尚书宣公陆贽翰苑集序》，第502页。
② 王素将其称为"状由"，见王素：《陆贽评传》，南京大学出版社，2001年，第183页。

俊、田悦、李纳、李希烈诸叛军。在朝廷征讨叛军的紧张局势下，德宗派宦官问计于翰林学士陆贽，"合有良策，宜具陈利害封进者"。这句话表明，此状的缘起，是德宗向翰林学士之咨询。陆贽奏状中，德宗对陆贽的类似要求，还有"何者最切，具条录奏来者""卿宜商量稳便否者""卿等即商量进来者"等等①。在上引《论两河及淮西利害状》中，陆贽言"承问而对，臣之职也"②。"承问而对"，准确反映了此类奏状具有德宗咨询、陆贽回答的特点，因此我们以"承问而对"来命名这一类奏状。

2. 皇帝知会类

《陆贽集》卷一六《请释赵贵先罪状》：

> 右，钦溆奉宣圣旨：前者共卿商量赵贵先，欲恕其罪。朕朝来更问诸将，皆云贵先顺从朱泚，则是逆人，合依常刑，不可宽舍。众人意既如此，应难释放。卿宜知悉者。

这份奏状，缘起于德宗派宦官告诉陆贽的一个消息，是关于曾接受朱泚伪官任命者赵贵先的处理问题。之所以告诉陆贽，或许是因为最终的处理意见与先前德宗和陆贽等人商量的处理意见有差异。在这里，德宗的目的并不是要听取陆贽的意见，而仅仅是告诉他处理结果而已。我们把这一类称为"皇帝知会类"。典型的还有贞元九年（793）十二月之《议汴州逐刘士宁事状》："右，希颜奉宣圣旨：适得〔宣武都知兵马使〕李万荣奏：'刘士宁因

---

① 分见陆贽撰，王素点校：《陆贽集》卷一二《奉天论奏当今所切务状》，中华书局，2006年，第367页；卷一六《论替换李楚琳状》，第514页；卷二〇《请不与李万荣汴州节度使状》，第647页。

② 《陆贽集》卷一一《论两河及淮西利害状》，第318页。

出游猎,三军将士遂闭城门不放入,发遣令赴朝廷,万荣安抚军州,今已宁帖。'卿等宜知悉者。"① 德宗派宦官将地方官的表奏传达给宰相陆贽,也没有要求陆贽参与讨论的意思,仅仅是让他"知悉"而已。

3. 主动提议类

《陆贽集》卷一七《请遣使臣宣抚诸道遭水州县状》:

> 右,频得盐铁、转运及州县申报,霖雨为灾,弥月不止,或川渎泛涨,或溪谷奔流,淹没田苗,损坏庐舍,又有漂溺不救,转徙乏粮,丧亡流离,数亦非少……臣等旬日以来,更审借访,类会行旅所说,悉与申报符同。但恐所闻圣聪,或未尽陈事实……

贞元八年(792)七月,河南、河北、江、淮、荆、襄、陈、许等四十余州大水,溺死者二万余人②。陆贽根据盐铁、转运使以及地方机构的灾情报告,经过核实后,奏请遣使赈抚。这里,陆贽并不是在德宗向他咨询后,才发表己见的。陆贽是根据自己掌握的情况,主动提出政务处理意见。又如卷一四《奉天请罢琼林大盈二库状》,写作原因是"臣昨奉使军营,出由行殿,忽睹右廊之下,牓列二库之名"③,陆贽亲自发现问题后,向德宗提出建议。主动提议类中,比较典型的还有一种,即陆贽将一些经过深思熟虑的对政局的总体看法,提交给德宗,如任翰林学士期间著名的《论

---

① 《陆贽集》卷二〇《议汴州逐刘士宁事状》,第644—645页。时间参《资治通鉴》卷二三四《唐纪五十》,第7550页。
② 《资治通鉴》卷二三四《唐纪五十》,第7533页。
③ 《陆贽集》卷一四《奉天请罢琼林大盈二库状》,第423页。

关中事宜状》、任宰相期间著名的《均节赋税恤百姓六条》等。

现将56篇陆贽奏状用以上分类方式进行分类，可得如下结果（表1）。

表 1

翰林学士奏草	
承问而对类	卷一一《论两河及淮西利害状》，卷一二《奉天论奏当今所切务状》《奉天论前所答奏未施行状》，卷一三《奉天请数对群臣兼许令论事状》《奉天论尊号加字状》《重论尊号状》《奉天论赦书事条状》，卷一四《奉天论拟与翰林学士改转状》《奉天论解萧复状》《奉天荐袁高等状》《奉天奏李建徽杨惠元两节度兵马状》《驾幸梁州论进献瓜果人拟官状》，卷一五《兴元论解姜公辅状》《又答论姜公辅状》《兴元论解萧复状》《又答论萧复状》《兴元论续从贼中赴行在官等状》，卷一六《兴元贺吐蕃尚结赞抽军回归状》《兴元奏请许浑瑊李晟等诸军兵马自取机便状》《兴元论中官及朝官赐名定难功臣状》《兴元论赐浑瑊诏书为取散失内人等议状》《论替换李楚琳状》《收河中后请罢兵状》
皇帝知会类	卷一四《又论进瓜果人拟官状》，卷一六《请释赵贵先罪状》
主动提议类	卷一一《论关中事宜状》，卷一二《论叙迁幸之由状》，卷一四《奉天请罢琼林大盈二库状》《奉天论李晟所管兵马状》，卷一五《兴元论请优奖曲环所领将士状》，卷一六《兴元请抚循李楚琳状》《銮驾将还宫阙论发日状》
宰相中书奏议	
承问而对类	卷一八《论齐映齐抗官状》，卷一九《商量处置窦参事体状》《奏议窦参等官状》《请不簿录窦参庄宅状》，卷二〇《三进量移官状》《请不与李万荣汴州节度使状》
皇帝知会类	卷一七《请许台省长官举荐属吏状》《论淮西管内水损处请同诸道遣宣慰使状》《谢密旨因论所宣事状》，卷一八《论岭南请于安南置市舶中使状》，卷二〇《请依京兆所请折纳事状》《议汴州逐刘士宁事状》《论度支令京兆府折税市草事状》

(续表)

	宰相中书奏议
主动提议类	卷一七《请遣使臣宣抚诸道遭水州县状》，卷一八《论宣令除裴延龄度支使状》《请减京东水运收脚价于缘边州镇储蓄军粮事宜状》，卷一九《论缘边守备事宜状》，卷二〇《请还田绪所寄撰碑文马绢状》《论左降官准赦合量移事状》《再奏量移官状》《请边城贮备米粟等状》，卷二一《论裴延龄奸蠹书一首》《论朝官阙员及刺史等改转伦序状》，卷二二《均节赋税恤百姓六条》

对上表略作统计，可获如下数据（表2）：

表 2

	承问而对类		皇帝知会类		主动提议类	
翰林学士（32篇）	23篇	72%	2篇	6%	7篇	22%
宰相（24篇）	6篇	25%	7篇	29%	11篇	46%

表 2 显示，陆贽任翰林学士期间的 32 篇奏状中，承问而对类数量最多，有 23 篇，占总数的 72%，主动提议的只有 7 篇，占22%，而在陆贽为相期间的 24 篇奏状中，近半数是主动提议。这显示了德宗期间翰林学士和宰相议政方式的差异：翰林学士绝大多数议政是对德宗政务咨询的回答，翰林学士充当的是德宗顾问的角色；宰相的议政方式则以主动提议为主。当然，这里还存在一个如何看待皇帝知会类奏状的问题，此类奏状，其讨论的基本议题、基本事实是德宗发出的，从德宗的目的看，并不是要听取陆贽的意见，仅仅是告知相关情况。陆贽就此发表意见，是主动参与议政的行为。因此，从这个角度看，皇帝知会类奏状更偏向于主动提议一类。如果这样看的话，翰林学士奏状的统计所受影

响甚微，还是以德宗顾问为主，所占比例近3/4；对宰相而言，则是主动提议的比例达到了3/4。翰林学士与宰相议政方式形成鲜明对比。

翰林学士的基本职责，是皇帝的顾问，在皇帝没有发问时，翰林学士不必，甚至不应主动议政，这一点陆贽是很清楚的。因此，陆贽才说"承问而对，臣之职也"，在他主动议政的《论关中事宜状》中，自称"辄逾顾问之旨"①。作为皇帝的顾问，议政方式的被动性，是德宗时期翰林学士与宰相议政方式的差异之一。从这一点出发，我们才更容易理解，为什么与陆贽同期有多位翰林学士，他们并没有留下参政议政的记录。再有，陆贽任翰林学士期间的36篇奏状，从时间看，集中于建中四年（783）和兴元元年（784）这两年，只有最后一份为贞元元年（785）八月。陆贽丁母忧离职的时间是贞元三年岁末②，从贞元元年八月到贞元三年末，以及贞元六年到贞元七年八月陆贽再任翰林学士期间，都没有奏状留下来。陆贽奏状的时间分布如此不均衡，这一现象也可以从翰林学士议政的被动性角度来理解。

《资治通鉴》卷二三〇云："贽在翰林，为上所亲信，居艰难中，虽有宰相，大小之事，上必与贽谋之，故当时谓之内相。"③这条材料常被学者引用，以说明翰林学士在唐后期决策中的重要作用。基于上文讨论，这条史料所描述的翰林学士，即使没有被夸大，也仅仅限于德宗建中四年、兴元元年这两年当中。又王鸣

---

① 分见《陆贽集》卷一一，第318、335页。
② 于景祥：《陆贽研究》，辽宁人民出版社，1998年，第143页。
③ 《资治通鉴》卷二三〇《唐纪四十六》兴元元年三月条，第7418页。

盛论唐代翰林学士,称"进退人才,机务枢密,人主皆必与议"①,根据陆贽的议政情况,政务决策中皇帝是否向翰林学士咨询,哪些问题向翰林学士咨询,主动权完全在皇帝,"人主皆必与议"的论断,无疑夸大了唐代翰林学士对决策参与的程度。

三、翰林学士与宰相议政方式差异的制度性基础

如何理解翰林学士与宰相在议政方式上存在的差异呢?退一步说,如果翰林学士有主动议政的机会,他们是否具备主动议政的条件和能力呢?我们认为,造成二者差异,或说翰林学士与宰相相比,缺乏主动议政能力的一个重要因素,是唐代翰林学士与宰相在权力、信息网络中的位置不同、责权有异,二者存在着信息来源与信息量的差异。概括地说,翰林学士信息来源相对单一、信息量较低,宰相信息渠道多元,信息量庞大。

我们可以通过陆贽中书奏议考察他在任宰相期间的信息来源。陆贽为相,供其参政议政的情报来源主要有四:一是皇帝告知,二是皇帝转发大臣表状或机构奏报,三是直接获得政府机构的申报,四是主动调阅政府机构的档案资料。

皇帝告知,包括德宗通过宦官和亲信大臣将其意旨或其他相关信息告诉宰相陆贽。如卷一八《论齐映齐抗官状》:"右,希颜奉宣进止:卿等所进齐映替李衡,缘江南与湖南接近,齐映、齐抗,既是当家,同任方面,事非稳便,宜别商量者。"此状作于

---

① 王鸣盛著,黄曙辉点校:《十七史商榷》卷七四,上海书店出版社,2005年,第643页。

贞元八年（792）七月，当时，主管国家财政的户部尚书、判度支萧国公班宏去世，朝廷打算以江西观察使李衡接任。这样，就需要有人接替江西观察使的职位。陆贽等宰相提议，让桂管观察使齐映接任，但是德宗不同意宰臣的提名，要求宰相"宜别商量"。从上引奏状可知，德宗的旨意，是通过"希颜"来传达的。这个"希颜"，在陆贽的中书奏议中多次出现，都是担任将德宗旨意及相关消息传达给陆贽的任务。陆贽未称其姓，此人很可能就是宦官朱希颜。权德舆贞元十年十二月《中书门下贺建康郡王双诞皇曾孙状》称"今日伏见中使朱希颜云"，又贞元十四年闰五月《中书门下贺滑州黄河清表》称"今日内侍朱希颜奉宣进止，示臣郑滑观察使姚南仲所奏"[①]。可见宦官朱希颜多年充当在皇帝和宰相之间传递政务信息的角色[②]。

除宦官外，个别得到德宗特别信任的大臣，也会成为将德宗意旨告知宰相陆贽的人选，顾少连就是一位。上文提及，顾少连也是一位获得德宗信任、参政机会较多的翰林学士。贞元八年四月，顾少连出翰林学士院，改任户部侍郎[③]。贞元八年五月，陆贽奏状云："今月十七日，顾少连延英对回，奉宣密旨：卿先奏令台省长官各举属吏，近闻外议云：'诸司所举，皆有情故，兼受贿赂，不得实才。'此法甚非稳便。已后除改，卿宜并自拣择，不可信任诸司者。"[④] 此时的顾少连，虽已不是翰林学士，但仍颇受

---

① 分见《权德舆诗文集》卷四五，第697页；卷四四，第681页。
② 唐代以宦官充当皇帝与宰相之间政务信息的联络者，最晚于玄宗时已经出现，《资治通鉴》卷二一〇《唐纪二十六》玄宗开元八年十月条，高"力士宣事至省中"，胡注："唐世，凡机事皆使内臣宣旨于宰相。"第6690页。
③ 《重修承旨学士壁记》，见《翰苑群书》，第24页。
④ 《陆贽集》卷一七《请许台省长官举荐属吏状》，第535页。时间据《资治通鉴》卷二三四《唐纪五十》贞元八年五月条，第7531页。

德宗信任,"奉宣密旨"。贞元九年(793)二月,顾少连再次"奉谕密旨",德宗让陆贽"若有要便事,但依前者意旨,自手疏密封进来"。同时,顾少连还根据他自己对德宗意思的理解,劝告陆贽,"少连又向臣说云:圣旨察臣孤贞,犹谓清慎太过,都绝诸道馈遗,却恐事情不通。如不能纳诸财物,至如鞭靴之类,受亦无妨者"①。相对于宦官朱希颜,顾少连传递的消息似乎更为私密一些。

宰相陆贽的信息来源中,第二类是皇帝转发给他的大臣表状或机构奏报。贞元九年十二月"丙辰,宣武军乱,逐节度使刘士宁"②,乱首是都知兵马使李万荣,事成后他上报德宗。德宗将李万荣奏疏转发给陆贽。陆贽因作《议汴州逐刘士宁事件》。贞元九年《请依京兆所请折纳事状》所引"度支续奏"③的内容,当来自皇帝转发的机构奏报。

宰相陆贽获得信息的第三条重要渠道,是来自政府机构的申报。吴丽娱先生的研究表明,唐后期公文书中,公事上皇帝的称为奏状,上中书门下宰相的称为申状④。贞元八年,陆贽先后上《论岭南请于安南置市舶中使状》和《请遣使臣宣抚诸道遭水州县状》,其消息来源分别是"岭南节度、经略使奏""频得盐铁、转运及州县申报"⑤。这就是宰相直接获得的使职与地方机构的报告。

---

① 《陆贽集》卷一七《谢密旨因论所宣事状》,第560、565页。时间据《资治通鉴》卷二三四《唐纪五十》贞元九年二月条,第7540页。
② 《旧唐书》卷一三《德宗纪下》,第378页。
③ 《陆贽集》卷二〇,第643页。
④ 吴丽娱:《试论"状"在唐朝中央行政体系中的应用与传递》,《文史》2008年第1辑;吴丽娱:《下情上达:两种"状"的应用与唐朝的信息传递》,《唐史论丛》第11辑,三秦出版社,2009年。
⑤ 分见《陆贽集》卷一八,第574页;卷一七,第553页。

主动调阅政府机构档案资料，是宰相陆贽获得信息的第四条重要渠道。卷二〇《论度支令京兆府折税市草事状》：

> 度支奏："缘当年税草支用不充，诸场和市所得又少，所以每至秋夏，常有欠阙。请令京兆府折今年秋税和市草一千万束，便令人户送入城输纳，每束兼车脚与折钱二十五文，既利贫人，兼济公用。"希颜奉宣进止宜依者……臣等谨检京兆府应征地税草数，每年不过三百万束，其中除留供诸县馆驿及镇军之外，应合入城输纳，唯二百三十万而已……臣等又勘度支京兆比来雇车估价，及所载多少，大率每一车载一百二束，每一里给佣钱三十五文，百束应输二束充耗……度支曾不计量，自我作古，径以胸臆斟酌，限为二十五文。谓之加征，则法度废隳；谓之和市，则名实乖反。倘可其奏，人何以观！

德宗将尚书度支奏报转发陆贽的同时，也派宦官朱希颜告诉了陆贽皇帝的处理意见，即按照度支奏报行事。陆贽此状的主要内容，是反对度支的议案。值得注意的是，陆贽在陈述中引用了不少具体数据，数据来源是"臣等谨检京兆府应征地税草数""臣等又勘度支京兆比来雇车估价及所载多少"等。这表明，宰相有权调取或查阅京兆府、尚书度支等机构的档案资料，供其决策参考，这也是陆贽作为宰相重要的信息来源之一。

相对于宰相，陆贽在担任翰林学士期间的信息来源显得比较简单，也受到一定限制。唐翰林学士被"置于严密之地"、其"职在禁闱"[1]，翰林学士院在"金銮殿之西，随上所在而迁，取其便

---

① 李绛撰，冶艳杰校注：《〈李相国论事集〉校注》卷四《论不对疏》、卷二《学士谢状》，华中科技大学出版社，2015年，第125、40页。

稳",学士院"尤为近切,左接寝殿,右瞻彤楼,晨趋琐闼,夕宿严卫,密之至也。骖镳得御厩之骏,出入有内司之导"①。虽然翰林学士院的具体地点目前学界尚有争议,但是其地处内朝则没有问题②。学士院与外界相对隔绝,"凡入翰林,与诸曹绝迹,不拘本司,不系常参"③,唐末韩偓"禁署严密,非本院人,虽有公事,不敢遽入"④ 的记载也可作为旁证,外界对翰林学士的工作情况难以了解⑤。相对隔绝的状态,也使翰林学士在信息来源上存在局限性。陆贽作翰林学士时就说过,"臣缘自到行在,常居禁中,向外事情,视听都绝"⑥。而且,德宗时翰林学士常常"每入直,逾月不得休"⑦。翰林学士长时间身处内朝,这本身就限制了他们对外朝政务情况的了解。

具体来说,通过陆贽翰林奏草可知,德宗时期翰林学士政务信息来源主要有两条渠道,一是皇帝告知,二是皇帝转发某些机构文书或其他大臣的表状。

皇帝告知的,主要是德宗通过宦官将具体消息及德宗的想法告诉陆贽,多数希望得到陆贽的意见。例如卷一五《兴元论解姜公辅状》:

---

① 韦执谊:《翰林院故事》,《翰苑群书》,第 12—13 页。
② 王静:《唐大明宫的构造形式与中央决策部门职能的变迁》,《文史》2002 年第 4 辑。
③ 《册府元龟》卷五五〇《词臣部·总序》,第 6600 页。"常参",原作"当参",据《宋本册府元龟》(中华书局,1989 年)第 1521 页改。
④ 韩偓撰,吴在庆校注:《韩偓集系年校注》卷一《雨后月中玉堂闲坐》本注,中华书局,2015 年,第 1 页。
⑤ 元和十五年,刑部郎中权判考功冯宿奏:"翰林学士职居内署,事莫能知,请依前书上考。"《旧唐书》卷一六八《冯宿传》,第 4389 页。
⑥ 《陆贽集》卷一四《奉天论解萧复状》,第 431 页。
⑦ 《新唐书》卷一六九《韦绶传》,第 5157 页。

右，钦溆奉宣圣旨：缘唐安公主丧亡，不可向此间迁厝，权令造一塔安置，待收复京城，即拟将归，以礼葬送。所造塔役功费用，亦甚微小，都不合是宰相所论之事。姜公辅忽有表奏，都无道理，但欲指朕过失，拟自取名。朕本拔擢，将为腹心，今却如此，岂不负朕至深。卿宜商量如何稳便者。

兴元元年（784）四月，德宗长女唐安公主去世，"上悲悼尤甚，诏所司厚其葬礼"，宰相姜公辅意在阻止厚葬，谏曰："非久克复京城，公主必须归葬，今于行路，且宜俭薄，以济军士。"① 德宗很不高兴，通过宦官钦溆将事情原委及德宗的意思告诉陆贽②，希望陆贽帮忙出主意。

在陆贽任翰林学士期间，德宗转发某些机构文书或其他大臣的表状是他的又一信息来源。其中所谓机构文书，主要是指中书门下所拟未颁诏书或奏状，德宗将其转发给陆贽，希望听取陆贽的意见。如《奉天论赦书事条状》称，"右，隐朝奉宣圣旨，并以中书所撰赦文示臣，令臣审看可否，如有须改张处，及事宜不尽，条录奏来者"；《奉天荐袁高等状》称，"昨蒙宣示中书进拟量移官，令臣审看可否者"；《又论进瓜果人拟官状》称，"右，钦溆赍中书所与《进瓜果人拟官状》示臣，仍奉宣圣旨……"③ 三条史料中，第一条是未颁诏书，后两条是中书奏状。转发其他

---

① 《旧唐书》卷一三八《姜公辅传》，第 3788 页。
② 钦溆在陆贽的翰林奏草中多次出现，都是承担将德宗旨意及相关消息告知陆贽的任务。此人很有可能就是当时的"中使马钦绪"，参《旧唐书》卷一二五《萧复传》，第 3552 页。《唐会要》卷五一《识量上》作"冯钦绪"，上海古籍出版社，1991 年，第 1047 页。
③ 分见《陆贽集》卷一三，第 413 页；卷一四，第 433、447 页。

大臣的表状,如兴元元年状称,"右,钦溆赍萧复表示臣,兼奉宣圣旨:……卿宜审看萧复表中意趣,斟酌奏来者";贞元元年(785)状称,"昨日钦溆奉宣圣旨,示臣马燧、浑瑊等奏平怀光收河东(河中)状,兼令臣商量须作何处置,令钦溆奏来者"①。

将陆贽担任翰林学士与宰相期间的信息渠道进行对比,二者的差异,在于是否能够获得来自政府机构的直接报告以及是否有权调阅其他行政机构的档案资料。我们认为,这一点正是翰林学士议政被动性的制度基础。如果将陆贽担任翰林学士与宰相期间的主动提议类奏状做一对比,可以更清晰地表明这一点。

在陆贽任宰相时的 11 篇主动提议类奏状中,卷一七《请遣使臣宣抚诸道遭水州县状》是"得盐铁、转运及州县申报",卷二〇《再奏量移官状》为"据所司检勘左降官及流人送名到者",这两份奏状均直接缘起于陆贽所获机构申报。贞元十年,陆贽上《论裴延龄奸蠹书一首》,其中也引用了度支与太府寺上奏中书门下的文书内容②。在贞元八年八月的《请减京东水运收脚价于缘边州镇储蓄军粮事宜状》中,不少详尽的数据材料是在宰相的要求下,由具体负责机构提供给宰相的,如"今据市司月估,每斗只粜得钱三十七文而已";"臣详问河阴、太原等仓留贮之意,盖因往年虫旱,关辅荐饥,当崔造作相之初,惩元琇罢运之失,遂请每年转漕米一百万石,以赡京师";"臣近勘河阴、太原等仓,

---

① 分见《陆贽集》卷一五《兴元论解萧复状》,第 467 页;卷一六《收河中后请罢兵状》,第 520 页。
② 《陆贽集》卷二一《论裴延龄奸蠹书一首》,"两司既相论执,理须辨鞫是非,臣等具以奏闻,请定三司详覆",第 673 页。由此可见,裴延龄和韦少华的报告,是以机构申报的形式上呈中书门下的,中书门下将其奏闻德宗,并请求皇帝责成三司进行调查。

见米犹有三百二十余万石";"臣已令度支巡院勘问诸军州米粟时价,兼与当管长吏商量,令计见垦之田,约定所籴之数。得凤翔、泾陇、邠宁庆、鄘坊、丹延、夏绥银、灵盐、振武等道,良原、长武、平凉等城报,除度支旋籴供军之外,别拟储备者,计可籴得粟一百三十五万石。其临边州县,各于当处时价之外,更加一倍"等等①。另外,在《请边城贮备米粟等状》《均节赋税恤百姓六条》中,也引述了诸如"二年之间,沿边诸军,共计收籴米粟一百八十余万石","近者有司奏请税茶,岁约得五十万贯"②等具体材料。陆贽虽然没有直接说明材料来源,但是根据前述情况,这些数据很有可能也是相关负责机构汇报给中书门下的。由此可见,政府机构的报告和档案,或是陆贽任宰相时主动提议类奏状的直接缘起,或为陆贽的奏状提供了重要资料。

再看陆贽任翰林学士期间7篇主动提议类奏状。与陆贽在翰林学士期间32篇奏状的整体情况一致,主动提议类奏状的信息来源主要也是德宗。典型者如《论叙迁幸之由状》,此状的写作,缘于建中四年(783)十月,"臣前日蒙恩召见,陛下叙说泾原叛卒惊犯宫阙,及初行幸之事",在德宗与陆贽的谈话过程中,因韩游瓌请对,陆贽"言未获毕辞",故复书面上奏,"今辄上烦,以尽愚悃"③。公开的诏书是翰林学士可以看到的,卷一六《銮驾将还宫阙论发日状》是兴元元年(784)陆贽建议德宗推迟还京日期的奏状,其中的核心信息当然是原定还京时间,这来自于已

---

① 《陆贽集》卷一八《请减京东水运收脚价于缘边州镇储蓄军粮事宜状》,第594—598页。

② 分见《陆贽集》卷二〇,第665页;卷二二,第765页。

③ 《陆贽集》卷一二《论叙迁幸之由状》,第355—356页。

经公开的诏书，即"先颁敕旨，已定行期"。此外，值得注意的是陆贽的见闻，有两篇奏状缘于此。兴元元年《奉天请罢琼林大盈二库状》的缘起，是"臣（陆贽）昨奉使军营，出由行殿，忽睹右廊之下，牓列二库之名"；同年《奉天论李晟所管兵马状》的缘起，为"今李晟奏请移军，适遇臣（陆贽）衔命宣慰，〔李〕怀光偶论此事，臣遂讯问所宜"①。写作以上二状的基本信息，来自陆贽奉使时的所见所闻。而我们知道，唐代翰林学士主要是宿值内廷，出使的机会是很少的。这也就更加限制了翰林学士的信息来源，他们的信息主要来自于皇帝。

《论两河及淮西利害状》《论关中事宜状》和《均节赋税恤百姓六条》是陆贽三篇最重要的、具有全局视野的主动提议类奏状。前两篇是陆贽任翰林学士期间的头两篇奏状，《均节赋税恤百姓六条》则是陆贽宰相任内的最后一篇奏状。为什么它们分处头尾呢？虽然无法确切回答，但是我们可以提供一个想法：在翰林学士信息来源相对单一的情况下，是无法获得这种全局性认识的，《论两河及淮西利害状》《论关中事宜状》对整体局势的认识，属于陆贽在任翰林学士之前就基本形成的看法，因此它们在文集中处于翰林奏草的首位。陆贽出学士院以后，特别是他担任宰相期间，政务信息来源多元，视野扩大，经过较长时期的积累、思考，才能够写出具有全局性的《均节赋税恤百姓六条》。这也是唐代翰林学士与宰相参政、议政差异的一种体现。

总之，相对于宰相，翰林学士所获政务信息，无论是皇帝告

---

① 分见《陆贽集》卷一四，第 423、438 页。时间据《资治通鉴》卷二二九《唐纪四十五》，第 7396 页；同书卷二三〇《唐纪四十六》，第 7404 页。

知还是皇帝转发某些机构文书或其他大臣的表状,基本都来自于皇帝,来源单一、信息量低、视野比较狭窄,特别是无法像宰相那样可以获得中央行政机构或地方政府的申报,也难以像宰相那样有权调阅中央行政机构或地方政府的档案资料。这是翰林学士与宰相在获得政务信息渠道上的结构性差异,也是翰林学士议政以被动性咨询为主的制度基础。

四、 皇帝在政务信息流通中的支配地位

翰林学士和宰相所获政务信息的渠道,有异,也有同。其中,皇帝告知或由皇帝转发的机构、大臣奏报,就是二者共同的重要信息来源。那么,皇帝在政务信息流通中扮演的是什么角色呢?

在唐代,除了利用"瓯"这种比较特殊的形式以及个别时机皇帝特许的"上封事"之外,并不是所有机构和官员个人都可以直接上书皇帝的。玄宗"开元十八年四月二十一日敕:五品以上要官,若缘兵马要事,须面陈奏听。其余常务,并令进状"①。常务可向皇帝进状的包括"五品以上要官"。在中央官中,理论上诸司长官是有此权力的,故代宗永泰二年(766)颜真卿云"诸司长官,皆达官也,言皆专达于天子也"②。此外,补阙、拾遗位阶在五品以下,且并非长官,但由于属于谏官,也有直接上书皇

---

① 《唐会要》卷二五《百官奏事》,第 557 页。
② 颜真卿撰:《颜鲁公集》卷一《论百官论事疏》,"四库唐人文集丛刊"影印《文渊阁四库全书》,上海古籍出版社,1992 年,第 7 页。时间据《资治通鉴》卷二二四《唐纪四十》大历元年二月条,第 7189 页。

帝的权力①。

从《陆宣公奏议》来看,无论担任翰林学士还是担任宰相,陆贽看到的其他大臣的表状,都是由德宗皇帝转发而来的。如果皇帝不转发,翰林学士或宰相能否看得到呢?我们认为,对直接且唯一上书皇帝的大臣表状而言(大臣表状中,还有一类是同时上皇帝与中书门下的,第四、第九章有所讨论),如果没有皇帝的转发,包括翰林学士和宰相在内的其他大臣是没有机会看到的。

从制度上看,唐令规定:"诸有事陈意见,非为诉讼身事,欲封进者,并任封上。舍人受得即奏,不须开看。"② 即对大臣之封事,在由中书省上报皇帝的过程中,中书省官员是无权得知具体内容的。因此,从实际例子可以看到,至迟到玄宗以后,即便是宰相,他们能够看到的许多大臣表状,都须由皇帝转发。玄宗初年,山东发生蝗灾,谏议大夫韩思复"以为蝗虫是天灾,当修德以禳之,恐非人力所能翦灭",上疏玄宗,"上深然之,出思复疏以付崇"③,即将韩思复疏转发给宰相中书令姚崇。张九龄为相在开元二十一年(733)至二十四年之间,从其文章可知,此间他获得的许多大臣奏状,都是由玄宗派宦官转发给他的。如"高力士宣示臣等〔西州都督〕张待宾表""高力士宣奉敕示臣等〔内谒者监〕王尚客奏状"④ 等。在本章着重讨论的德宗时期,除了

---

① 《唐六典》卷八《门下省》,"左补阙、拾遗掌供奉讽谏,扈从乘舆。凡发令举事有不便于时,不合于道,大则廷议,小则上封",中华书局,1992年,第247页。
② 日本《令集解》引《唐令》,见仁井田陞著,栗劲、霍存福、王占通、郭延德编译:《唐令拾遗·公式令第二十一》第四十一条,长春出版社,1989年,第533页。
③ 《旧唐书》卷一〇一《韩思复传》,第3149页。
④ 张九龄撰,熊飞校注:《张九龄集校注》卷一三《贺张待宾奏克捷状》、卷一四《贺盖嘉运破贼状》,中华书局,2008年,第744、762页。

《陆宣公奏议》中所表现的以外，又如贞元三年（787）闰五月，唐、吐蕃会盟失败，"邠宁节度韩游瓌飞驿叩苑门，奏盟会不成，将校覆没，兵临近镇"，德宗"大惊，衔递其表以示〔兵部侍郎、同平章事，仍判门下省柳〕浑"①。另如贞元十四年，驾部员外郎、知制诰权德舆替宰相所作贺表称，"今日中使杨明义奉宣进止，示臣河阳三城节度使李元淳所奏"②。

在此背景下，可以看到，某些宰相为了有机会获得更全面的信息，曾经企图改变制度。代宗初年，"元载引用私党，惧朝臣论奏其短，乃请：百官凡欲论事，皆先白长官，长官白宰相，然后上闻"③，这从反面说明，按照制度，不经皇帝转发，宰相是无法看到大臣表状的。对元载的提议，检校刑部尚书知省事颜真卿撰《论百官论事疏》，力辩其不可，元载的建议最终没有被采纳。因为颜氏的文章论理清晰、言词激切，"于是中人争写内本布于外"④。颜真卿此文，如果在上皇帝以前其他大臣能够看到，也就没有必要由"中人"抄出"内本"散布了。这也可作为我们观点的一个旁证。

在这样的制度安排下，大臣的表状是否公开、对谁公开，能否转发相关机构，并进入政务处理程序，也就是对大臣章奏表状处理方式的选择权，是牢牢掌握在皇帝手中的，皇帝具有优先处置权。请看德宗时期的一个例子，《资治通鉴》卷二三一，兴元

---

① 分见《旧唐书》卷一二五《柳浑传》，第3555页；《资治通鉴》卷二三二《唐纪四十八》，第7487页。胡注："仓猝之际，不及遣中使，令衔递其表以示浑。"

② 《权德舆诗文集》卷四四《中书门下贺河阳获白兔表》，第682页。

③ 《旧唐书》卷一二八《颜真卿传》，第3592页。

④ 《旧唐书》卷一二八《颜真卿传》，第3594页。

元年（784）十一月：

> 议者又言："〔浙江东西都团练观察使〕韩滉闻銮舆在外，聚兵修石头城，阴蓄异志。"上疑之，以问〔左散骑常侍〕李泌，对曰："……滉性刚严，不附权贵，故多谤毁，愿陛下察之，臣敢保其无他。"……上曰："其子犹惧如此，卿奈何保之？"对曰："滉之用心，臣知之至熟。愿上章明其无他，乞宣示中书，使朝众皆知之。"……泌退，遂上章，请以百口保滉。他日，上谓泌曰："卿竟上章，已为卿留中。虽知卿与滉亲旧，岂得不自爱其身乎！"对曰："臣岂肯私于亲旧以负陛下！顾滉实无异心，臣之上章，以为朝廷，非为身也。"上曰："如何其为朝廷？"对曰："今天下旱、蝗，关中米斗千钱，仓廪耗竭，而江东丰稔。愿陛下早下臣章以解朝众之惑，面谕韩皋使之归觐，令滉感激无自疑之心，速运粮储，岂非为朝廷邪？"上曰："善！朕深谕之矣。"即下泌章，令韩皋谒告归觐，面赐绯衣，谕以"卿父比有谤言，朕今知其所以，释然不复信矣"。

朝中有人诬陷韩滉，李泌在德宗面前力辩其清，并表示愿专门上表证明韩滉的清白，同时他向德宗请求，将表章"宣示中书，使朝众皆知之"。李泌上奏后，德宗并未将其章奏公布，而做"留中"处理。李泌遂再次请求德宗，"愿陛下早下臣章以解朝众之惑"，德宗这才"即下泌章"。可见，对于大臣表状，"宣示"还是"留中"，权在德宗。此后，穆宗元和十五年（820）十二月，重考定科目官白居易上《论重考科目人状》，状末云："伏乞以臣等此状宣付宰臣,重赐裁量。"① 又穆宗长庆元年(821)十月,门下侍郎、同平章事裴度《谏请不用奸臣表》称"伏乞出臣此表,令三事大夫与百寮集议",穆宗将此表留中,没有公开。裴度接着上《第二表》,称"其第一表第二状,伏恐圣意含弘,留中不行。臣谨再写重进,伏乞圣恩宣出,令文武百寮于朝堂集议"②。

文宗大和五年(831)宦官王守澄陷害宰相宋申锡的例子,也可以体现皇帝对大臣表状的处置权:

> 文宗大和五年二月戊戌,〔王〕守澄奏得本军衙前虞候豆卢著状,告宰相宋申锡与十宅漳王谋反,未后帝令中人急召宰相入赴延英。中人赴宰相牛僧孺私第,至安邑里北街,马奔乏,死于道,即于僧孺里第易所乘马,趋以复命。是日,宰相路随、李宗闵、牛僧孺、宋申锡旬休在私第,悉闻命赴召。至中书东门,中人曰:"所召无宋申锡。"始知被罪,望延英以笏叩额而退。随等至,帝以守澄所奏状示随等,随等相顾皆愕然。③

以上史料可见,路随等宰相,在皇帝为其展示之前,是无缘看到王守澄奏状的。因此宋申锡毫无思想准备,而路随等皆"愕然"。

皇帝具有对大臣表状的优先处置权,有权决定大臣表状的处理方式,大臣如果希望自己的表状能够对部分大臣公开,需要特别提请皇帝。反过来,由于同样的原因,也有不少大臣特别申

---

① 白居易著,朱金城笺校:《白居易集笺校》卷六〇,上海古籍出版社,1988年,第3391页。

② 二表见《文苑英华》卷六二五,第3240页。时间据《资治通鉴》卷二四二《唐纪五十八》,第7801页。

③ 《册府元龟》卷六七〇《内臣部·诬构》,第8007页。

请，希望皇帝不要公开自己的表状、不让其他大臣知晓。代宗广德元年（763）十一月，太常博士、翰林学士柳伉《请诛程元振疏》曰："伏乞陛下读臣此表一二十遍，亲与朝廷商量，事若可行，则自处置，不用露臣此表。"① 穆宗长庆二年（822），元稹《同州刺史谢上表》云："臣此表并臣手疏，并请留中不出。"② 武宗会昌年间，宰相李德裕在《论讨袭回鹘事宜状》《论幽州事宜状》《进任畹李丕与臣状共三道》《天井冀氏事宜状》《论潞府事宜状》等奏状中，都在篇末注明"伏望留中不出"③。

无论是希望"宣示"，还是请求"留中"，大臣们的这些举动，无疑都显示出皇帝在处理大臣表状过程中的决定权。这也表明大臣的表状，如果没有经过皇帝的同意并转发，包括翰林学士和宰相在内的其他大臣是没有机会看到的。

以上所举诸例，时间都在唐玄宗以后。那么玄宗以前，唐代皇帝是否、或在何种程度上决定着大臣表状的处理方式呢？由于材料所限，目前还无法确切回答。不过，吴丽娱、刘后滨先生的研究表明，唐代奏状原则上是上给皇帝一个人看的，高宗、武则天以后，大臣奏状的数量增加、使用范围扩大。武则天时期出现的中书舍人参议表章，就是皇帝在接受了章表之后，将其出付中

---

① 姚铉编：《唐文粹》（《四部丛刊》本）卷二八。上疏时间与柳伉结衔，分见《旧唐书》卷一一《代宗纪》，第274页；《新唐书》卷二〇七《宦者上·程元振传》，第5861页；韦执谊：《翰林院故事》，《翰苑群书》，第14页。王应麟认为柳伉"时为学士，非待诏也"，今从其说。见王应麟著，翁元圻等注，栾保群、田松青、吕宗力校点：《困学纪闻》卷一四《考史》，上海古籍出版社，2008年，第1644页。

② 元稹著，周相录校注：《元稹集校注》卷三三，上海古籍出版社，2011年，第915页。

③ 李德裕撰，傅璇琮、周建国校笺：《李德裕文集校笺》卷一七，中华书局，2018年，第387、389、398、403、410页。

书舍人，令其进行讨论并提出处理意见的①。因此，无论玄宗以前唐代皇帝是否具有对大臣表状处理方式的决定权，我们都可以说，随着大臣表状数量的增多，以及大臣表状在政务处理中地位的加强，玄宗以后的皇帝由于把握着政务信息的关键流通环节以及处理方式，他们政务处理的主动权得到了强化。

玄宗以后的情况更加清晰，松本保宣先生的研究表明，安史之乱以后，唐廷逐渐建立了一条由宦官控制的阁门上书渠道，它区别于宰相下属的以朝堂为核心的上书渠道，对皇帝而言，信息传递之复线化具有保障言路畅通的意义②。这也意味着皇帝对政务信息掌控能力的加强。同时，我们发现，大体从肃宗时期开始，在皇帝的鼓励和要求下，具有直接奏事权的官员有所扩展，大臣直接且唯一上书皇帝的表奏量比唐前期有明显增多。下面，以大臣"上封事"为例做一简单考察。

"封事"始于西汉宣帝时期，是大臣直接上呈皇帝，由皇帝本人或皇帝所指定的人开阅处理的一种秘密章奏③。此后，"封事"一直存在，在唐代属于大臣直接且唯一上书皇帝的表奏类型之一。唐初至玄宗时期，大臣得以"上封事"的机会，几乎无一

---

① 吴丽娱：《试论"状"在唐朝中央行政体系中的应用与传递》，《文史》2008年第1辑。刘后滨：《唐前期中书省地位的变化与中书门下体制的建立》，见吴宗国主编：《盛唐政治制度研究》，中国人民大学出版社，2019年，第250页。

② 松本保宣：《唐代の閤門の様相について——唐代宮城における情報伝達の一齣その二》，《立命館文學》第608卷，2008年，第73—92页。松本保宣：《从朝堂至宫门——唐代直诉方式之变迁》，邓小南、曹家齐、平田茂树主编：《文书·政令·信息沟通：以唐宋时期为主》上册，北京大学出版社，2012年，第237—306页。

③ 廖伯源：《汉"封事"杂考》，《中国上古秦汉学会通讯》创刊号，1995年6月。收入廖伯源《秦汉史论丛（增订本）》，中华书局，2008年，第195—204页。

例外，都是在天象异常或发生灾害之时。略举几例：太宗贞观十一年（637）"秋七月癸未，大霪雨……庚寅，诏以灾命百官上封事，极言得失"；高宗上元三年（676）八月"庚子，以星变，避殿，减膳，放京城系囚，令文武官各上封事言得失"；武周证圣元年（695）春一月"庚子，以明堂灾告庙，手诏责躬，令内外文武九品已上各上封事，极言正谏"；玄宗开元十四年（726）"六月戊午，大风，拔木发屋，毁端门鸱吻，都城门等及寺观鸱吻落者殆半。上以旱、暴风雨，命中外群官上封事，指言时政得失，无有所隐"①。在天象异动或发生灾害时，皇帝每每下诏让群臣上封事的情况，始于东汉②。唐代灾后命大臣"上封事"，是对这种政治文化传统的延续，主要表明皇帝下诏自谴、接受批评的姿态而已。

肃宗、代宗以后，唐代大臣"上封事"依然存在，不过出现了两方面变化。一是皇帝命令大臣"上封事"的时机发生了显著改变。在上引玄宗开元十四年例之后，唐代因灾上封事的情况就少有记载了③。肃宗以后，皇帝命群臣"上封事"的时机多在即位、改元等颁布赦文、德音之时。略举几例：肃宗乾元元年（758）四月，诏"京官九品已上许上封事，极言时政得失，朕将亲览，用伫嘉谋，才有可观，别当甄录"；贞元二十一年（805）正月顺宗即位，"内外官及诸色人任上封事，极言时政得失，才有可观，

---

① 分见《旧唐书》卷三《太宗纪下》，第 48 页；卷五《高宗纪下》，第 102 页；卷六《则天皇后纪》，第 124 页；卷八《玄宗纪上》，第 190 页。
② 王剑：《汉代上封事考论》，《学习与探索》2005 年第 6 期。
③ 阎守诚主编：《危机与应对：自然灾害与唐代社会》，人民出版社，2008 年，第 245 页。

别当甄奖";长庆四年(824)正月敬宗即位,"其文武百寮所上封事,极言得失,无有所隐,事可施行者,便委中书门下量加奖用";文宗《改元开成赦》云"内外文武官及诸色人,任上封事,极言得失。有补时政者,必加升擢,待以不次"①。在即位、改元之际,命群臣"上封事",皇帝摆姿态的意义依然较强。不过,研究表明,赦文、德音是唐后期皇帝处理国家大政最重要的诏书形式②,在赦文、德音中要求"上封事",并强调"朕将亲览",且均以升迁作为鼓励,其实际意义显然强于玄宗以前。

"上封事"在第二方面的变化,能够强化第一点认识,即肃宗以后,皇帝鼓励,甚至是督促某些重要官员"上封事"。肃宗乾元二年(759)三月诏"两省官十日一上封事,直论得失,无假文言,冀成殿最,用存沮劝"③。肃宗要求上封事者是处于当时核心地位的中书省、门下省官员,且对其上奏频率有所规定,此类"封事"的实际意义显然比较强。谏官是此期被皇帝要求"上封事"的又一类官员。肃宗上元二年(761)九月,"其谏官令每月一上封事,指陈时政得失,若不举职事,当别有处分",代宗广德元年(763)七月,"谏官每月一上封事,无所回避"④。至代

---

① 分见宋敏求编:《唐大诏令集》卷六九《乾元元年南郊赦》,中华书局,2008年,第384页;同书卷二《顺宗即位赦》,第10页;同书卷八五《长庆四年正月一日德音》,第486页;同书卷五《改元开成赦》,第30页。

② 禹成旼:《试论唐代赦文的变化及其意义》,《北京理工大学学报(社会科学版)》2004年第3期;禹成旼:《唐代德音考》,《中国史研究》2006年第2期;魏斌:《"伏准赦文"与晚唐行政运作》,《中国史研究》2006年第1期;魏斌:《唐代赦书内容的扩展与大赦职能的变化》,《历史研究》2006年第4期。

③ 《册府元龟》卷一○二《帝王部·招谏一》,第1225页。

④ 分见《唐大诏令集》卷四《去上元年号赦》,第23页;卷九《广德元年册尊号赦》,第58页。

宗大历十二年（777）四月，进一步为谏官封事创造条件，特别规定，"自今已后，谏官所献封事，不限早晚，任进状来，所由门司不得辄有停滞"①。以上规定，实际上使得玄宗以前作为偶发事件的"上封事"变为一种常态，变为了皇帝赐予朝内某些重要官员的一种直接奏事权，也使得肃宗以后具有直接奏事权的官员有所扩展。而皇帝对这类大臣的直接奏状，有优先处置权，如果没有皇帝允许，翰林学士、宰相和其他大臣均无法看到这些奏状。由于把持了政务信息的关键流通环节及其处理方式，皇帝与翰林学士、宰相之间处于信息不对称的地位，皇帝借此努力掌握政务处理的主动权。

其实，皇帝对政务信息的掌控，还表现于其对大臣奏状的置之不理，上文提及的"留中"就是这样的处理方式。大臣的意见不能进入讨论、执行程序，实际体现了皇帝对大臣意见的否决权与搁置权。又如兴元元年（784）"诸将数劝之攻长安，〔李〕怀光不从，密与朱泚通谋。李晟屡奏，恐其有变，为所并，请移军东渭桥。上犹冀怀光革心，收其力用，寝晟奏不下"②。贞元元年（785）正月，以卢杞为饶州刺史，谏官赵需、裴佶、宇文炫、卢景亮、张荐等上疏反对，德宗置之不理，"疏奏不答"③。将大臣奏状留中，或寝奏不下、疏奏不答（报），皇帝否决权与搁置权

---

① 《唐大诏令集》卷一〇五《令百官言事诏》，第536页。《新唐书》卷六《代宗纪》第179页、《册府元龟》卷一〇二《帝王部·招谏一》第1225页均收此诏，颁布时间均记为大历十二年四月。上海古籍出版社点校本《唐会要》卷五五《省号下·谏议大夫》第1116页系此诏于"开元十二年四月"，内容与《唐大诏令集》略同。《文渊阁四库全书》本《唐会要》作"大历十二年四月"。点校本《唐会要》系年有误。

② 《资治通鉴》卷二三〇《唐纪四十六》，第7402页。

③ 《旧唐书》卷一三五《卢杞传》，第3717页。

的行使，也是皇帝掌握政务信息处理的关键环节，在政务处理中具有主动权的体现。下文对议题控制的研究中，还会具体讨论。

五、小结

皇帝、宰相与翰林学士构成了唐后期的核心决策群。本章通过对陆贽担任翰林学士与宰相期间议政方式以及政务信息来源的考察，发现议政中翰林学士以被动咨询为主，宰相以主动提议为多。翰林学士与宰相在获得政务信息渠道上的结构性差异，特别是翰林学士难以像宰相那样，既可以获得中央行政机构或地方政府之申报，又有权调阅中央行政机构或地方政府的档案资料，是导致二者议政方式差异的制度性基础。通过对政务信息中的一类，即核心官员直接奏状流转的考察，可以发现，唐后期皇帝对这类大臣直接奏状具有优先处置权，如果没有皇帝允许，翰林学士、宰相等均无法看到其他大臣的直接奏状。随着唐后期这类奏状数量及重要性的上升，皇帝通过把持政务信息流转的关键环节，使得皇帝与翰林学士、宰相越发处于信息不对称的地位，从而有利于皇帝掌握政务处理的主动权。

第四章

释唐后期上行公文中的兼申现象

上行公文的兼申,是指下级机构将同一事项分别上报两个或两个以上相关上级机构的现象。吴丽娱先生最早关注到唐后期机构或大臣的表状中,存在闻奏皇帝同时兼申宰相机构中书门下的情况①。唐代上行公文的兼申不仅存在同时上皇帝与宰相机构这一种情况,还存在其他多种类型。上行公文的兼申现象,唐代以前较为罕见,在唐朝也主要见于开元、天宝以后,特别是唐德宗以后,主要体现为中央政府的各项制度安排,是唐朝的制度调适与创新。本章拟在厘清唐后期上报中央的多种类型、不同层次兼申上行公文的基础上,进一步思考闻奏皇帝兼申中书门下在唐后期决策中的地位,并探讨上行公文兼申制度在唐后期的功能与意义。

---

① 分见吴丽娱:《试论"状"在唐朝中央行政体系中的应用与传递》,《文史》2008年第1辑,第119—148页;吴丽娱:《下情上达:两种"状"的应用与唐朝的信息传递》,《唐史论丛》第11辑,三秦出版社,2009年,第65—70页。

一、唐后期上行公文的兼申规定

公文是政务信息的载体,由于信息性质、内容的差异以及发出、接收方的不同,存在不同渠道。那么,需要兼申的政务信息有什么特点?兼申的对象是哪些机构?唐后期需要兼申的政务信息,主要是财政、刑狱、人事等方面的重要或敏感信息。在吴丽娱先生揭示的闻奏皇帝兼申中书门下之外,唐后期上行中央公文的兼申规定,还包括要求闻奏皇帝兼申所司、报中书门下兼申所司、并申除皇帝和中书门下之外的两个或两个以上相关机构等三种类型。以下分别探讨。

第一种是要求奏闻皇帝的同时,并报相关中央机构,可以称之为闻奏兼申所司。相关机构包括省、六部诸司、御史台。内容主要涉及财政、刑狱方面,以财政信息的报告占绝大多数。

相对于唐德宗时出现的闻奏皇帝兼申中书门下,闻奏皇帝兼申所司现象出现得更早一些。《唐六典》编撰于唐玄宗开元年间,其太府寺部分规定:"凡左、右藏库帐禁人之有见者,若请受、输纳,人名、物数皆著于簿书。每月以大摹印纸四张为之簿,而〔太府〕丞、众官同署。月终,留一本于署。每季录奏,兼申所司。"[1] 在左藏署、右藏署下属诸库中,具有一定保密性质的账目需要定期报告。"录奏"的对象是皇帝,而需兼申之"所司"具体何指,并不十分清楚,李锦绣先生推测包括刑部比部司[2]。参

---

[1] 李林甫等撰,陈仲夫点校:《唐六典》卷二〇《太府寺》太府丞条,中华书局,1992年,第542页。

[2] 李锦绣:《唐前期公廨本钱的管理制度》,《文献》1991年第4期,第99页。

考德宗时陆贽所述，"凡是太府出纳，皆禀度支文符，太府依符以奉行，度支凭按以勘覆，互相关键，用绝奸欺。其出纳之数，则每旬申闻，其见在之数，则每月计奏，皆经度支勾覆，又有御史监临"①，太府寺需要兼申的"所司"，除比部司外，或许还包括户部度支司和御史台。

闻奏皇帝兼申所司的规定，自德宗以后渐多。德宗建中元年（780）正月颁布两税法，同时规定："其黜陟使每道定税讫，具当州府应税都数及征纳期限，并支留合送等钱物斛斗，分析闻奏，并报度支、金部、仓部、比部。"②度支、金部、仓部隶属户部，掌财政；比部隶属刑部，掌审计。即要求黜陟使将各地税额、缴税期限以及留州、送使额度等重要且基本的财务信息上报皇帝及有关部门，以便管理与监督。两税法实行之后，原则上"除两税外，辄率一钱，以枉法论"③，但实际上地方各种名目的杂税屡禁不止，对百姓生活影响很大，常常引发社会矛盾。文宗大和三年（829）敕文再次强调"其擅加杂榷率，一切宜停"④，大和七年御史台奏："伏请起今已后，应诸道自大和三年准敕文所停两税外科配杂榷率等复却置者，仰敕至后十日内，具却置事由闻奏，仍申台司。每有出使郎官御史，便令严加察访，苟有此色，本判官重加惩责，长吏奏听进止。"皇帝"敕旨：宜依"⑤。

---

① 陆贽撰，王素点校：《陆贽集》卷二一《论裴延龄奸蠹书一首》，中华书局，2006年，第672页。
② 王溥撰：《唐会要》卷八三《租税上》，上海古籍出版社，1991年，第1818—1819页。
③ 刘昫等撰：《旧唐书》卷一二《德宗纪上》，中华书局，1975年，第324页。
④ 宋敏求编：《唐大诏令集》卷七一《大和三年南郊赦》，中华书局，2008年，第397页。
⑤ 分见《旧唐书》卷四九《食货志下》，第2128—2129页；《唐会要》卷八四《杂税》，第1832页。

对赦文禁止但又再次出现"两税外科配杂榷率"的现象,令诸道限期整理违规名目,并同时报告皇帝与御史台,还派出使郎官、御史严加监督。与财政信息报送相关的,至少还有文宗开成二年(837)二月敕,要求地方将遭遇水旱灾后的欠税额补足后,"具归复填补钱物数闻奏,并报度支"①,将钱物数字闻奏皇帝并报户部度支司。

少量与刑狱相关的信息,也有要求闻奏并兼申所司的现象。德宗贞元六年(790)赦文云:"近日州县官吏专杀立威,杖或逾制。自今以后,有责情决罚致死者,宜令本道观察使具事由闻奏,并申报刑部、御史台。"② 所谓"责情决罚",是指根据实际情况处理,往往指超过了法律规定的处理限度③。赦文强调的是,决罚致死的情况必须以兼申形式报告,让皇帝与相关部门都及时掌握情况,有加强管理的意味,但并非一定要对相关官吏有所处分。

第二种是报送宰相机构中书门下的同时报送另一相关机构,可以称为报中书门下兼申所司。由于内容多涉及人事任免,故兼申机构主要是掌管官员铨选的吏部和兵部。典型者如代宗《大历五年大赦天下制》云:"其官人犯贿,经恩免罪者,并宜申报中书门下及所司,不得容其却上。"④ 对因犯贿、犯赃得罪的官员,即使免罪,也要报告相关部门,限制他们参选。这里的"所司"很

---

① 《唐会要》卷八四《租税下》,第 1827 页。
② 《唐大诏令集》卷七〇《贞元六年南郊赦》,第 389 页。
③ 参长孙无忌等撰,刘俊文点校:《唐律疏议》卷二《名例》"应议请减"条之"责情特流配",中华书局,1983 年,第 36 页。
④ 李昉等编:《文苑英华》卷四三三,常衮《大历五年大赦天下制》,"贿"字下小注"《集》作赃",中华书局,1966 年,第 2193 页。

第四章　释唐后期上行公文中的兼申现象　87

可能是指吏部。此推测从大历十四年（779）要求将部分选人信息同时上报"中书门下、吏部"的敕书①中也可以得到支持。德宗贞元九年（793）敕文规定，"诸州府长官，每年以当管回残余羡物，谷贱时收籴，各随便近贮纳，年终具有无多少报中书门下，兼申考功，以为考课升降"②。要求地方长官将官府营建后剩余物资变卖，所得用于购买粮食并贮存以备灾荒，年终将相关信息上报。这不仅是地方财政信息，也与地方官个人治绩、考评相关，故在上报宰相机构的同时，还需兼申吏部考功司。与武职考选相关的信息，则需报兵部。宣宗大中年间敕："自今已后，委诸道观察、节度、都防御、团练、经略等使，每道慎择会兵法及能弓马、解枪弩及筒射等军将两人，充教练使，每年至合教习时，分番各以本艺阅试，其间或有伎艺超异者，量加优赏，仍作等第，节级与进改职名。每至年终，都具所教习马步及各执所艺人数申兵部及中书门下。"③

　　与报中书门下同时报送的相关机构，有时与任务来源有关。请看下例，《册府元龟》卷六三一《铨选部·条制三》：

〔开成〕二年二月吏部奏：准制请叙一子官。张茂昭男左武卫大将军克勤进状称，男小未堪授任，请回与外甥。准起请节文，只许回与周亲。克勤又奏，承前诸家请回授外

---

① 《唐会要》卷五八《尚书省诸司中·吏部尚书》，第1178页。
② 《唐大诏令集》卷七〇《贞元九年南郊大赦天下》，第390页。《文苑英华》卷四二六《贞元九年冬至大礼大赦天下制》略同，但《陆贽集》卷三《贞元九年冬至大礼大赦制》中未见此段文字。
③ 王钦若等编：《册府元龟》卷一二四《帝王部·修武备》，中华书局，1960年，第1492页。

甥，并蒙允许。中书省牒吏部详断，左司员外郎权判吏部废置裴夷直断："一子官，恩在报功，贵延赏典，若无己子，许及周亲。今张克勤自有息男，妄以外甥奏请，移于他族，知是何人？傥涉卖官，实为乱法。虽援近日敕例，难破著定节文。国章既在必行，宅相恐难虚授。具状上中书门下并牒中书省。"克勤所请不允，遂为定例。

此事《旧唐书·张茂昭传》记为"具状上中书门下"[①]，并没有说同时"并牒中书省"。两种记载哪一种更为准确呢？可以关注二者存在的系年差异。《册府元龟》将此事系于文宗开成二年（837），《新唐书·张茂昭传》记为"开成中"，但《旧唐书》本传和《唐会要》均将此事系于穆宗长庆年间[②]。此事由"左司员外郎权判吏部废置裴夷直"处理，我们可以根据裴夷直任此职的时间做出判断。结合近年出土的裴夷直墓志，胡可先先生认为裴夷直从元和十五年（820）九月至宝历二年（826）先后在武宁节度使崔群、陕虢观察使庾承宣幕府中，其中长庆二年（822）三月到九月空缺，当是任寿安尉。穆宗长庆年间裴夷直在地方工作，其任职吏部的时间当在文宗开成中[③]。故相对而言，《册府元龟》的记载更为准确、完整，当为"具状上中书门下并牒中书省"。吏部"并牒中书省"的原因，很可能是因为这一任务是由

[①] 《旧唐书》卷一四一《张茂昭传》，第 3860 页。

[②] 欧阳修、宋祁撰：《新唐书》卷一四八《张茂昭传》，中华书局，1975 年，第 4771 页；《旧唐书》卷一四一《张茂昭传》，第 3859 页；《唐会要》卷五八《尚书省诸司中·吏部员外郎》，第 1181 页。

[③] 胡可先：《新出土〈裴夷直墓志〉考论》，《中国典籍与文化论丛》第 11 辑，凤凰出版社，2009 年，第 118 页。裴夷直墓志录文，见吴钢主编：《全唐文补遗（千唐志斋新藏专辑）》，三秦出版社，2006 年，第 397 页。

中书省下达的，即"中书省牒吏部详断"。

第三种是并申除皇帝和中书门下之外的两个或两个以上相关机构。这种情况唐前期已经出现，亦多见于财政领域。大谷文书《仪凤三年（678）度支奏抄》中就有"每年破除见在，具帐限（?）〔八〕月上旬申到度支、金部，拟据勘会"等规定①。又如玄宗以后规定，"支度使及军州每年终各具破用、见在数申金部、度支、仓部勘会"②，要求支度使等地方财政官员年终向中央若干机构同时报送财务数字。如果说以上两个或三个机构都是户部下属诸司的话，那么唐后期还可以看到同时报两个独立的平行机构的实例。在宪宗元和四年规范判案时间的敕文中，要求刑部行文相关中央或地方机构协助调查时，协助单位处理时限为五日，"牒到后计日数，被勘司却报不得过五日"，而且"令刑部具遣牒及报牒月日，牒报都省及分察使，各准敕文勾举纠访"③。其中"都省"为尚书都省，而分察使隶属御史台，职司监察④。

需要说明的是，无论唐朝前、后期，上行中央公文中的大宗，都不是兼申类文书，而是直接奏报皇帝或单独申报某一中央机构的文书。目前所见唐后期上行文书的兼申现象总共有30余条，多为制度安排，可以肯定还有不少按照规定实际执行的兼申现象有待进一步发掘。而且同样可以肯定的是，无论制度安排还

---

① 录文见大津透著，苏哲译：《唐律令国家的预算——仪凤三年度支奏抄·四年金部旨符试释》，《敦煌研究》1997年第2期，第92页。并据李锦绣：《唐代财政史稿》（上卷）第一分册，北京大学出版社，1995年，第28页。
② 《唐六典》卷三《尚书户部》度支郎中员外郎条，第81页。
③ 《旧唐书》卷五〇《刑法志》，第2153页。
④ 《唐会要》卷八一《考上》，代宗宝应"二年（763）正月，考功奏：请立京外按察司。京察连御史台分察使，外察连诸道观察使，各访察官吏善恶"，第1779页。

是实际上行文书,直接奏报皇帝或单独申报某一机构的现象,在唐后期是大大多于兼申现象的。

首先,中央和地方机构日常报告的报送对象,往往有明确规定,绝大部分为单一对象。如穆宗时规定"诸州府,仍请各委录事参军,每年据留州定额钱物数,破使去处,及支使外余剩见在钱物,各具色目,分明造帐,依格限申比部"①,强调刑部比部司的勾检职能②;"五年一定税,如有逃亡死损,州县须随事均补,亦仰年终申户部"③。又"每岁十一月,〔折冲府〕以卫士帐上尚书省天下兵马之数以闻"④。穆宗长庆二年(822)诏"令神策六军使及南衙常参武官,各具由历,并前后功绩,牒送中书门下"⑤。同年诏诸道节度使"至年终,各具榷盐所得钱,并均减两税,奏闻"⑥。日常报告是要求报诸司、部、省,报中书门下还是皇帝,规定均十分明确。以上诸例,之所以均选自穆宗朝,是因为穆宗朝仅四年,想以此显示这类申报单一机构规定的常见。

其次,从临时报告也可以看出这一点。《册府元龟》卷五二〇下《宪官部·弹劾三下》:

> 魏謩为右补阙,开成二年(837),荆南观察使韦长,以监军使吕令琮下官健入江陵县凌辱县令韩忠事申西院,院即内枢密院也。謩上疏曰:"臣见诸司杂报,韦长送状西院,分

---

① 《唐会要》卷五九《尚书省诸司下·比部员外郎》,第1219页。
② 参见李锦绣:《隋唐审计史略》,昆仑出版社,2009年,第73—74页。
③ 《册府元龟》卷九〇《帝王部·赦宥九》,第1080页。
④ 《旧唐书》卷四四《职官志三》,第1906页。
⑤ 《唐会要》卷七二《京城诸军》,第1536页。
⑥ 《旧唐书》卷四八《食货志上》,第2109页。

析监军下凌毁江陵县令事。伏以州县侵屈，只合上闻，中外关连，须遵旧制。韦长任膺观察，体合精详，公事都不奏论，私情擅为逾越。况事无大小，不可将迎。傥县官官业有乖，便宜理罪，监军职司侵轶即合闻天，或以虑烦圣聪，何不但申门下。今则首紊常典，理合纠绳。伏望陛下宣示宰臣，速加惩戒。"①

据魏謩所言，此类事务向上报告，无论是"只合上闻""但申门下"，还是申"内枢密院"，都是单一机构。

综上，唐后期上行中央公文的兼申情况，从内容上看，涉及财政、刑狱、人事等方面，主要包括国家基本财政收入、支出、官员参选、地方备荒、法外施刑致死等重要或敏感的政务信息；从兼申对象看，至少包括闻奏兼申中书门下、闻奏兼申所司、报中书门下兼申所司、并申除皇帝和中书门下之外两个或两个以上相关机构等四种类型，也构成了不同层次。与直接奏报皇帝或单独申报某一中央机构的上行公文相比，唐后期要求兼申的公文只是很少一部分。

二、从闻奏兼申中书门下类公文看其"报告"属性

根据兼申对象的地位差异，唐后期兼申公文实际构成了不同层次。虽然闻奏兼申中书门下类公文，只是唐后期上行公文兼申规定中的一种，但由于上报层次最高，无疑最为引人注目。那么

---

① 韩忠事申西院，"申"原作"甲"，据王钦若等编：《宋本册府元龟》卷五二〇下《宪官部·弹劾三下》改，中华书局，1989年，第1355页。

此类公文在唐后期中央决策中处于何种地位呢？

参考现代政府公文中"请示"与"报告"的区分，从公文内容着眼，唐代上行公文可以分为"请示性"和"报告性"两大类。请示性公文的特点，是其内容包含明确诉求，请求皇帝或上级机构批准或给予批示。如德宗贞元二年（786），针对馆驿经费开销过大的问题，河南尹充河南水陆运使薛珏上奏，提出"伏乞重降殊恩，申明前敕，绝其侥滥，俾惧章程，庶邮驿获全，职司是守"，得皇帝"敕旨：宜付所司，举元敕处分"①。"敕旨"是德宗对薛珏奏状中请示内容的批复，支持了他"申明前敕"的主张。元和十五年（820），祠部郎中知制诰元稹起草《中书省议举县令状》，在论述吏部诸举措"不可施行"后，提出具体诉求，"伏请但依起请节文处分，仍请据今年县令员阙，先尽举荐人数留阙有余，然后许注拟平选人等，冀将允当"②。上皇帝者如此，申请上级机构批准者也是这样。据唐制，高级官员去世后获得谥号需要遵循以下程序，"其佐史录行状申考功，考功责历任勘校，下太常寺拟谥讫，覆申考功，于都堂集省内官议定，然后奏闻"③。李翱为韩愈撰行状，文末称"谨具任官事迹如前，请牒考功下太常定谥，并牒史馆。谨状"④。行状申吏部考功司，并请考功司下太常礼院拟谥，同时牒史馆请编录事迹。吐鲁番出土文书中所见的请示，如"望请追征去年佃人代纳，请裁"，"均给前件斛䉼与

---

① 《唐会要》卷六一《御史台中·馆驿使》，第 1249—1250 页。
② 元稹著，周相录校注：《元稹集校注》卷三六《中书省议举县令状》，上海古籍出版社，2011 年，第 975 页。
③ 《唐六典》卷二《尚书吏部》考功郎中员外郎条注，第 44 页。
④ 李翱撰，郝润华、杜学林校注：《李翱文集校注》卷一一《故正议大夫行尚书吏部侍郎上柱国赐紫金鱼袋赠礼部尚书韩公行状》，中华书局，2021 年，第 165 页。

馆家。□案分明，伏听处分"等①，具体诉求均清晰明确。

与以上请示性公文不同，唐后期所见闻奏皇帝并申中书门下类公文，绝大多数均属典型的报告性质，文书内只有对具体情况的陈述，并不需要皇帝或中书门下加以批示。个别需要中书门下处理的情况，介于请示性与报告性之间，将在本章第三节讨论。

管见所及，唐后期最早要求机构闻奏并报中书门下的情况，来自德宗朝宰相陆贽的建议。贞元八年（792），陆贽上疏建议通过和籴来解决边地军粮问题，"待收籴毕，具所籴数并收贮处所闻奏，并报中书门下。总计贮备粟一百三十五万石，是十一万二千五百人一年之粮"②。当然，这只是陆贽的建议，数字是他的预估。实际情况是"帝乃命度支增估籴粟三十三万斛，然不能尽用〔陆〕贽议"③。虽然陆贽"所籴数并收贮处所闻奏，并报中书门下"的建议是否执行不得而知，但是从中可见，闻奏皇帝并申中书门下的，是具体和籴粮食数字及其储存地点，并非请示。

还需要指出的是，唐后期要求闻奏皇帝并申中书门下的公文，往往是中央或地方机构的定期报告，内容也是主要涉及日常行政，尤其集中于刑狱、财政、人事等方面相对比较重要的信

---

① 分见《武周载初元年（公元六八九年）史玄政牒为请处分替纳逋悬事》，中国文物研究所、新疆维吾尔自治区博物馆、武汉大学历史系编：《吐鲁番出土文书》（叁），文物出版社，1996年，第496页；《唐天宝十三载（公元七五四年）后请处分诸馆马料牒》，《吐鲁番出土文书》（肆），第489页。

② 《陆贽集》卷一八《请减京东水运收脚价于缘边州镇储蓄军粮事宜状》，第598—599页。时间参见司马光编著：《资治通鉴》卷二三四《唐纪五十》贞元八年八月条，中华书局，1956年，第7534页。陆贽时任中书侍郎、同中书门下平章事。

③ 《新唐书》卷五三《食货志三》，第1374页。

息。宪宗元和四年（809）九月敕规范了刑部、大理寺办案审判的时间，同时命大理寺"每月具已断未断囚姓名、事由闻奏，并申报中书门下"①，以加强对刑部、大理寺的监督。《唐会要》卷五八《尚书省诸司中·户部侍郎》：

> 〔元和〕十三年十月，中书门下奏："户部、度支、盐铁三司钱物，皆系国用，至于给纳，事合分明。比来因循，都不剖析，岁终会计，无以准绳。盖缘根本未有纲条，所以名数易为盈缩。伏请起自今以后，每年终，各令具本司每年正月一日至十二月三十日所入钱数及所用数，分为两状，入来年二月内闻奏，并牒中书门下。……如可施行，望为常典。"从之。

此段文字所包含文书的主体，是中书门下的奏请，其诉求是要户部、度支、盐铁三司每年二月结束前，将前一年账目闻奏皇帝并报中书门下，并希望成为"常典"。宪宗"从之"，定为制度。这是财政方面的例子。文宗大和八年（834）定制，"一品二品官，如合朝不朝，及尽入众集不到，临朝时请假等，并请假旧例，〔御史台〕每季终仍具请事故假日，录状闻奏，兼申中书门下"②。这是御史台对人事信息的定期报告制度。新旧节度使或观察使离任、上任交接工作后要上交割状，内容包括"见在钱帛、斛斗、器械数目"等③，唐后期对此环节颇为重视，曾规定这类交割状需

---

① 《唐会要》卷六六《大理寺》，第1358页。
② 《唐会要》卷八二《休假》，第1800页。
③ 刘昫等撰：《旧唐书》卷一六《穆宗纪》载元和十五年七月敕，中华书局，1975年，第479页。

要"限新人到任后一个月内,分析闻奏,并报中书门下"①。宣宗大中六年(852)还规定,观察使、刺史到任一年以后,需"悉具厘革、制置诸色公事,逐件分析闻奏,并申中书门下",敕旨"并依所奏"②。以此加强中央对地方实际情况的了解和掌控,并作为对地方官考核的依据。

此外,唐后期出使郎官、御史对地方诸道"违法征科及刑政冤滥"情况有监督职责。文宗大和七年(833)闰七月诏规定:"自今已后,应出使郎官、御史所历州县,其长吏政绩、闾阎疾苦及水旱灾伤,并一一条录闻奏。郎官宜委左右丞勾当,法官委大理卿勾当,限朝见后五日内闻奏,并申中书门下。"③ 出使郎官在唐后期已经成为地方监察系统的一部分④,出使郎官、御史所了解的地方情况,要由尚书左右丞或大理卿奏报皇帝,同时申报中书门下。

以上诸例,无论是每月、每季、每年,还是到任一个月内或一年后、朝见后五日内等等,都是中央或地方机构将比较重要的刑狱、财政、人事或地方综合信息定期向皇帝和宰相报告的制度。

---

① 《唐会要》卷七八《诸使杂录上》载敬宗长庆四年(824)二月敕,第1706页;《册府元龟》卷六三六《铨选部·考课二》载文宗大和元年正月敕略同,第7629页。

② 《唐会要》卷六九《刺史下》,第1434、1435页。

③ 《册府元龟》卷六五《帝王部·发号令四》,第724页。王溥撰:《唐会要》卷六二《御史台下·出使》第1277页亦载此诏,仅记"七年闰七月敕",未书年号,根据上文,当理解为系于元和七年。但元和七年未置闰,大和七年有闰七月,故《唐会要》此条不准确。

④ 参见陈明光:《唐朝的出使郎官与地方监察》,《厦门大学学报(哲学社会科学版)》2009年第2期,第42—50页。

与此相对应的是，唐代请示性公文一般不会采取闻奏并申中书门下的兼申形式，这一点通过对比僖宗朝崔致远为淮南节度使高骈所作堂状可以看出来。崔致远《桂苑笔耕集》卷六收淮南节度使高骈上中书门下的堂状十篇，其中八篇为近似于报告、没有具体诉求的贺状与谢状，这八篇都可以在同书中找到高骈为同一事上皇帝的贺表与谢表①。而另外两篇《请降诏旨指喻两浙状》《请转官从事状》有请示内容，这两篇请示性公文仅上中书门下。

把握了唐后期闻奏皇帝并申中书门下类公文的"报告"属性，我们就更容易理解其兼申、并报特点。参考现代政府公文运行原则，"请示"重在呈请，主要是就某一问题而请求上级的批准和指示，要求上级予以答复。为了避免产生意见不一甚至互相推诿而贻误工作的情况，"请示"必须坚持主送一个机关，杜绝多头举送，也不能同时抄送下发。而"报告"是陈述性公文，重在呈报，主要是向上级汇报工作、反映情况，不需上级批复。因此，根据需要，"报告"可以同时报送两个或多个主送机关②。唐后期闻奏皇帝并申中书门下类公文属于报告性公文，作为情况汇报，可以同时报送两个主送机构，它们无需上级批复，并不直接导致决策，只是作为日后决策的情报资料。这也是唐后期绝大多数兼申类上行公文的共同属性。

---

① 其中七状对应情况，请参本书第九章。《贺内宴仍给百官料钱状》未见内容完全吻合的上皇帝表，但它与卷一《贺回驾日不许进歌乐表》均有"沿路州县切不得辄进歌乐及屠杀者"的内容，可见二者也部分存在同时上皇帝与宰相机构的现象。

② 参见王新立：《论请示与报告之异同》，《档案》1998年第2期，第37—38页；何世龙：《请示与报告的历史渊源及区别》，氏著《文种、格式与表述：党政机关法定公文处理规范化研究》，武汉大学出版社，2014年，第71—74页。

三、唐后期上行公文兼申的意义

上文所述上行文书的兼申现象，唐以前稀见，在唐朝也主要见于开元、天宝以后，尤其是唐德宗以后。如何认识这种现象的出现及其存在的意义呢？

本章讨论的兼申现象，主要体现于中央政府的各项规定之中。那么，在讨论其功能、意义之前，有一个问题需要回答，这些规定是停留在纸面上，还是在政务运作中被执行了？我们认为，上行公文的兼申现象也存在于实际政务运作当中，在正史与文集中都可以看到实例。宪宗时，陈许节度使郗士美去世，库部员外郎李渤充吊祭使，路过陕西，他发现逃户、驿马问题严重，便上疏宪宗，希望皇帝重视并尽快处理，同时李渤的"疏奏仍具状申中书门下"[①]。"宪宗览疏惊异，即以飞龙马数百匹，付畿内诸驿"，但他具状申中书门下后，"执政见而恶之"，李渤被迫谢病归东都[②]。在《柳宗元集》中，也可以看到据元和六年（811）制，柳州刺史分别上皇帝与中书门下的举柳汉自代状[③]。对日常公文做摘要、登录的事目文书，也可以显示公文兼申现象的存在。敦煌文书 S. 2703v 是《天宝年间敦煌郡典应遣上使文解牒并判抄》[④]

---

① 《册府元龟》卷五一〇《邦计部·重敛》，第 6115 页。
② 《旧唐书》卷一七一《李渤传》，第 4438 页；《资治通鉴》卷二四一《唐纪五十七》元和十四年八月条，第 7771 页。
③ 柳宗元撰，尹占华、韩文奇校注：《柳宗元集校注》卷三九《柳州举监察御史柳汉自代状》《柳州上中书门下举柳汉自代状》，中华书局，2013 年，第 2498、2541 页。
④ 录文见郝春文、宋雪春、李芳瑶、王秀林、陈于柱编著：《英藏敦煌社会历史文献释录》第 13 卷，社会科学文献出版社，2015 年，第 486 页。参见方诚峰：《敦煌吐鲁番所出事目文书再探》，《中国史研究》2018 年第 2 期，第 119 页。

前五行录文如下：

  1 合郡廿五日应遣上使文解总玖道。

  2 一上北庭都护府为勘修功德使取宫观斋醮料 事 。

  3 一牒交河郡为同前事。一牒伊吾郡为同前 事 。

  4 一牒上中书门下为勘修功德使 墨敕并驿家 事 。

  5 一上御史台为同前事。一上节度使中丞衙为同 前事 。

文书第 4 行至第 5 行所言"一牒上中书门下为勘修功德使墨敕并驿家事"，一上御史台、一上节度使中丞衙都是"为同前事"，显示敦煌郡为勘修功德使墨敕并驿家事，分别牒上中央政府即中书门下、京师御史台、河西节度使中丞衙。文书第 3 行提到的二牒也是"为同前事"，显示敦煌郡为勘修功德使取宫观斋醮料事，分别牒北庭都护府、交河郡、伊吾郡①。这两组六道文书目录，反映了玄宗天宝年间地方政府上行公文的兼申现象。

与此类似，敦煌文书 S.11459F《唐开元十五年（727）十月？瀚海军勘印历（乙）》第 7 行至第 9 行，为"牒安家生为造秋冬马帐事。牒左一等六军为同前。牒衙前为同前事。牒和副使衙为同前事。牒阴副使衙为同前事"，其中左一等六军、衙前、和副使、阴副使，都是唐瀚海军的机构或官员②。这一目录，也呈现出将同一事项分别报告若干相关机构、官员的兼申现象。

---

  ① 参见荣新江：《唐代西州的道教》，《敦煌吐鲁番研究》第 4 卷，北京大学出版社，1999 年，第 133 页。

  ② 文书录文和相关解释，见孙继民：《唐代瀚海军文书研究》，甘肃文化出版社，2002 年，第 21 页。

第四章 释唐后期上行公文中的兼申现象

上行公文兼申现象的实际存在，为我们提供了通过规定讨论其功能与意义的前提。前引吴丽娱先生文指出，唐后期要求官司或者地方在闻奏皇帝的同时兼申中书门下，其意义"一方面是强调皇帝对政事的知情和掌控，另一方面也是表明宰相对于重要政务的知会处理"。这无疑是正确的认识，这里想略作补充的是：第一，就每一次制度调整而言，侧重点是有差异的，总体来看，更加注重皇帝对重要信息的掌控。第二，兼申现象可以视为唐后期在信息分层基础上，皇帝与中央力求更为准确地掌控政务信息，加强管理、监督的一种尝试。

个别材料前文已有列举，本节从不同角度分析时，为了阅读方便，请容再赘引。先讨论第一点。每一次制度调整的具体背景和原因难以确知，个别或可推测。宪宗元和十三年（818）十月，令户部、度支、盐铁三司"每年终，各令具本司每年正月一日至十二月三十日所入钱数及所用数，分为两状，入来年二月内闻奏，并牒中书门下"，报告内容包括"其钱如用不尽，须具言用外余若干见在；如用尽，及侵用来年钱并收阙，并须一一具言。其盐铁使所收，议列具一年都收数，并已支用及送到左藏库欠钱数。其所欠亦具监院额缘某事欠未送到。户部出纳，亦约此为例"，目的是"条制既定，亦绝隐欺"①。此时宰相的构成是裴度、崔群、皇甫镈、程异。裴度和崔群都是中书侍郎、同中书门下平章事，九月刚刚提拔为宰相的财政官僚皇甫镈依旧判度支，程异也仍然为盐铁使②。二人的提拔，遭到了包括裴度和崔群在内的

---

① 《唐会要》卷五八《尚书省诸司中·户部侍郎》，第1188页。
② 《旧唐书》卷一五《宪宗纪下》，第464页。

众多大臣反对，史称"〔皇甫镈〕与盐铁使程异同日以本官同平章事，领使如故。镈虽有吏才，素无公望，特以聚敛媚上，刻削希恩。诏书既下，物情骇异，至于贾贩无识，亦相嗤诮。宰相崔群、裴度以物议上闻，宪宗怒而不听"，"独排物议相之"①。在此背景下，裴度、崔群与皇甫镈、程异之间的矛盾是可想而知的。因为具有判度支和盐铁使的身份，皇甫镈和程异即使没有三司"并牒中书门下"的要求，也可以直接掌握相关财政数字。因此，我们判断，要求户部、度支、盐铁三司将年度财政数字"并牒中书门下"，很可能是宰相裴度与崔群的诉求，以防被"隐欺"。

如果说以上例子反映了这一次兼申规定，是出于宰相之间矛盾，财政资料获得上处于劣势的部分宰相提出信息共享的话，那么唐代更多的例子则表明兼申制度安排的出台，是为了中央，特别是皇帝及时掌控重要信息。

文宗大和初年，中央致力于规范制度，曾诏："元和、长庆中，皆因用兵，权以济事，所下制敕，难以通行。宜令尚书省取元和已来制敕，参详删定讫，送中书门下议定闻奏。"②整理删汰"难以通行"的制敕，目的当然是使其他制敕得以更好地贯彻。同时，中央也着手整顿地方秩序。大和初，宰相裴度、韦处厚以高瑀为忠武节度使，改变"自大历已来，节制之除拜，多出禁军中尉"的状况，走出节度使先"广输重赂"、后"膏血疲民以偿之"的"债帅"怪圈，时称"韦、裴作相，天下无债帅"③。又

---

① 《旧唐书》卷一三五《皇甫镈传》，第3739—3741页。
② 《旧唐书》卷一七上《文宗纪上》，第526—527页。
③ 《旧唐书》卷一六二《高瑀传》，第4250页；《新唐书》卷一七一《高瑀传》，第5193页。

"诏方镇节度观察使请入觐者,先上表奏闻,候允则任进程"①,加强对地方高官的管控。在此背景下,大和四年(830)出台了一项兼申规定。《唐会要》卷六八《刺史上》:

> 〔文宗大和〕四年八月,御史台奏:"谨按大历十二年(777)五月一日敕:'刺史有故及缺,使司不得差摄,但令上佐依次知州事。其上佐等,多非其才,亦望委外道使臣,精加铨择,不胜任者,具以状闻。'昨者,宣州观察使于敖所差周墀知池州。若据敕旨,便合奏剖。今勘其由,长史、司马并在上都守职,有录事参军顾复元在任。若不重有条约,所在终难守文。伏请自今已后,刺史未至,上佐阙人,及别有句当处,许差录事参军知州事。如录事参军又阙,则任别差判官。仍具阙人事由分析闻奏,并申中书门下、御史台。所冀诏旨必行、绳违有据。"敕旨依奏。

池州为宣州观察使所辖,池州刺史缺,观察使于敖没有按照"但令上佐依次知州事"的既有制度执行,在"录事参军顾复元在任"②的情况下,任命周墀知池州。针对这一事件,御史台奏请,一方面在强调大历诏书的基础上定制,只有当上佐,包括录事参军皆缺的情况下,才能由节度使或观察使"别差判官";另一方面进一步规定,需要将此具体情况闻奏皇帝,并申中书门下和御史台。其"诏旨必行、绳违有据"的目的,与大和初强调制敕的权威性、整顿地方秩序的背景完全吻合。"敕旨依奏",御史台的

---

① 《旧唐书》卷一七下《文宗纪下》,第 540 页。
② 文渊阁四库本《唐会要》作"录事参军顾监司之任",台湾商务印书馆景印《文渊阁四库全书》第 607 册第 29 页。

奏请得以推行。可以说，这是通过兼申的方式，加强皇帝、中央对方镇人事变动情况的了解与掌控。

除了对具体个案背景的分析，通过制度颁布前后情况的对比，也有助于了解制度变化的意义。无奈材料过少，只有极少事例具有比较的条件。

例一，对两税之外的苛捐杂税，宪宗元和四年（809）的规定是"请诸道盐铁、转运、度支、巡院察访，状报台司，以凭闻奏"①，文宗大和七年（833）的要求则是由御史严加查访，一旦发现，御史"具却置事由闻奏，仍申台司"②，也就是御史将"两税外科配杂榷率等复却置者"不仅报御史台，而且还要同时直报皇帝，取消了此前御史台转奏的环节。

例二，《册府元龟》卷五〇二《邦计部·常平》记载：

〔宣宗〕大中六年（852）四月，户部奏："天下州府收管常平、义仓斛斗，今日已后，如诸道应遭灾荒水旱，便委长吏〔差〕清强官审勘，如实是水旱处，便任开仓，先贫下不济户给。贷讫，具数分析申奏并报臣本司，切不得妄给与富豪人户。……"从之。③

所谓"具数分析申奏并报臣本司"，就是"具数分析申奏并报户部"④。"申奏"的对象，当包括皇帝，属于闻奏兼申所司类。可资对比的，是十余年前的文宗制度，大和"九年二月，中书门下

---

① 《唐会要》卷八八《盐铁》，第1902页。
② 《旧唐书》卷四九《食货志下》，第2128—2129页。
③ "差"字，据《旧唐书》四九《食货志下》补，第2127页。
④ 《唐会要》卷八八《仓及常平仓》，第1918页。

奏：常平、义仓本虞水旱，以时赈恤，州府不详文理，或申省取裁，或奏候进止。自今已后，应遭水旱处，先据贫下户及鳏寡惸独不济者，便开仓，准元敕作等第赈贷讫，具数申报有司"①。对比可见，宣宗新制的不同之处在于，报有关机构的同时，强调增加对皇帝的报告。

以上两例都是对报告中的重要事项，在申报有司或宰相机构的基础之上，通过制度调整，加强了同时直报皇帝的要求。

再来讨论第二点。将思考范围扩大至有唐一代，玄宗以前兼申现象数量极少，且主要集中于并申两个或以上相关机构这一类型，这些机构，往往是业务相关的平级机构，如前文所述户部诸司。与之相比，开元、天宝后得以扩展的，是闻奏兼申中书门下、闻奏兼申所司、报中书门下兼申所司等三种类型，它们的共同点是同时报告两个层级。就中央集权制国家而言，皇帝以及中央机构迅速准确地了解下情，甚至垄断某些重要政务信息，对集权体制掌控国家是至关重要的。玄宗开元十一年（723），改政事堂为中书门下。中书门下体制建立后，宰相政务官化，皇帝也走上处理国家政务的前台②，要求皇帝和中枢机构处理的信息量更大。但是，由于信息处理能力的限制，不可能将所有信息都集中于中央，信息分层是必不可少的前提。上行文书是下情上达的主要载体，唐后期上行文书中的兼申现象，可以视为唐后期中书门下体制之下，在信息分层基础上，皇帝与中央力求更为准确掌控政务信息、加强管理监督的一种尝试。以下试述之。

---

① 《册府元龟》卷五〇二《邦计部·常平》，第6023页。
② 刘后滨：《唐代中书门下体制研究：公文形态、政务运行与制度变迁（增订版）》，中国人民大学出版社，2022年，第243页。

上行信息的分层，是指地方或中央行政机构的请示或报告，不能都直接奏请或奏报皇帝，而是根据具体情况，区别政务的轻重缓急，向不同层级的机构请示或报告。唐前期不是我们的关注重点，仅举一例说明。高宗仪凤元年（676）诏书称，"比者在外州府，数陈表疏，京下诸司，亦多奏请"，直接上奏皇帝事务过多，造成"览之者滋惑"的局面，故诏书要求"自今已后，诸有表奏，事非要切，并准敕令，各申所司"①。强调非重要紧急事务，报相关机构即可，不必都直报皇帝。安史乱后政局复杂多变，一般而言，政治环境越复杂，决策过程中所需要信息的数量就越多，这就更需要区分上行信息的层次。代宗永泰二年（766）制："尚书宜申明令式，一依故事。诸司诸使及天下州府，有事准令式各申省者，先申省司取裁。"②规定地方机构要按既有章程行事，该申报尚书省，就申报尚书省。德宗即位，颁布赦文，其中云："天下诸使及州府，有须改革处置事，一切先申尚书省，委仆射已下众官商量闻奏，外使及州府不得辄自奏请。"③"不得辄自奏请"，就是强调报告层次，限制地方向皇帝直接奏报。敬宗即位不久，就有如下规定，"应进状人论事，大者请分析闻奏，次者请申中书门下，小者请各牒诸司"④。根据事务的大小、轻重，将上报对象进行明确区分，分别是皇帝、宰相机构、相关部门。

上行信息的分层与管理权限的配合，还体现在唐后期的实际

---

① 《文苑英华》卷四六四《删定刑书制》，第2369—2370页。《唐大诏令集》卷八二《颁行新令制》，第472页略同。
② 《唐会要》卷五七《尚书省诸司上·尚书省》，第1155—1156页。
③ 《册府元龟》卷八九《帝王部·赦宥八》，第1057页。
④ 《册府元龟》卷四七四《台省部·奏议五》，第5658页。

政务运作之中。穆宗时,赵宗儒任太常卿,"太常有《师子乐》,备五方之色,非会朝聘享不作,幼君荒诞,伶官纵肆,中人掌教坊者移牒取之。宗儒不敢违,以状白宰相。宰相以为事在有司执守,不合关白。以宗儒怯不任事,改太子少师"①。宰相认为此事当由太常卿处理,不当上报。赵宗儒上报宰相,实为胆小怕事、推卸责任,故将其调离。铨选问题,向来敏感,容易引发舆情,文宗时规定,吏部留放选人不当,经选人投诉确为吏部失误者,事涉三名选人以上,"牒都省"处理,若事涉十名选人以上,则须"具事状申中书门下处分"②。根据影响范围大小决定上报层次。

在唐后期愈发强调上行信息分层的背景下,再来审视上行中央文书中的兼申现象。首先,兼申本身层次分明。据前文所述,唐后期兼申包括闻奏皇帝兼申中书门下、闻奏皇帝兼申所司、报中书门下兼申所司、并申除皇帝和中书门下以外两个或两个以上相关机构等四种类型。其中最重要的报告,要同时呈报皇帝与宰相机构中书门下。僖宗乾符二年(875)诏书规定,"从今后,有监院处,亦仰州县常加听察,如监院官有不公不进,各申本州,行牒本司。便如状事稍重,仰专差使送申状本司。事大则任闻奏,兼申中书门下、御史台,以凭推勘。所冀递相检察,不敢侵凌"③。监院是肃宗实行榷盐政策后设置的机构,监院官是盐铁、户部、度支三司之下属,唐后期的监院官"皆郎官、御史为之","得察风俗,举不法"④。监院官对州县地方官有监督之责。僖宗

---

① 《旧唐书》卷一六七《赵宗儒传》,第4363页。
② 《唐会要》卷七四《选部上·吏曹条例》,第1601—1602页。
③ 《唐大诏令集》卷七二《乾符二年南郊赦》,第402页。
④ 分见《旧唐书》卷一七下《文宗纪下》,第571页;《新唐书》卷一七七《高元裕传》,第5286页。

诏书强调的，是要求地方官也要监督监院官，若发现监院官有问题，一般情况通过本州报本司，比较严重的通过专使报本司，最严重者，在奏报皇帝的同时，申报中书门下、御史台，作为日后审查的凭据。其目的是希望在中央的监督之下，达成监院与州县相互监督的实效。其次，闻奏兼申中书门下、闻奏兼申所司在唐后期的出现，强调了部分重要信息需要直接奏报皇帝，也体现了对信息的筛选与分层。

上引乾符二年诏中，日后对监院官的"推勘"，是中书门下、御史台的责任，皇帝并不直接参与。这一点让我们意识到唐后期上行文书兼申规定的又一功能，兼申要求意味着上下级机构对信息的同步掌握，有利于上级机构指导、监督责任的行使。这一点，通过介于请示与报告之间，需要机构处理的一类兼申文献能够更好地予以说明。《唐会要·左降官及流人》记载宪宗元和十二年（817）七月敕云：

> 左降官等考满量移，先有敕令，因循日久，都不举行，遂使幽退之中，恩泽不及。自今以后，左降官及〔责授正员官等，宜并从到后，经五考满量移。今日已后，左降谪远等官〕量移未复资官，亦宜准此处分。如是本犯十恶五逆及指斥乘舆、妖言不顺、假托休咎、反逆缘累，及赃贿数多、情状稍重者，宜具事由奏闻。其曾任刺史、都督、郎官、御史、五品以上常参官，刑部检勘，具元犯事由闻奏，并申中书门下商量处分。①

---

① 《唐会要》卷四一《左降官及流人》，第862页。"责授正员官等"至"左降谪远等官"，据文渊阁四库本《唐会要》补，台湾商务印书馆景印《文渊阁四库全书》第606册第547页。

对左降官中曾经担任重要职务者的处理，比较谨慎，既闻奏皇帝，也申中书门下。而且值得注意的是，"商量处分"是由中书门下做出的。

再请看唐后期新、旧节度使交接过程中交割状处理的两个例子。敬宗即位不久，敕"诸道节度使去任日，宜准元和十五年（820）七月十五日敕处分。其交割状，限新人到任后一个月内，分析闻奏，并报中书门下，据替限，委中书门下据报状磨勘闻奏，以凭殿最"①。又文宗大和元年（827）二月敕云："诸道节度、观察使去任日，宜具交割状，仍限新人到任一月日分析闻奏，并报中书门下，据新旧状磨勘闻奏，以凭殿最。"② 交割状所载"见在钱帛、斛斗、器械数目"等，是供中书门下"磨勘"的资料。这两份诏书还要求中书门下将磨勘处理的结果报告皇帝。以上闻奏皇帝兼申宰相机构的三例，具体处理都是由中书门下做出的。

同样，在报中书门下兼申所司类中，部分需要处理的，处置职责也是在下级（即所司）。例如《贞元九年冬至大礼大赦天下制》云："宜委诸州府长吏，每年以当管回残余羡钱物，谷贱时收籴，各随便近贮纳，年终具有无多少报中书门下，兼申考功，以为考课升降。"③ 唐代地方官的考课由吏部考功司负责，此阶段的地方官考课，具体由吏部考功员外郎一人判外官考，同时任命京

---

① 《唐会要》卷七八《诸使中·诸使杂录上》，第1706页。
② 《册府元龟》卷六三六《铨选部·考课二》，第7629页。《册府元龟》原作"正月"，据《旧唐书》卷一七上《文宗纪上》，宝历三年（827）二月乙巳（十三日）改元大和，此敕颁布，日在"甲寅"，当为二月二十二日。
③ 《文苑英华》卷四二六《贞元九年冬至大礼大赦天下制》，第2158页。

官一人校外官考、中书舍人一人监外官考①。又，宣宗大中六年（852）五月敕规定，每道设教练使，教练使负责训练、选拔军事人才，至年底，由地方"都具所教习马步及各执所艺人数申兵部及中书门下，仍委兵部简勘，都开件闻奏"②。或许正是因为此事具体由兵部负责，故同一敕书，在《旧唐书》和《唐会要》所载的简略版本中，均只记为"申兵部"③，并未言及"中书门下"。以上报中书门下兼申所司的两例，具体处理职责分别在吏部考功司和兵部。

无论是闻奏兼申中书门下，还是报中书门下兼申所司，负责具体事务处理的，都是下级机构。兼申规定带来的对信息的同步掌握，有利于上级机构对下级机构行使指导、监督责任。

四、小结

唐后期中书门下体制下，皇帝和宰相更多地参与政务处理，他们也在不断摸索、提高对政务信息的处理能力。唐玄宗，特别是德宗以后陆续出台的有关上行公文兼申诸规定，正是这种努力的体现。它们虽然不需要皇帝或上级机构立即批复，不直接导致决策，但多种类型的兼申现象仍然引人注目，可以将其视为唐后期在信息分层基础上，皇帝与中央机构力求更为准确地掌控政务

---

① 《唐六典》卷二《尚书吏部》考功郎中员外郎条，第42页。
② 《册府元龟》卷一二四《帝王部·修武备》，第1492页。池田温编：《唐代诏敕目录》将此诏系于大中六年五月条，三秦出版社，1991年，第532页。
③ 分见《旧唐书》卷一八下《宣宗纪》，第630—631页；《唐会要》卷二六《讲武》，第587页。

信息、加强管理的一种尝试。这不仅反映在对报告内容中的重要信息、敏感信息,加强向皇帝或宰相机构的直报,而且体现于通过兼申要求,皇帝或上级机构能够与下级具体负责机构同步掌握信息,有利于皇帝或上级机构对具体负责机构的管理和监督。作为唐后期进行的制度调适与创新,上行公文兼申的方式在宋代获得更为广泛的应用。

唐后期皇权对议题的控制

前文研究显示，在唐后期自上而下的政务信息传播机制中，皇帝处于政务信息流转过程的核心，控制着重要政务信息的筛选和分配，皇帝与宰相、翰林学士等决策群体处于信息不对称的地位。信息的不对称导致唐后期皇帝在政策议题的设置中能够发挥更大的影响力。哪些议题可以进入决策会议，哪些议题无法进入决策会议，这很大程度上决定了决策的范围与选项。核心决策者利用对议题的控制，将符合自身利益或偏好的决策建议纳入决策范围，同时以不战而屈人之兵的方式，将不符合自身利益或偏好的决策建议排除在决策范围以外。议题设置能力也被视为一种隐藏性权力，是"可能并且经常通过将决策制定的范围限制在各种相对'安全'的议题上来运用"的权力[1]。

第二章中，我们已经说明，唐后期皇帝对延英召对时间、人员的掌握，体现出唐后期皇帝对延英会议议题的控制能力。延英会议是皇帝亲自参加的决策会议，下面我们将要深入探讨的，是皇帝并不参加的"集议"，考察唐后期皇帝对集议议题选择与其他环节的掌控。在对唐后期议题设置的观察中，我们注意到某些

---

[1] 史蒂文·卢克斯著，彭斌译：《权力：一种激进的观点》，江苏人民出版社，2008年，第10页。

议题被有意识地搁置了，它们被排除在决策会议之外。从这个角度看，议题搁置所导致的限制决策范围的不决策行为，本身也是一种重要的决策，皇权通过"搁置"的方式相对隐蔽地发挥决策作用，构成了唐后期皇权对议题控制问题的又一个值得探讨的方面。

第五章

唐代的集议与皇权

秦始皇创建专制皇权制度，从原则上说，"天下之事无小大皆决于上"，从实际来看，不可能所有的决策都由皇帝一人做出。皇帝需要大臣、机构按照一定的程序、方式协助其完成决策的过程。这种方式，便是不同层次的决策会议。学界认为，汉唐之间的中央决策会议分为三类：一是皇帝参加并主持的御前会议；二是皇帝召集、但并不参加的宰辅会议；三是由皇帝下令召开、但并不参加的百官会议①。本章所关注的唐代"集议"，是就某一具体问题展开的、由中央不同机构官员参与的讨论方式。从参加人员角度考虑，与百官会议类似。本

---

① 白钢：《中国政治制度通史》第一卷《总论》，人民出版社，1996年，第200、207页；廖伯源：《秦汉朝廷之论议制度》，载氏著《秦汉史论丛（增订本）》，中华书局，2008年，第131、141、153页；窪添庆文著，赵立新等译：《魏晋南北朝官僚制研究》，复旦大学出版社，2017年，第343—345页；谢元鲁：《唐代中央政权决策研究（增订本）》第二章，北京师范大学出版社，2020年。

章希望通过分析唐代集议，探讨唐代皇权的作用方式，并在比较中勾勒唐代集议的特点与变化。

一、研究对象的确定

《唐六典》卷八《门下省》"侍中"条记载了唐代的六种上行文书，其"四曰议，谓朝之疑事，下公卿议，理有异同，奏而裁之"。"议"，便是唐代集议参加者意见的书面形式，有时也称作"议状"①。本章所论"集议"，是指唐代就某一具体问题展开的、由中央不同机构官员参与的讨论方式。首先，我们讨论的集议，是就某一具体问题展开的，唐代常见的要求官员泛论朝政得失的举措，如"令文武官各上封事，极言得失""令内外文武九品已上各上封事，极言正谏"等②，不在讨论之列。其次，集议的参与者是跨机构的，仅仅由某一机构人员参与的讨论也不是本章关注的内容。需要说明的是，唐代常见的所谓"尚书省集议"或"都省集议"，其中的尚书省、都省有时是指集议的组织者或举行集议的地点，而并非只有尚书省或都省官员参加。请看二例：《新唐书》卷一五〇《卢迈传》：德宗时"将作监元亘摄祠，以私

---

① 杜佑撰，王文锦等点校：《通典》卷一六九《刑法七·守正》记武周年间的一次集议后，"得春官员外郎杨思雅等一百十七人依有功议，以缘坐为允；又得夏官尚书杨执柔等百二十二人等议，并无反状，更差明使推。准议状，奏请差五品使"，"议"被称为"议状"，中华书局，1988年，第4377—4378页。又元稹有《钱货议状》一文（周相录校注《元稹集校注》卷三四，上海古籍出版社，2011年，第937页），李昉等编：《文苑英华》卷七六九亦收，题作《钱货议》，中华书局，1966年，第4046页。

② 《旧唐书》卷二《太宗纪上》，中华书局，1975年，第37页；《旧唐书》卷六《则天皇后纪》，第124页。

忌不听誓，御史劾之。帝疑其罚，下尚书省议"。其中"下尚书省议"，《旧唐书》卷一三六《卢迈传》的记载更为具体，是"诏尚书省与礼官、法官集议"。又《新唐书》卷一三《礼乐志三》记贞元"十九年（803），左仆射姚南仲等献议五十七封，付都省集议"。同一件事情，在《旧唐书》卷二六《礼仪志六》的记载为"时左仆射姚南仲等献议状五十七封，诏付都省再集百僚议定闻奏"，这里的尚书省和都省是集议的组织者或部分参与者。有时尚书省、都省仅仅指地点而已，如"文宗初即位，沧州李同捷叛，而王廷凑助逆，欲加兵镇州，诏五品已上都省集议"①，这次集议的组织者是宰相机构②，都省则是集议的场所。这类材料需要具体分析，以确定是否属于我们讨论的集议。

唐代的某些"集议"，在文献中有时也写作"会议"。如德宗贞元年间，曾下诏"禘祫之祭，礼之大者，先有众议，犹未精详，宜令百寮集议以闻"，其中"宜令百寮集议以闻"又写作"宜令百僚会议以闻"③。既然二者类似，而前人研究时多用百官会议或百官决策会议等名称，本章为何要用"集议"呢？主要基于以下三点考虑：第一，虽然唐代文献中"集议""会议"混用，二者往往相通，但在制度规定性较强的《唐律疏议》之律文中，用"集议"而不用"会议"。第二，前辈学者的研究，对唐代百官决策会议内容有所规定，如谢元鲁先生为"百官决策会议"所

---

① 《旧唐书》卷一六五《殷侑传》，第4321页。
② 《资治通鉴》卷二四三《唐纪五十九》文宗大和二年，成德军节度使"王庭凑阴以兵及盐粮助李同捷，上欲讨之。秋，七月，甲辰，诏中书集百官议其事"，中华书局，1956年，第7859页。
③ 分见王溥撰：《唐会要》卷一四《禘祫下》，上海古籍出版社，1991年，第365页；《旧唐书》卷二六《礼仪志六》，第1009页。

下定义为:"唐代在遇到特别重大和复杂的军国大事,御前决策会议和宰相决策会议都难以作出准确的判断时,为了广泛反映和集中统治集团成员的意见,往往召开百官公卿参加的决策扩大会议,把这些大事交由会议讨论,这就是百官决策会议。"① 相对而言,我们考察的"集议",其讨论事务的范围和内容都更为广泛,不仅限于"特别重大和复杂的军国大事",而且从程序上也很难说是在"御前决策会议和宰相决策会议都难以作出准确的判断时"才召开的。为了与前人研究相区别,我们使用了"集议"概念。第三,"会议"是现在仍然行用的概念,意为聚会论议,以多人共同参加的口头意见交流为特点。下文对唐代集议特点的分析可见,相对于口头交流,多以书面意见呈现是唐代集议的特点,这也使得唐代集议与多为口头意见表达交流的御前会议、宰辅会议相区别。因此,为了避免现代"会议"概念所带来的先入为主的意见,我们使用"集议"这个概念。

还需要说明的是,本章所考察的集议,不包括唐代高级官员去世后,讨论他们谥号的"谥议"。第一,唐代"谥议"内容单一、程序固定,"诸职事官三品已上、散官二品已上身亡者,其佐史录行状申考功,考功责历任勘校,下太常寺拟谥讫,覆申考功,于都堂集省内官议定,然后奏闻"②,这不同于我们考察跨机构官员参加的集议。第二,从文体发展来看,"谥议"也有从"议"中独立的趋势。南齐成书的《文心雕龙》,有关谥议的记载被收于"议对"类目之下。到了唐代,在被认为是保留唐代文集

---

① 谢元鲁:《唐代中央政权决策研究(增订本)》,第107页。
② 李林甫等撰,陈仲夫点校:《唐六典》卷二《尚书吏部》考功郎中员外郎条注,中华书局,1992年,第44页。

最初结集时面貌的《权载之文集》中①,虽然谥议、奏议被收于同一卷,但二者在卷目上已被明确区分为"谥议"和"奏议"两类②。到了北宋初年编撰的《文苑英华》中,"议"与"谥议"更是清晰地被分别编排,成为不同的两类。从后代学者研究分类的角度,也将奏议之"议"与"谥议"作为不同类型分别考察,即"议"之外"又有谥议,则别为一类云"③。唐代,正是"谥议"逐渐走向独立的时期,其内容、程序和文体,都相对特殊,故本章不予考察。

二、唐代集议的特点

所谓集议之特点,是与唐代的御前会议、宰辅会议相比较而言的。除了参与人员不同之外,三者之间形式的差异在哪里呢?我们认为,是否存在书面意见的集中和交流,是御前会议、宰辅会议与集议的显著差异。御前会议和宰辅会议中,意见的交流是口头的,其意见多不形成文字。而在集议过程中,意见往往会以书面形式呈现,即在"下公卿议"之后,会形成"议"或"议

---

① 陈尚君:《〈张说集校注〉序》,张说著,熊飞校注:《张说集校注》,中华书局,2013年,序第3页。

② 权德舆:《新刊权载之文集》卷二九,上海古籍出版社,1994年影印宋蜀刻本,第327页。权德舆著,郭广伟校点:《权德舆诗文集》卷二九,上海古籍出版社,2008年,第445页。

③ 徐师曾著,罗根泽校点:《文体明辨序说》"议"条,人民文学出版社,1962年,第133页。同书第152页另有"谥议"条。吴讷著,于北山校点:《文章辨体序说》亦将"议""谥议"分别讨论,人民文学出版社,1962年,第39、51页。

状",并"奏而裁之"①。正因为有这样的制度安排,我们才能看到集议后有诸如"给事中李廙、给事中李栖筠、尚书左丞贾至、京兆尹兼御史大夫严武所奏议状与〔杨〕绾同"的记载②;也才能够看到集议后某些具体的"议"被保留了下来,如开元二十二年(734)刘秩《货泉议》与贞元十四年(798)王仲舒、权德舆的两份《昭陵寝宫议》等③,在《文苑英华》卷七六一至卷七七〇所收89篇"议"中,三分之一以上的篇章,能够确定分别属某一具体集议的书面意见。在对陆大钧等安禄山政权"伪官"的处理中,"集百僚尚书省议之,肃宗方用刑名,公卿但唯唯署名而已"④,"署名"这个环节也清楚地说明集议过程中是存在书面意见的。

这是就整体情况而言,并非严格制度性的区分。比如我们看到,在御前会议之后,皇帝有可能要求某些大臣将口头意见以书面形式再次上呈,如武宗会昌五年(845)六月,李德裕称,"臣等今月二十五日,已于延英面奏。奉圣旨,令条疏将状来者"⑤。御前会议之后,某些大臣由于自己的意见未被接受,也可能以书面方式再度将意见上呈。如宪宗元和十三年(818),"有程异、皇甫镈者,奸纤用事,二人领度支盐铁,数贡羡余钱,助帝营造。帝又以异、镈平蔡时供馈不乏,二人并命拜同平章事。〔裴〕度延英面论曰:'程异、皇甫镈,钱谷吏耳,非代天理物之器也。

---

① 《唐六典》卷八《门下省》侍中条,第242页。
② 《旧唐书》卷一一九《杨绾传》,第3432页。
③ 分见《文苑英华》卷七六九,第4044页;同书卷七七〇,第4053页。
④ 《旧唐书》卷五〇《刑法志》,第2151页。
⑤ 李德裕撰,傅璇琮、周建国校笺:《李德裕文集校笺》卷一一《议礼法等大事》,中华书局,2018年,第241页。

陛下徇耳目之欲，拔置相位，天下人腾口掉舌，以为不可，于陛下无益。愿徐思其宜。'帝不省纳。度三上疏论之，请罢己相位，上都不省"①。当然，裴度事后的几次上疏，可以认为已经不是这次延英御前会议的内容了。

那么，作为集议特点的书面之"议"或"议状"，是在集议过程中哪个环节、以何种方式出现的呢？下面结合集议的程序略加探讨。

从程序上看，唐代的集议与前后代差别不大，可分为议题形成、召开集议、意见上报等步骤。在唐代，集议议题是由皇帝或朝中大臣提出的，其中大臣提出的议题需得皇帝批准。即便"八议"集议也是如此，唐律规定"八议人犯死罪者，皆条录所犯应死之坐及录亲、故、贤、能、功、勤、宾、贵等应议之状，先奏请议。依令，都堂集议，议定奏裁"②，"先奏请议"是集议举行之前必不可少的环节。故一次集议，从颁布召开集议的诏书开始。《唐大诏令集》所收肃宗《令百官议罢新钱诏》、德宗《百官议大礼期日敕》③，就是此类诏书。史料中常常见到"诏下尚书省集公卿议""敕令公卿以下集议"等④，便是集议诏书的颁布和集议的开始。旨在讨论机构或大臣奏报、建议等内容的集议召开时，与诏书同时颁布的，往往还包括机构或大臣的相关表状。如

---

① 《旧唐书》卷一七〇《裴度传》，第4420页。
② 长孙无忌等撰，刘俊文点校：《唐律疏议》卷二《名例》八议者（议章）条疏，中华书局，1983年，第32页。
③ 分见宋敏求编：《唐大诏令集》卷一一二《令百官议罢新钱诏》，中华书局，2008年，第583页；《唐大诏令集》卷六七《百官议大礼期日敕》，第378页。
④ 分见《唐会要》卷二四《二王三恪》，第540页；《唐会要》卷七六《贡举中·孝廉举》，第1651—1652页。

穆宗长庆二年（822）三月，"以鸿胪卿、判度支张平叔为户部侍郎充职。平叔以曲承恩顾，上疏请官自卖盐，可以富国强兵，陈利害十八条。诏下其疏，令公卿详议"①。兵部侍郎韩愈在此次集议中，上《论变盐法事宜状》，其文逐条详引张平叔所奏，并"各随本条分析利害如后"②云云，便是"诏下其疏，令公卿详议"的反映。如果议题是由宰相或大臣提出，那么，下诏集议的同时，为了便于讨论，通常也会将提议者的上奏文书一并下发，德宗贞元七年（791）十一月二十八日，太常卿裴郁奏："伏以太祖上配天地，百世不迁，而居昭穆，献懿二祖，亲尽庙迁，而居东向，征诸故实，实所未安。请下百僚会议。"而"敕旨依行"。同日，"诏下太常卿裴郁所奏"③。

下令集议的诏书中，一般都明确规定了集议的组织者、参与者、讨论和意见上报的方式。前引肃宗《令百官议罢新钱诏》云："令文武百官九品已上，并于尚书省议讫，委中书门下详择奏闻。"组织者是宰相机构中书门下、参与者是文武百官、讨论的地点在尚书省，书面意见由中书门下总结并上报皇帝。由集议组织机构对集议意见总结、评价并上报，是集议书面意见的第一种呈现方式。宪宗元和九年（814）正月，修撰官太学博士韦公肃上疏论忌月禁乐事，"诏付中书门下，令召太常卿与礼官、学官等详议可否。中书门下奏曰：'忌日，太常寺及教坊悉停阅习。中外士庶，亦皆禁断。准礼文及历代典故，并无忌月禁乐，请依常教

---

① 《旧唐书》卷一六《穆宗纪》，第496页。
② 韩愈著，刘真伦、岳珍校注：《韩愈文集汇校笺注》卷三〇《论变盐法事宜状》，中华书局，2017年，第3024—3025页。
③ 《唐会要》卷一三《禘祫上》，第355—356、360页。

习者。'敕旨：'宜依，其士庶之家，亦宜准此。'"① 其中"中书门下奏"的内容便是其作为组织者的总结和建议，并获得皇帝的认可。又武宗会昌三年（843）"四月，昭义节度使刘从谏卒，三军以从谏侄〔刘〕稹为兵马留后，上表请授节钺。寻遣使赍诏潞府，令稹护从谏之丧归洛阳。稹拒朝旨。诏中书门下两省尚书御史台四品已上、武官三品已上，会议刘稹可诛可宥之状以闻。五月……宰臣百僚进议状：'以昆戎未殄，塞上用兵，不宜中原生事，潞府请以亲王遥领，令稹权知兵马事，以俟边上罢兵。'"② 在这里，议状是"宰臣百僚进"，之所以如此，很可能是因为采取了参议官员联署签名的方式，即"议定，然后联署闻奏"③。贞元十九年（803）禘祫礼集议后形成的"户部尚书王绍等五十五人奏议"、会昌六年议修东都太庙后"尚书丞郎已下三十八人，皆同署状"等④，虽不一定是组织者的总结性意见，但均为表达主流意见的同意者联署的情况。在李德裕《请尊宪宗章武孝皇帝为不迁庙状》的文末，还可以看到这种联署方式⑤。

如果集议参与者不同意经讨论形成的由多人联署上报的主流意见，那么他可以通过"别状"将己见直接上奏皇帝。即前引代

---

① 《唐会要》卷二三《忌日》，第 525 页。
② 《旧唐书》卷一八上《武宗纪》，第 595 页。
③ 《唐会要》卷二《杂录》，第 19 页。
④ 《旧唐书》卷二六《礼仪志六》，第 1009 页、第 993 页。
⑤ 《李德裕文集校笺》卷一〇《请尊宪宗章武孝皇帝为不迁庙状》，"会昌元年三月十一日，司空兼门下侍郎平章事□、右仆射兼门下侍郎平章事□、右仆射兼中书侍郎平章事□、中书侍郎平章事□"，第 211 页。又《元稹集校注》卷三六《中书省议举县令状》篇末作"同前五舍人同署"，第 975 页。

宗《令台省详议封事诏》所云"详议官中或见不同者,即任别状闻奏"[①],亦即武宗时李德裕奏云"见意不同者,任为别状"[②]。在武宗会昌五年(845)到六年进行的关于东都太庙问题的集议中,郑亚等人对上别状原因的阐释,对我们理解何为别状尤有帮助,"吏部郎中郑亚等五人议:据礼院奏,以为东都太庙既废,不可复修,见在太微宫神主,请瘗于所寓之地。有乖经训,不敢雷同。臣所以别进议状,请修祔主,并依典礼,兼与建中元年礼仪使颜真卿所奏事同。臣与公卿等重议,皆以为庙固合修,主不可瘗,即与臣等别状意同。但众议犹疑东西二庙,各设神主,恐涉庙有二主之义,请修庙虚室,以太微宫所寓神主藏于夹室之中。伏以六主神位,内有不祧之宗,今用迁庙之仪,犹未合礼。臣等犹未敢署众状,盖为阙疑"[③]。所谓"别状",就是"别进议状",原因是他们的意见与"众议"不同,没有参加联署,即"未敢署众状"。也是在会昌年间关于东都太庙的讨论中,在形成了"太常博士段璟等三十九人奏议"的同时,还出现了李福等别状,意见不同。故会昌六年"九月敕:段璟等详议,东都不可立庙。李福等别状,又有异同。国家制度,须合典礼,证据未一,则难建立。宜并令赴都省对议,须归至当"[④],由于意见分歧,下令再次讨论。别状,是集议过程中书面意见的又一种表达方式。

---

① 《唐大诏令集》卷一○五《令台省详议封事诏》,第536页。
② 王钦若等编:《册府元龟》卷三一四《宰辅部·谋猷四》,中华书局,1960年,第3703页。
③ 《旧唐书》卷二六《礼仪志六》,第987页。
④ 《旧唐书》卷二六《礼仪志六》,第983—985页。

集议书面意见的第三种呈现方式,是在某些集议中,参与者意见不是直接上呈皇帝,而是首先以书面议状的形式上呈集议组织者。太宗贞观九年(635),"高祖崩,将行迁祔之礼,太宗命有司详议庙制",集议中,至少存在谏议大夫朱子奢、中书侍郎岑文本两种意见①。而两《唐书》礼仪志所载作为组织者总结并上报意见的"八座奏""八座议",其实就是原文采用了非八座成员中书侍郎岑文本的《定宗庙议》②。这说明岑文本的议,是先上交集议组织者的。代宗762年即位后,沿用肃宗宝应年号,宝应二年(763)五月,谏议大夫黎干议状称:"以前奉诏,令诸司各据礼经定议者……昨十四日,具以议状呈宰相,宰相令朝臣与臣论难。"③ 德宗贞元元年集议选举问题,"宜令百寮,详思所宜,各修议状,送中书门下参校得失,择善而行"④。在这里,参议者将"议状"呈交宰相或中书门下宰相机构,当属"申状"⑤。

唐代集议中个人的"议"或"议状",除了呈交集议组织者以及作为别状上呈皇帝之外,还有直接上呈皇帝的方式。在某些集议中,并不设置集议意见的总结者,而是由参议者将其意见直

---

① 《旧唐书》卷二五《礼仪志五》,第941—943页。欧阳修、宋祁撰:《新唐书》卷一三《礼乐志三》,中华书局,1975年,第339页。《文苑英华》卷七六三,岑文本《定宗庙议》,第4004页。

② 唐以尚书省左右仆射以及六部尚书为八座,《唐六典》卷一《尚书都省》尚书令条注,第6页。

③ 《旧唐书》卷二一《礼仪志一》,第842页。《唐会要》卷九下《杂郊议下》作"宰相同朝臣与臣论难",第224页。

④ 《唐大诏令集》卷六九《贞元元年南郊大赦天下制》,第387页。

⑤ 关于申状,请参吴丽娱:《试论"状"在唐朝中央行政体系中的应用与传递》,《文史》2008年第1辑;吴丽娱:《下情上达:两种"状"的应用与唐朝的信息传递》,《唐史论丛》第11辑,三秦出版社,2009年。

接上达皇帝。如宪宗元和"十一年（816）正月，以淮西久宿兵，诏宰臣集百寮议：今用兵已久，利害相半，不知进兵攻讨，退兵固守。至于赦宥合有良规，直言可行，不必引古，亦欲观卿士才用，宜各具议状以闻"①。"诏宰臣集百寮议"，只是要求宰相将皇帝集议的命令下达、组织讨论，但是并没有让宰相总结众议，书面意见由参与集议者独立完成并上报，"各具议状以闻"。类似者，如元和"七年二月诏：蔚州铸钱，令度支量支钱三万贯充本。是月诏曰：钱重物轻，为弊颇甚，详求适变，将以便人，所贵缗货通行，里间宽息。宜令百寮各随所见，作利害状以闻"②。韩愈的《钱重物轻状》以及托名元稹的《钱重物轻议》，都是这次集议中的个人议状③。至于采取这种个人分别进状陈述意见方式的原因，谢元鲁先生认为是问题复杂，意见各异④。

总之，"议"或"议状"作为集议过程中的书面意见表达可分为两大类，即上呈皇帝的和上交集议组织者的。上呈皇帝者，包括表达集议结果或主流意见的总结性议或议状、表达不同意见的别状，以及在无须组织者总结时的直接上呈皇帝的个人议状。除个人直接上呈皇帝的议或议状外，其余两种上呈皇帝的以及上交集议组织者的议或议状，都还可细分为多人联署呈送、个人单独呈送两种形式。

---

① 《册府元龟》卷一〇四《帝王部·访问》，第1243页。
② 《册府元龟》卷五〇一《邦计部·钱币三》，第6002页。
③ 关于这两篇文章的系年以及《钱重物轻议》的作者问题，请参本书第六章。
④ 谢元鲁：《唐代中央政权决策研究（增订本）》，第115页。

三、 唐代集议中的皇权因素

前文已说明,从参加人员角度考虑,集议与百官会议类似,是御前会议和宰辅会议之外的一种决策讨论方式。学界对百官会议的研究,多视宰相为百官会议的控制者。俞鹿年先生认为,"百官会议是低于宰相会议的又一中央决策层次。它通常受到宰相的控制。从是否召开、开会时间、议题、议程一直到对其议状的分析评价,宰相都拥有较大的决定权。即使由皇帝直接下达诏敕,命令召开百官会议,也是由宰相具体执行。所以在一般情况下宰相是百官会议的组织者与评价者,而皇帝是批准者"[①]。徐连达、朱子彦先生持同样的观点[②]。我们认为,以上认识并不十分准确,唐代不少集议并非由宰相组织,尚书省或相关专业机构更多充当了组织者的角色,有些在诏令中表述得十分明确,如"敕下尚书省集百僚议""敕旨:宜付所司,集百寮参议可否闻奏"等[③]。实际上,在我们所见唐代一百三十余例集议中,确由宰相组织并对议状总结、评价的,不足全部集议的五分之一。在集议中,更值得重视的,其实是皇权的因素。唐代皇帝虽然并不直接参与集议,但皇权不仅在集议议题的产生、集议结论的处理等各个环节发挥关键作用,而且宰相是否参与集议以及宰相参与的方式也是

---

① 俞鹿年:《中国政治制度通史》第五卷《隋唐五代》,人民出版社,1996年,第124—125页。

② 徐连达、朱子彦:《中国皇帝制度》,广东教育出版社,1996年,第267页。

③ 分见《通典》卷五〇《礼十·沿革十·吉礼九·袷禘下》,第1401页;《册府元龟》卷五九一《掌礼部·奏议十九》,第7072页。

由皇权控制的。下面依次讨论。

第一，在集议议题的提出环节，皇权的作用表现在三个方面：某些议题由皇帝直接提出；机构或大臣的状表，是否拿出来组织集议讨论，权在皇帝；对宰相或其他大臣提出的集议建议和议题，皇帝具有否决权与搁置权。

在皇帝直接提出的议题中，有些情况是皇帝认为政局复杂，有必要扩大讨论规模，便直接下令集议。如两税法实行以后，社会上出现了"物轻钱重，民以为患"的局面，穆宗长庆元年（821），"帝亦以货轻钱重，民困而用不充，诏百官议革其弊"①。文宗初年，沧州李同捷叛，成德军节度使"王庭凑阴以兵及盐粮助李同捷，上欲讨之"，大和二年（828）"七月，甲辰，诏中书集百官议其事"②。僖宗乾符六年（879），"黄巢已破广州，势张甚，表求天平节度使，诏宰相百官议"③。

皇帝直接提出的议题，更为常见的情况，是皇帝对相关机构或大臣的处理意见存疑，因而下诏集议，听取意见。中宗"景龙三年（709）十一月，亲祀南郊，初将定仪注，国子祭酒祝钦明希旨上言后亦合助祭……上令宰相与礼官议详其事"④，这次集议的直接原因是中宗怀疑祝钦明所建议的皇后亚献，是"欲以媚韦氏"，"天子疑之，诏礼官议"⑤。文宗大和五年"九月，吐蕃维州

---

① 《新唐书》卷五二《食货志二》，第1360页。
② 《资治通鉴》卷二四三《唐纪五十九》，第7859页。《旧唐书》卷一六五《殷侑传》作"诏五品已上都省集议"，第4321页。《旧唐书》卷一七上《文宗纪上》作"诏宰臣集三署四品已上常参官，议讨王廷凑可否"，第529页。
③ 《新唐书》卷一八四《卢携传》，第5399页。
④ 《旧唐书》卷二一《礼仪志一》，第830—831页。
⑤ 《新唐书》卷一一二《蒋钦绪传》，第4179页。

副使悉怛谋请降，尽帅其众奔成都。德裕遣行维州刺史虞藏俭将兵入据其城。庚申，具奏其状，且言'欲遣生羌三千，烧十三桥，捣西戎腹心，可洗久耻，是韦皋没身恨不能致者也！'事下尚书省，集百官议，皆请如德裕策"①。据《旧唐书》卷一七二《牛僧孺传》，文宗对李德裕的建议拿不定主意，"上惑其事"，故下诏集议。又文宗末武宗初，回鹘汗国灭亡，其贵族乌介可汗从黠戛斯人手中抢回唐送于回鹘和亲的太和公主，并于武宗"会昌二年（842）二月，牙于塞上，遣使求助兵粮，收复本国，权借天德军以安公主"，即希望利用唐的势力复国。天德军防御使田牟的意见是"请以沙陀、退浑诸部落兵击之"，"上意未决，下百僚商议，议者多云如牟之奏"②。在这里"上意未决"与前"天子疑之""上惑其事"一样，是皇帝命令百官集议的原因。

唐代皇权在集议议题产生环节上的作用，还表现在机构或大臣的状表，是否拿出来组织集议，权在皇帝。贞观九年（635），唐高祖去世，太宗"诏定山陵制度，令依汉长陵故事，务存崇厚"，秘书监虞世南上封事，希望适当薄葬，太宗未予理睬，"书奏不报"。虞世南接着又上疏申述，同时又有"公卿上奏请遵遗诏，务从节俭"。这样，太宗"出虞世南封事，付所司详议以闻"③。此例中，对虞世南上疏的"不报"或"出"付讨论，均由皇帝决定。又代宗广德二年（764）三月诏云："文武百官及诸色人等，有论时政得失上封事者，状出后，宜令左右仆射、尚书及左右

---

① 《资治通鉴》卷二四四《唐纪六十》，第7878页。
② 《旧唐书》卷一七四《李德裕传》，第4521—4522页。
③ 《通典》卷七九《礼三十九·沿革三十九·凶礼一·大丧初崩及山陵制》，第2144—2146页。

丞、诸司侍郎，御史大夫、中丞等于尚书省详议可否，具状闻奏。"① "封事"是否公布、对哪些人公布，是由皇帝控制的②，所以广德二年诏中，左右仆射等"于尚书省详议可否"的前提是"状出后"③。至于将大臣表状公布、命令集议的时机，也由皇帝决定。宪宗时，成德节度使王承宗曾"上表怨咎武元衡，留中不报"④，宪宗将王承宗所上表压了下来。元和十年（815）宰相武元衡被暗杀，疑王承宗派遣的刺客所为，"帝出〔王承宗〕表示群臣大议，咸请声其罪伐之"⑤。

唐代皇权对议题的掌控，还表现在对宰相等大臣提出的集议建议和议题有否决权与搁置权上。玄宗开元十七年（729），有人建言，称唐应改德运为金德，宰相"萧嵩奏请集百僚详议"，玄宗接受裴光庭的建议，否定了萧嵩的议题，"下诏停百僚集议之事"⑥。所谓搁置，就是皇帝对大臣提出的议题与集议的请求并未明确否定，但也并未同意，因而没有进行集议。敬宗即位以后，奢侈无度，"诏浙西上脂盝妆具"。浙西观察使李德裕奏："比年旱灾，物力未完。乃三月壬子赦令，'常贡之外，悉罢进献'。此陛下恐聚敛之吏缘以成奸，雕篓之人不胜其敝也。本道素号富饶，更李锜、薛苹，皆榷酒于民，供有羡财。元和诏书停榷酤，又赦令禁诸州羡余无送使。今存者惟留使钱五十万缗，率岁经费常少

---

① 《册府元龟》卷一〇二《帝王部·招谏一》，第1225页。
② 请参本书第三章。
③ 唐太宗贞观九年"出虞世南封事，付所司详议以闻"，亦可作为旁证。见《通典》卷七九《礼三十九·沿革三十九·凶礼一·大丧初崩及山陵制》，第2146页。
④ 《旧唐书》卷一五《宪宗纪下》，第454页。
⑤ 《新唐书》卷二一一《王承宗传》，第5958页。
⑥ 《旧唐书》卷八四《裴光庭传》，第2807页。

十三万，军用褊急。今所须脂盝妆具，度用银二万三千两，金百三十两，物非土产，虽力营索，尚恐不逮。愿诏宰相议，何以俾臣不违诏旨，不乏军兴，不疲人，不敛怨，则前敕后诏，咸可遵承。"观李德裕提出希望"宰相议"的内容，颇有不满敬宗政令、发牢骚的意味，故敬宗不予理睬，以"不报"处理①。又武宗时，李德裕为宰相，"会昌元年（841）三月，与陈夷行、崔珙、李绅等奏请尊宪宗曰章武孝皇帝，为不迁庙，状曰：……臣等敢遵古典，请尊宪宗章武孝皇帝为百代不迁之庙，上以彰陛下大孝之德，广贻谋之训，下以表臣等思古之愤，申欲报之诚。如合圣心，望令诸司清望官四品以下、尚书、两省、御史台与礼官参议"。武宗"答曰：'所论至好，待续施行。'其表留中不出"②，武宗虽然表面上说"所论至好"，但是实际上并未同意李德裕召集集议的请求，而将其表"留中不出"，搁置了下来。

正因为皇帝在集议议题的形成上具有关键作用，所以我们才可理解在宣宗时，左司郎中杨发、都官郎中卢搏等人的议状中说，"实知谬戾……其时无诏下议，遂默塞不敢出言"，也就是即使发现了问题，但由于皇帝没有下诏集议，也不能随便发言。只有当皇帝"诏礼官议"之后，杨发等人"猥蒙下问，敢不尽言"，才获得了参议的机会③。

第二，在对集议结论处理的环节，唐代皇帝也并非仅仅是"批准者"的角色，我们看到，皇帝对集议后产生的结论性意见，

---

① 《新唐书》卷一八〇《李德裕传》，第 5328 页。
② 《册府元龟》卷五九二《掌礼部·奏议二〇》，第 7076—7067 页。"清望官四品以下"，《李德裕文集校笺》卷一〇《请尊宪宗章武孝皇帝为不迁庙状》，第 211 页作"清望官四品以上"，余略同。
③ 《旧唐书》卷一七七《杨发传》，第 4595—4596 页。

除了简单的批准或否决之外，还有搁置、再议、取舍修订等更为丰富的处理方式。

搁置，也是皇帝在处理集议意见时的一个选项。《旧唐书》卷一四《顺宗纪》记载，贞元二十一年（805）七月"甲午，度支使杜佑奏：'太仓见米八十万石，贮来十五年，东渭桥米四十五万石，支诸军皆不悦。今岁丰阜，请权停北河转运，于滨河州府和籴二百万石，以救农伤之弊。'乃下百僚议，议者同异不决而止"。由于集议未能产生统一的意见，皇帝也未做决断，诸意见均被搁置。宣宗大中十年（856），吏部尚书李景让提议穆宗、敬宗、文宗、武宗四庙当迁出太庙，"事下百官集议"，结果也是"不定而止"①。

某些集议召开以后，由于存在不同意见，皇帝除了搁置外，也可命令再次讨论。如德宗时讨论禘祫之礼，第一次集议产生议状五十七道之后，随即"有进止，送尚书省更集百寮都商，议定奏闻"②，开始了第二轮集议讨论。又如宣宗初年，集议讨论东都立庙事，太常博士段璀等三十九人奏议，主张"东都不可立庙"。不久以后，会昌六年（846）九月，皇帝敕曰："段璀等详议，东都不可立庙。李福等别状，又有异同。国家制度，须合典礼，证据未一，则难建立。宜并令赴都省对议，须归至当。"③"李福等别状，又有异同"，意味着存在不同于段璀等人的意见，故宣宗命令"并令赴都省对议"，展开再次讨论。

在不同意见之间取舍，对集议意见加以修订，更是皇帝处理

---

① 裴庭裕撰，田廷柱点校：《东观奏记》下卷，中华书局，1994年，第127页。时间据《资治通鉴》卷二四九《唐纪六十五》，第8061页。
② 《唐会要》卷一四《禘祫下》，第365页。
③ 《旧唐书》卷二六《礼仪志六》，第983—985页。

集议意见时的常见方式。德宗贞元四年（788）八月，朝廷展开了关于武庙祀典的讨论，兵部侍郎李纾上奏，认为武庙致敬过礼，需有更张，提出"前件祝文，请自今更不进署；其'敢昭告'，请改为'致祭'；其献官，请准式差太常卿以下"等建议。德宗"诏令百僚集议闻奏"。集议过程中，"兼大理卿于顾等四十六人议同李纾"，左领军大将军令狐建等二十四人从维护武将地位出发，提出"文武二教，国宜并立，废一不可，况其典礼之制，已历二圣，今欲改之，恐非宜也"，即不同意李纾的主张。除了两种主流意见外，这次讨论，还有尚书右司侍郎中严况、刑部员外郎陆淳等六人的两种意见①。结果，"至九月，有敕：以上将军以下充献官，余事依李纾所奏"②。这是折中多方意见后的决定。

第三，宰相是否参与集议以及宰相参与的方式也是由皇权控制的。

前引学者观点认为，"即使由皇帝直接下达诏敕，命令召开百官会议，也是由宰相具体执行。所以在一般情况下宰相是百官会议的组织者与评价者"。但是我们看到，有相当多的集议，宰相并不参加。如代宗"宝应二年（763）六月二十日，礼部侍郎杨绾奏：'请每岁举人，依乡举里选察秀才孝廉。'敕令公卿以下集议"③。根据集议诏令，参加集议者是尚书左右丞、尚书诸司侍

---

① 《唐会要》卷二三《武成王庙》，第 510、511 页。
② 《通典》卷五三《礼十三·沿革十三·吉礼十二·太公庙》，第 1484—1485 页。关于此事件讨论的经过和意义，请参黄进兴：《武庙的崛起与衰微（7—14 世纪）：一个政治文化的考察》，见氏著《圣贤与圣徒》，北京大学出版社，2005 年。
③ 《唐会要》卷七六《贡举中·孝廉举》，第 1651—1652 页。"敕令公卿以下集议"，《旧唐书》卷二四《礼仪志四》作"诏下朝臣集议"。

郎、御史大夫、御史中丞、给事中和中书舍人①，并无宰相参加。又如代宗广德二年（764）《令台省详议封事诏》规定，"文武百官及诸色人等，有论时政得失、上封事状者，出后，宜令左右仆射、尚书及左右丞、诸司侍郎，御史大夫、中丞等于尚书省详议可否，具状闻奏"②。讨论"封事"的人员构成中，也没有宰相。即便是提议者希望宰相参加的集议，宰相也不一定能够参加。玄宗开元五年（717）"十月七日，伊阙人孙平子上封事曰：'臣窃见今年正月，太庙毁，此乃跻二帝之所致也。……特望天恩，少垂详察，速召宰相已下谋议，移孝和入庙，何必苦违礼典，以同鲁晋。'诏下礼官议"③。"诏下礼官议"，否定了宰相参与的建议，结果参议者是太常博士陈贞节、冯宗、苏献等人。

关于集议的组织者和评价者，谢元鲁先生正确地指出，百官决策会议的主持者和讨论记录的整理汇报者，除宰相外，也可以是中央其他高级官员④。在此略加补充的是，宰相未参加的集议，组织者和评价者自然不可能是宰相，即使有宰相参加，组织者和评价者也不一定就是宰相。请看下例，《唐会要》卷六〇《御史台上·御史大夫》：

> 会昌二年（842）十二月，检校司徒、兼太子太保牛僧孺等奏状："奉十一月二十八日敕，中书门下奏，御史大

---

① 《旧唐书》卷一九〇中《文苑中·贾至传》，第5029页。《旧唐书》卷一一九《杨绾传》，第3432页同。

② 《唐大诏令集》卷一〇五《令台省详议封事诏》，第536页。

③ 《唐会要》卷一七《庙灾变》，第408—409页。《册府元龟》卷五八八《掌礼部·奏议十六》作"伏请速召宰相已下、御史已上众共谋议。……诏下礼官议"，第7030页。

④ 谢元鲁：《唐代中央政权决策研究（增订本）》，第112页。

夫……望准六尚书例，升为正三品。御史中丞为大夫之贰……升为正四品下，为大夫之贰，令不隔品，亦与丞郎出入秩同，以重其任。……望令两省御史台五品以上、尚书省四品以上、太子太保、太常卿参议闻奏者。伏以前代帝王建官设位之制，互有沿革，升降废置，盖取于一时所宜，苟得其宜，则为当代之美。臣等伏据《六典》故事，御史大夫、御史中丞等官，历代之制，位不常定。至于刑宪之所倚，则古今之任不殊。今陛下方弘约法之道，俾增崇品秩，同秩丞郎，盖千年一时之盛美也。臣等又据故事，御史大夫总朝廷刑宪，掌邦国纪纲，峻其秩位，亦计所宜。御史中丞虽官贰大夫，与大夫多不并置，专席既称独坐，隔品岂合迭居。今命秩资升迁，实为允当。臣等参详事理，众议佥同，伏请著于典章，永为定制。"敕旨："依奏。"

这次集议，参加者既然包括两省五品以上，当然应有宰相参议。从"臣等参详事理，众议佥同，伏请著于典章，永为定制"的表述看，牛僧孺奏状是总结众议的，但牛僧孺并非当时宰相。

与此例类似，高宗"龙朔二年（662）八月，所司奏：'同文正卿萧嗣业，嫡继母改嫁身亡，请申心制。据令，继母改嫁及为长子，并不解官。'既而有敕：'虽云嫡母，终是继母，据礼缘情，须有定制。付所司议定奏闻。'司礼太常伯陇西郡王博义等奏称：'……依集文武官九品以上议。得司卫正卿房仁裕等七百三十六人议，请一依司礼状，嗣业不解官。得右金吾卫将军薛孤吴仁等二十六人议，请解嗣业官，不同司礼状者。母非所生，出嫁义绝，仍令解职，有紊缘情。杖期解官，不甄妻服，三年齐斩，谬曰心丧。庶子为母缌麻,漏其中制。此并令文疏舛,理难因袭。依房仁裕等议,总加修附,垂之不朽。其礼及律疏有相关涉者,亦请准此改正。嗣业既非嫡母改醮,不合解官。'诏从之"①。这次集议,是"文武官九品以上议",当有宰相参与。集议的规模相当大,唐前期内官规模在两千六七百人②,本次集议持两种主要意见的就达到762人,相当于内官总数的近30%。敕"付所司议定奏闻",集议诏书规定了这次集议的组织者是国家礼制相关机构。对集议意见总结、上报者是司礼太常伯,即礼部尚书陇西郡王李博义,在他的报告中,先总结了分别以司卫正卿(卫尉卿)房仁裕、右金吾卫将军薛孤吴仁为代表的两种不同意见,接着又对意见做了分析,并给出了"依房仁裕等议,总加修附,垂之不朽。其礼及律疏有相关涉者,亦请准此改正。嗣业既非嫡母改醮,不合解官"的结论性建议,最终为皇帝所批准。这次集议的组织与评价者是司礼太常伯(礼部尚书)。以上二例,或有宰相参与,但组织者与评价者均非宰相。

再从宰相参加的集议来看,宰相参与的时机、方式和程度,也是由皇权控制的。玄宗开元"二十四年(736),制令礼官议加笾豆之数及服制之纪。太常卿韦縚奏请加宗庙之奠,每坐笾豆各

---

① 《旧唐书》卷二七《礼仪志七》,第1021—1023页。"同文正卿",《旧唐书》作"司文正卿"。据第1037页校勘记〔五〕:"'司'字各本原作'同',据《册府》卷五八六改。"同一条史料,《通典》卷八九《礼四十九·沿革四十九·凶礼十一》作"同文正卿",第2453页。又《唐六典》卷一八《鸿胪寺》鸿胪寺卿条注,"龙朔二年改为同文正卿",第505页。故仍作"同文正卿"。

② 《通典》卷四〇《职官二十二·秩品五》,"内官二千六百二十",第1106页。《唐六典》所记流内一至九品京职事官数为2631人。《文苑英华》卷六一八,李峤《百僚贺恩制逆人亲属不为累表》,"臣某已下文武官九品已上二千七百五十人等言",第3203页。

十二。外祖服请加至大功九月,舅服加至小功五月,堂姨、堂舅、舅母服请加至袒免。时又令百官详议可否。〔太子宾客崔〕沔建议曰……时职方郎中韦述、户部郎中杨伯成、礼部员外郎杨冲昌、监门兵曹刘秩等,亦建议与沔相符。俄又令中书门下参详为定。于是宗庙之典,笾豆每座各加至六,亲姨舅为小功,舅母加缌麻,堂姨至袒免。余依旧定,乃下制施行焉"①。在关于"笾豆之数及服制之纪"的讨论中,宰相机构是在百官议的基础上,才参与讨论的,"令中书门下参详为定"的时机为皇帝所定。在这样的制度安排下,宰相提出的建议被集议所否定,也是常见的。如"开元二十二年,中书侍郎张九龄初知政事,奏请不禁铸钱,玄宗令百官详议",讨论中,"公卿群官,皆建议以为不便",最终张九龄的意见被否定,"事既不行,但敕郡县严断恶钱而已"②。

唐代宰相参与集议的方式大致有两种,一是宰相组织集议,但宰相并不对官员议状加以总结、评价,议状直接上呈皇帝。如宪宗元和"十一年(816)正月,以淮西久宿兵,诏宰臣集百寮议:今用兵已久,利害相半,不知进兵攻讨,退兵固守。至于赦宥合有良规,直言可行,不必引古,亦欲观卿士才用,宜各具议状以闻"③。这次集议中,翰林学士钱徽、萧俛被免职,原因是他们"上疏请罢兵",使"宪宗不悦"④。在这类集议中,参议者的议状直接上呈皇帝,由皇帝批示,宰相的角色仅仅是组织者,而

---

① 《旧唐书》卷一八八《孝友·崔沔传》,第4928—4931页。
② 《旧唐书》卷四八《食货志上》,第2097—2099页。
③ 《册府元龟》卷一〇四《帝王部·访问》,第1243页。
④ 分见《旧唐书》卷一五《宪宗纪下》,第455页;《旧唐书》卷一六八《钱徽传》,第4383页。

不是意见的总结、评价者。

在宰相参与的另一些集议中，宰相既是组织者，也是意见的总结、评价者。如"肃宗以新钱不便，命百官集议"①，在乾元三年（760）集议诏中，明确规定"宜令文武百官九品已上，并于尚书省议讫，委中书门下详择奏闻"②。宰相在这类集议中的作用要明显得多，无论是要求中书门下"详择奏闻"，还是"参校得失，择善而行"，抑或是"令中书门下与常参官即详议，折衷闻奏"③，都是命令宰相机构总结众议，选择有代表性的意见上报皇帝，或在总结基础上进一步拿出处理意见，供皇帝参考。当然，我们在这里强调的是，无论是宰相在集议中的参与方式还是参与程度，都是皇帝下发集议诏中所规定的。

以上，我们从三个方面质疑了认为在集议或百官会议过程中宰相拥有较大的决定权，而皇帝仅是批准者的认识。同时提出，唐代皇帝虽然并不直接参与集议，但皇权在集议的各个环节发挥关键作用。一项决策的产生，有时候并非一次集议便可以完成。若将整个决策过程与对集议意见的裁断结合起来，就更能够反映皇权在其中的作用。试举一例，《册府元龟》卷五九二《掌礼部·奏议二〇》：

> 孙简为吏部尚书。会昌六年（846）九月，太常礼院奏："十月十三日，太庙祫享，庙廷配享功臣。得修撰官朱俦状，

---

① 《新唐书》卷五四《食货志四》，第1387页。
② 《唐大诏令集》卷一一二《令百官议罢新钱诏》，第583页。
③ 陆贽撰，王素点校：《陆贽集》卷五《令百僚议大礼期日诏》，中华书局，2006年，第159页。《唐大诏令集》卷六七《百官议大礼期日敕》作"宜令常参官集议，中书门下详具折衷闻奏"，第378页。若按后者理解，则常参官与中书门下在本次集议中的层次与分工更为明确。

第五章　唐代的集议与皇权　137

自高祖至德宗，每室皆有功臣配享，伏以宪宗皇帝，诛荡淮蔡，削平河朔，武功英略，赫耀中兴，启沃谟猷，必资元辅。其配享功臣，伏请闻奏，定名降下。"敕遣尚书御史台四品已上、两省五品已上同详定闻奏。简与众官上议曰："……臣等伏思故司徒兼中书令赠太师裴度，天纵忠公，道施康济……详考功行，无先于〔裴〕度。"诏曰："朕以宪宗皇帝道叶中兴，威加寰海。开启圣意，则有杜黄裳，弼成功业，则有裴度。著在国史，时无比伦，宜以杜黄裳、裴度同配享礼。"又诏曰："论功配食，文武宜兼，元和一朝武臣功力最高者，定一人与黄裳、裴度同配享宪宗皇帝室。顷李愬有平蔡之绩，高崇文有收蜀之功，校其二人功孰为重，宜令尚书省议奏。"简等又上议曰："……今陛下令臣等校崇文与李愬之功，迥出等夷，傥圣慈以格言所著，德宜有邻，武功之中，功皆难掩，则愬居第一，崇文次之，庶尽公言，上符诏旨。"敕旨："并令同配食宪宗庙廷。"①

这是宣宗即位以后不久，关于功臣配享宪宗问题而召开的集议。在太常礼院根据修撰官朱俦状提出问题后，宣宗"敕遣尚书御史台四品已上、两省五品已上同详定闻奏"②，发出集议诏令。随即，集议展开，虽然从参加者的规定上看，当有宰相参议，但是集议的组织者和总结者并非宰相，而是尚书省官员，吏部尚书孙简"与众官上议"③，提出以裴度配享。宣宗下诏采纳集议的意

---

① "庙廷配享功臣"，"庙"原作"朝"，据《宋本册府元龟》卷五九二《掌礼部·奏议二〇》（中华书局，1989年）第1783页改。
② "同详定闻奏"，《唐会要》卷一八《杂录》作"同详议闻奏"，第433页。
③ "简与众官上议"，《唐会要》卷一八《杂录》作"都省议"，第433页。孙简为吏部尚书、都省指尚书都省，显然，本次集议的组织和总结者是尚书省。

见，同时有所修订，增加杜黄裳，"以杜黄裳、裴度同配享礼"。接着，宣宗又下诏，需要"元和一朝武臣功力最高者，定一人与黄裳、裴度同配享宪宗皇帝室"，令尚书省议，比较李愬和高崇文"二人功孰为重"。尚书省议的结果是"愬居第一，崇文次之"。宣宗"敕旨：并令同配食宪宗庙廷"。对此诏书更为详细的记载是，"十一月敕：李愬有平蔡之绩，高崇文有收蜀之功，较量二臣，勋劳最重。宜以李愬、高崇文同配享宪宗庙庭"①。敕李愬、高崇文二人同配享，相对于要求"定一人"的前诏和集议意见来说，也是一种修订。

在唐代集议的整个过程中，皇帝并未直接参加，但也绝非垂拱而治，皇权在议题的产生、集议方式的确定，具体包括该次集议谁来组织、由谁参与、意见上报方式等，以及集议结论的处理等关键环节发生作用。皇帝不是全程参与决策讨论，但也并非只是最后环节的拍板者，皇帝不仅仅拥有批准权和否决权，而且通过在若干关节点的参与，使得其意志深入到决策过程的各个关键环节之中。

四、唐玄宗前后集议的变化

唐代的集议，以玄宗为界，可分为前后两期。两期的差别主要体现在：一是从集议内容看，在议礼、议刑之外，玄宗以后议政的情况明显增加；二是就皇权参与而言，玄宗以后皇帝更积极地参与到集议的各个环节之中；三是唐后期不经皇帝诏书而是由

---

① 《唐会要》卷一八《杂录》，第434页。

宰相机构自行组织的集议出现了萌芽。

就唐代集议的整体情况而言，通过集议方式讨论的议题，以礼制、刑法事务为多，这与宋代有类似之处①。就唐代内部来说，玄宗以前，我们所能够确定的三十余例集议中，议政仅有三例：一是太宗贞观四年（630）"诏议安边之术"②；二是高宗开耀元年（681）四月敕"付尚书省，集京官九品已上详议"选人问题③；三是睿宗景云二年（711）"分天下郡县，置二十四都督府以统之"，有人提出都督府"权重难制，所授多非精选，请罢之"，睿宗下令召开集议，"诏令九品已上议其事"，后睿宗采纳集议意见，罢都督府④。玄宗以后，集议在史料中出现的频率有所增加，尤其引人注目的是其中议政类的集议明显增多。玄宗时期第一次以集议的方式讨论政务，是在开元十二年（724）。宇文融实行括户政策，"诸道括得客户凡八十余万，田亦称是。州县希旨，务于多获，皆虚张其数，亦有以实户为客者。岁终，得客户钱百万，一时进入宫中，由是擢拜御史中丞"，宇文融的括户在得到皇帝首肯的同时，也招致不少批评，"言事者却称检客损居

---

① 平田茂树认为，宋代集议的主要作用可说在于礼制的审议，见平田茂树：《宋代政治结构试论——以"对"和"议"为线索》，载平田茂树著，林松涛、朱刚等译：《宋代政治结构研究》，上海古籍出版社，2010年，第166页。

② 参加讨论的包括中书令温彦博、秘书监魏徵、给事中杜楚客、中书侍郎颜师古、礼部侍郎李百药等。见吴兢撰，谢保成集校：《贞观政要集校》卷九《议安边第三十六》，中华书局，2003年，第498—499页；《唐会要》卷七三《安北都护府》，第1554页。

③ 《唐会要》卷七四《选部上·论选事》，第1581页。崔融《吏部兵部选人议》是这次集议的意见之一，见《文苑英华》卷七六五，第4020页。

④ 分见《旧唐书》卷三八《地理志一》，第1385页；《唐会要》卷六八《都督府》，第1413—1414页。

民"，故"上令集百寮于尚书省议"①。玄宗起至唐末，在我们见到的近百次集议中，议政类达到三分之一以上。无论从绝对数量还是在所有集议中所占比例，玄宗以后的议政类集议都远高于玄宗以前。

值得注意的是，上引唐代玄宗前后的两次集议议政，都是在制度、政策实施以后，在有官员提出反对意见之后举行的。而这以后，我们看到更多的，则是通过集议的方式，对大臣或机构提议但尚未实施的政策制度进行讨论，或是对政局展开讨论。前者如"开元二十二年（734），中书侍郎张九龄初知政事，奏请不禁铸钱"，"三月，庚辰，敕百官议之"②。又如武宗会昌二年（842）十二月，对中书门下提出的升御史大夫为正三品、升御史中丞为正四品下阶的建议，进行由"两省御史台五品以上、尚书省四品以上、太子太保、太常卿"等组成的集议等。在此次集议的诏书中，还特别提出"缘关朝廷典制，须行之可久，必得博尽群议，询谋佥同"，表明了对集议功能的态度③。通过集议的方式讨论政局，更为常见，如懿宗咸通十一年（870），镇压庞勋起义之后，"上令百官议处置徐州之宜"，太子少傅李胶等人的议状得到了批准，诏"徐州依旧为观察使，统徐、濠、宿三州，泗州为团练使，割隶淮南"④。

采取集议方式议政，其在玄宗前后显示出来的数量和内容上

---

① 《唐会要》卷八五《逃户》，第1852页。

② 分见《旧唐书》卷四八《食货志上》，第2097页；《资治通鉴》卷二一四《唐纪三十》，第6806页。

③ 《唐会要》卷六〇《御史大夫》，第1235页。

④ 《资治通鉴》卷二五二《唐纪六十八》，第8158—8159页。

的差异提示我们，玄宗以后，唐代君臣更为积极地利用集议的方式来讨论政务问题。

前文指出，唐代皇帝在集议过程中若干关节点的参与，使得皇帝不仅仅拥有对集议结果的批准权和否决权，而且其意志深入到集议决策过程的各个关键环节之中。从历时性的角度来看，这种参与，在玄宗以后表现得更为突出。

第一，就目前资料而言，在议题的提出阶段，皇帝对议题的否定或搁置，都是玄宗以后才出现的。否定议题，最早见于开元十七年（729）对萧嵩议题的否决，"下诏停百僚集议之事"①。议题搁置，例子较少，最早见于敬宗对李德裕议题的搁置。第二，在集议进行的过程中，由于皇帝对集议的意见存疑或不满，下令再次讨论，即多重集议，这也是玄宗以后才出现的。目前所见最早一例，是前引开元二十四年"制令礼官议加笾豆之数及服制之纪"，从礼官议到百官议，再到"令中书门下参详为定"②，在这个过程中，是否继续召开集议以及参与人员的范围，都是皇帝所定。第三，对集议结论性意见的处理上，皇帝的否定、搁置，或在同意基础上的修订，也大体出现在玄宗之后。目前所见皇帝否定集议结论，最早见于肃宗至德二载（757）六月，"将军王去荣以私怨杀本县令，当死。上以其善用砲，壬辰，敕免死，以白衣于陕郡效力"。对这种处理，"中书舍人贾至不即行下"上表认为不妥，"上下其事，令百官议之"，太子太师韦见素、御史大夫韦陟、文部郎中崔器均认为不能赦免王去荣，但最终肃宗否定了集

---

① 《旧唐书》卷八四《裴光庭传》，第2807页。
② 《旧唐书》卷一八八《孝友·崔沔传》，第4928—4931页。

议意见,"上竟舍之"①,赦免了王去荣②。对集议意见的搁置,最早一例是在玄宗即位前夕,即睿宗太极元年(712)。这年正月,"有事南郊,有司立议,惟祭昊天上帝而不设皇地祇位",谏议大夫贾曾上表,"请备设皇地祇并从祀等座"。对不同意见,睿宗"制令宰臣召礼官详议可否。礼官国子祭酒褚无量、国子司业郭山恽等咸请依曾所奏"③。结果,因为睿宗"时又将亲享北郊,竟寝曾之表"④,"寝曾之表",意味着将贾曾的意见和集议的结果搁置了下来。皇帝在集议不同意见中选择、修订,也是处理集议结论的常见方式。其中在不同意见中选择,是玄宗前后都存在的,但对不同意见的折中、修订,则出现在玄宗之后。玄宗开元二十六年(738),"肃宗为皇太子,受册,太常所撰仪注,有服绛纱袍之文。太子以为与皇帝所称同,上表辞不敢当,请有以易之。上令百官详议",尚书左丞相裴耀卿、太子太师萧嵩等上《太子

---

① 《资治通鉴》卷二一九《唐纪三十五》,第7025—7027页。《新唐书》卷一二二《韦陟传》,第4352页。《文苑英华》卷七六八收崔器《将军王去荣杀人议并序》,第4040页。

② 《新唐书》卷一一九《贾至传》记"帝诏群臣议,太子太师韦见素、文部郎中崔器等皆以为"云云,在记载了二人意见后,记"诏可",似乎是同意了集议意见。但上引《资治通鉴》及马端临《文献通考》卷一七〇《刑考九》均记结果是"上竟舍之",即赦免了王去荣。《册府元龟》卷一八〇《帝王部·失政》作"帝以寇逆未平,借其殊艺,竟赦之"。明代学者邱浚《大学衍义补》卷一一三《慎刑宪·戒滥纵之失》也认为肃宗赦免了王去荣。李菁《旧唐书文苑传笺证》认为"《新传》误记",见周祖譔主编:《历代文苑传笺证》(贰),凤凰出版社,2012年,第338页。故不取《新唐书》之说。

③ 《旧唐书》卷二一《礼仪志一》,第832—833页。《新唐书》卷一一九《贾曾传》作"睿宗诏宰相礼官议,皆如〔贾〕曾请",第4298页。

④ 《旧唐书》卷二一《礼仪志一》,第833页。《旧唐书》卷一九〇中《文苑中·贾曾传》作"睿宗令宰相及礼官详议,竟依曾所奏"。相对于《旧唐书·礼仪志》集议"依曾所奏"、皇帝"寝曾之表"的记载,《贾曾传》"依曾所奏"是指集议意见同于贾曾,还是皇帝最终同意贾曾的意见,语焉不详,故不取。

服绛纱袍议》","议奏上,〔玄宗〕手敕改为朱明服,下所司行用焉"①。这是皇帝修订集议意见较早的一例。总之,相对于唐前期,玄宗以后的皇帝更积极地参与到集议决策的各个环节之中。

在汉代,公卿议事需奉旨召开,没有皇帝的命令,丞相不得举行朝议②。北朝有宰辅召集集议的个案③,但并非制度。在宋朝的某些时期和元代,宰相有权力自行召开某些集议④。虽然目前还不能确切地说明,这种变化发生于何时。但是我们发现,在唐后期,不经颁布集议诏书而由宰相机构自行举行集议的萌芽出现了。下面,对唐代发生的变化略加说明。

前文我们根据《唐律疏议》的规定和实例,说明一次集议,是从颁布召开集议诏书开始的。那么在唐朝,有没有什么机构或个人,可以不经皇帝诏令,有权自行组织跨机构的官员就某一问题进行集议讨论呢?回答这个问题,有必要对《唐律疏议》卷一一《职制律》"律令式不便辄奏改行"条的记载进行解读。律文:"诸称律、令、式,不便于事者,皆须申尚书省议定奏闻。若不申议,辄奏改行者,徒二年。"疏议:"称律、令及式条内,有事不便于时者,皆须辨明不便之状,具申尚书省,集京官七品以上,于都座议定,以应改张之议奏闻。若不申尚书省议,辄即奏

---

① 《通典》卷六一《礼二十一·沿革二十一·嘉礼六·君臣服章制度》,第1726—1727页。《文苑英华》卷七六六,萧嵩《太子服绛纱袍议并序》,第4032页。

② 永田英正:《漢代の集議について》,《東方學報》第43册,京都大学人文科学研究所1972年。大庭脩著,徐世虹等译:《秦汉法制史研究》,中西书局,2017年,第34页。廖伯源:《秦汉史论丛(增订本)》,第146—147页。

③ 李都都:《南北朝集议制度考述》,郑州大学2009年硕士学位论文,第16页。

④ 周佳:《北宋仁宗朝的集议》,《中华文史论丛》2012年第4期。屈文军:《元代的百官集议》,《中国史研究》2000年第2期。

请改行者，徒二年。"刘俊文先生认为此条是"所谓擅自奏改律令格式罪，乃指不经报申、集议，便擅自奏请改正律令格式之行为"①。与本章相关的问题是，"申尚书省，集京官七品以上，于都座议定"，是否召开集议，是由尚书省自行决定的吗？还是即使尚书省认为值得集议，也需报请皇帝批准以后进行？问题的关键，是如何理解尚书省在举行司法集议时的权限。

目前学界有两种认识，一是认为尚书省若举行集议，须奏请皇帝。张春海先生对本条律文的解释是：司法官员在适用法律的过程中发现律令存在问题，如欲建议修改，必须向刑部提出集议申请，经审准后，再奏报皇帝，得到裁可后，再由刑部组织人员在尚书省集议②。另一种意见认为是否集议，由尚书省裁决。张雨先生持此观点③。不过，张雨的讨论不是针对此条律文，而是就《天圣令》复原唐《狱官令》的问题展开的，由于问题相关，在此先略加说明。整理者根据天圣《狱官令》宋46条复原唐《狱官令》54条："诸州有疑狱不决者，谳大理寺。仍疑者，亦奏下尚书省议。有众议异常，堪为典则者，录送史馆。"④张雨先生认为，"奏下尚书省议"当参考《旧五代史》和《册府元龟》所记五代相关制度复原为"申尚书省议"。他接着指出了二者的差

---

① 刘俊文：《唐律疏议笺解》，中华书局，1996年，第908—910页。
② 张春海：《论隋唐时期的司法集议》，《南开学报（哲学社会科学版）》2011年第1期。
③ 张雨：《唐宋间疑狱集议制度的变革——兼论唐开元〈狱官令〉两条令文的复原》，《文史》2010年第3期。
④ 天一阁博物馆、中国社会科学院历史研究所天圣令整理课题组：《天一阁藏明钞本天圣令校证》，中华书局，2006年，第648页。

别:"奏下"和"申"是两个不同的政务运行程序。"奏下尚书省议"的含义是大理寺奏请皇帝,由皇帝下诏,令尚书省集议,而"申尚书省"则是由大理寺牒申尚书省,由尚书省裁决而已。

我们认为,从实际情况看,尚书省若举行关于改正律令格式条文的集议,是需要报请皇帝批准,下诏后方可进行的。

太宗贞观年间,举行过两次关于修改律文的讨论。第一次在贞观十六年(742),"刑部以《贼盗律》反逆缘坐兄弟没官为轻,请改从死,奏请八座详议。右仆射高士廉、吏部尚书侯君集、兵部尚书李勣等议请从重,民部尚书唐俭、礼部尚书江夏王道宗、工部尚书杜楚客等议请依旧不改。时议者以汉及魏、晋谋反皆夷三族,咸欲依士廉等议。〔给事中崔〕仁师独驳曰……竟从仁师驳议"①。虽名"八座详议",但从参加人员看,除了八座成员外,还有门下省给事中,可见实际相当于我们讨论的集议。这次集议,是刑部"奏请",当然需要皇帝的批准。对这件事,《新唐书》和《资治通鉴》分别记作"诏八坐议""敕八座议之"②,更说明了集议由皇帝颁布集议诏书而举行。另一次讨论是在贞观二十一年,"刑部奏言:'准律,谋反大逆,父子皆坐死,兄弟处流。此则轻而不惩,望请改重法。'制遣百寮详议",司议郎敬播反对改律,"诏从之"③。"刑部奏""制遣百寮详议",清晰表明集议是由刑部提议、皇帝确认,下诏而后进行的。如果说以上两例是

---

① 《旧唐书》卷七四《崔仁师传》,第2621页。
② 分见《新唐书》卷九九《崔仁师传》,第3921页;《资治通鉴》卷一九六《唐纪十二》,第6183页。
③ 《唐会要》卷三九《议刑轻重》,第828页。

《唐律疏议》修订以前的情况，那么我们还可以举玄宗开元五年（717）二月《至东都大赦天下制》的规定："令式格敕有不便者，先令尚书省集议刊定，宜详厥衷，合于大体。"①"令尚书省集议"的表述，也说明修订令式格敕的集议，尚书省无权自行组织。

那该如何看待张雨先生将天圣令"奏下尚书省议"复原唐令为"申尚书省议"的观点呢？他所据《旧五代史》和《册府元龟》所记五代制度与集议无关，且时代偏晚，暂不考虑。我们在这里更关注的是他用作证据的两条唐代材料。武周年间，"逆人丘神勣弟神鼎并男晙，被奴羊羔告反"，关于丘神鼎的处理问题，司刑司直（大理司直）刘志素和司刑寺丞（大理寺丞）徐有功存在严重分歧，故"曹又依前断，举申秋官详议者。符下，员外郑思齐判：'凡断刑名，须得指实。朦胧作状，斟酌结刑，司刑此申，过为非理。欲令集议，须审议由，状未指归，遣议何事？仰寻所推之按，取堪凭据之由，处分讫申者。'曹断又依前者。……〔司刑司直〕刘志素又批：'丘鼎谋反，与虺族同谋，苞藏日深，又共逆党连结。〔司刑寺丞徐〕有功侮文巧法，党逆不忠，批退欲纵反人，每事唯希侥幸，不寻按状，孟浪即批。批即不据科条，法外岂得依允。请据志素所批之状，与有功意故纵逆人之平，即请申秋官及台，集众官议。'奉敕'依'。得春官员外郎杨思雅等一百十七人依有功议，以缘坐为允；又得夏官尚书杨执柔等百二十二人等议，并无反状，更差明使推"②。在这段材料中，其实存在两次申请，第一次"举申秋官详议"，被刑部否决；第

---

① 《唐大诏令集》卷七九《至东都大赦天下制》，第452页。
② 《通典》卷一六九《刑法七·守正》，第4376—4378页。

二次"申秋官及台，集众官议"，"奉敕'依'"，随后举行了集议。这说明，与《唐律疏议》规定类似，修改律令格式或疑难案件需要集议时，存在"申尚书省"的环节，在这个环节上，尚书省有否决权。但是请注意，如果尚书省认为值得召开集议，那么尚书省并无权自行举行，是需要请示皇帝的，奉敕以后，集议才能够进行。

关于疑难案件不需要先奏上皇帝，而是直接申尚书省这一点，张雨先生举出的第二条例证来自韩愈《复仇议》。元和六年（811）"九月，富平人梁悦报父仇，杀秦杲，自诣县请罪"，在处理问题上，敕"令都省集议闻奏"①。集议中，兵部职方员外郎韩愈献上《复仇议》，认为为父报仇，律文没有规定，正是因为事属疑难，于礼、于法、于情，都要慎重，所以建议："定其制曰：凡有复父仇者，事发，具其事申尚书省集议奏闻，酌其宜而处之。"文字出自《唐会要》卷四〇《臣下守法》。张雨先生据此认为，唐朝至少到宪宗之时，还没有疑难案件由大理寺或地方州县直接"奏下尚书省议"规定的出现。

《复仇议》全文见于韩愈文集，题名《复仇状》。如果我们检核韩愈文集，就会发现其中作为讨论核心的"具其事申尚书省"一句，存在明显的版本差异，有一些版本作"具其事由下尚书省"。传世韩集中，作"事发，具其事由下尚书省，尚书省集议奏闻"的，包括南宋潮本《昌黎先生集》、南宋祝充《音注韩文公文集》、南宋文谠《新刊经进详注昌黎先生文集》、南宋蜀刻十

---

① 《资治通鉴》卷二三八《唐纪五十四》，第 7685 页。

二行本《昌黎先生文集》等。作"事发，具其事申尚书省，尚书省集议奏闻"的，包括属于方崧卿、朱熹校理本系统的南宋廖莹中世彩堂本《昌黎先生集》①、南宋魏仲举《新刊五百家注音辨昌黎先生文集》等②。刘真伦先生的研究表明，在现存韩愈集诸多版本中，南宋潮本、祝充本、文谠本是版本文献价值最高的三种③。此外，作为基本史料的《旧唐书》《新唐书》亦分别作"具其事由下尚书省""具其事下尚书省"④。而且，《唐会要》此段材料本身也存在版本差异问题⑤。基于此，似不宜依据《唐会要》断定韩愈的建议是"具其事申尚书省集议奏闻"，更为可能的其实是"具其事由下尚书省，尚书省集议奏闻"。若此，则表明至少到宪宗时，集议的召开是需要得到皇帝命令的。即使我们退一步，认为文字是"申尚书省"，也难以据此认定尚书省有权自行

---

① 方崧卿据杭、蜀本改底本南宋监本之"由下"为"申"，方崧卿原著，刘真伦汇校：《韩集举正汇校》，凤凰出版社，2007年，前言第18页、正文第509页。朱熹：《昌黎先生集考异》卷九，"申尚，'申'或作'由下'二字。○今按：此合有由字，但下字当作申，又或是上字耳。更详之"，见《朱子全书》第19册，上海古籍出版社、安徽教育出版社，2002年，第577页。《四部丛刊》本《朱文公校昌黎先生集》卷三七《复仇状》内容不完整，并与当属《钱重物轻状》的内容混为一篇。

② "申尚书省"，《新刊五百家注音辨昌黎先生文集》作"申下尚书省"。

③ 刘真伦：《韩愈集宋元传本研究》，中国社会科学出版社，2004年，第57、69、81、83页。

④ 《旧唐书》卷五〇《刑法志》，第2154页；《新唐书》卷一九五《孝友·张琇传》，第5588页。

⑤ 《武英殿聚珍版丛书》本《唐会要》作"具其事申尚书省集议奏闻"，以此为底本的通行本，包括中华书局1955年版、上海古籍出版社1991年版、2006年新1版同。但是，《文渊阁四库全书》本《唐会要》作"具其事由下尚书省集议奏闻"，见台湾商务印书馆景印《文渊阁四库全书》第606册第539页。《文津阁四库全书》本《唐会要》作"具其事白下尚书省集议奏闻"，见北京商务印书馆影印《文津阁四库全书》第606册第329页。

组织集议。前文已经说明,"申尚书省"仅仅是召开集议的一个环节而已。

文宗末年到武宗时期,情况发生了些许变化。文宗开成"三年(838)二月,〔兵部尚书、元皇太子侍读、兼判太常卿事王〕起与太常少卿裴泰章、太常少卿兼权勾当国子司业杨敬之、太常博士崔立等状奏:'准今月十日堂帖,天宝初置七太子庙,异室同堂。国朝故事,足以师法,今欲闻奏以怀懿太子神主祔惠昭及悼怀太子庙,不亏情礼,又甚便宜,送太常寺三卿与礼官同商量议状者。伏以三代已降,庙制不同……今怀懿太子为侄,以侄祔叔,享献得宜。请于惠昭太子庙添置一室,择日升祔。'从之"①。据王起等议状可知,这次讨论,缘起于中书门下的"堂帖"。堂帖,是中书门下(政事堂)发出的,由"宰相签押",又称"中书指挥"②。堂帖是唐后期宰相机构"中书门下"独立指挥公务的文书③。接受"堂帖"而举行集议,这不是第一次,元和七年韩愈《钱重物轻状》称:"右,臣伏准御史台牒:准中书门下帖,奉进止,钱重物轻,为弊颇甚,详求适变,可以便人。所贵缗货

---

① 《册府元龟》卷五九二《掌礼部·奏议二〇》,第 7075 页。《唐会要》卷一九《诸太子庙》,第 447 页略同。

② 《资治通鉴》卷二四五《唐纪六十一》文宗大和八年十二月条胡注云"帖由政事堂出,故谓之堂帖",第 7901 页。沈括撰,胡道静校证:《梦溪笔谈校证》卷一作"唐中书指挥事谓之'堂帖子'",上海人民出版社,2011 年,第 78 页;江少虞撰:《宋朝事实类苑》卷二六《官制仪制·堂劄子》,上海古籍出版社,1981 年,第 325 页略同。

③ 刘后滨:《唐代中书门下体制研究:公文形态、政务运行与制度变迁(增订版)》,中国人民大学出版社,2022 年,第 300 页。雷闻:《唐代帖文的形态与运作》,《中国史研究》2010 年第 3 期。

通行，里闾宽息，宜令百寮随所见作利害状者。"① 二者对比，差别明显，后者言"奉进止"，显示堂帖仅是转发皇帝的命令而已，"宜令"云云的用词和语气，也常见于集议诏敕中，与开成三年堂帖"送太常寺三卿与礼官同商量议状者"的语气不同，且开成三年堂帖中无"奉进止"。因此，我们怀疑文宗开成三年的讨论，是由宰相机构下令进行的，集议前不一定获得皇帝的集议诏令。当然，这仅仅是一推测而已。但接下来武宗时期的集议情况，又显示出这种推测可能具有的合理性。

管见所及，会昌年间（841—846）举行了16次集议，在唐代属于集议密度较高的时期。会昌年间较为频繁的集议，在一定程度上，表现出制度性、惯例性的色彩。16次集议中，有7次不同内容的集议的参与者是基本相同的。会昌元年五月，中书门下奏请为升谏议大夫、御史中丞等为从四品展开集议，"望令两省御史台五品以上、尚书省四品以上、太子太保、太常卿参议闻奏"②；同年十二月，尚书都省奏请为改律文而集议，"望委中书、门下五品以上，尚书省四品以上，御史台五品已上，与京兆尹同议奏闻"③；会昌二年十一月，根据中书门下奏请，下敕举行关于御史大夫升为正三品，御史中丞升为正四品下阶的集议，参加者为"两省御史台五品以上、尚书省四品以上、太子太保、太常

---

① 《韩愈文集汇校笺注》卷二七《钱重物轻状》，第2835页。关于此文的系年，请参本书第六章。

② 《李德裕文集校笺》卷一一《请增谏议大夫等品秩状》，第230页；《旧唐书》卷一八上《武宗纪》，第587页。

③ 《唐会要》卷三九《议刑轻重》，第834页。

卿"①；会昌三年四月为是否讨刘稹事，"诏中书门下两省尚书御史台四品已上、武官三品已上，会议刘稹可诛可宥之状以闻"②；会昌六年五月，因武宗祔庙问题而举行昭穆问题的集议，"敕旨：宗庙事重，实资参详。宜令尚书省、两省、御史台四品已上官，大理卿、京兆尹集议以闻"③；同年九月，为是否册立黠戛斯为可汗事，下诏"宜令中书、门下五品以上，御史台、尚书省四品以上，集议闻奏"④；会昌六年十月，太常礼院奏请为宪宗配享功臣事举行集议，"敕旨：宜令尚书省、御史台四品已上，两省五品已上，同详议闻奏"⑤。

以上会昌年间的7次集议，发生在武宗和宣宗即位之初，内容包括议政4次、议刑1次、议礼2次。值得注意的是，类型不同、内容有异的7次集议中，参与集议的主体官员大致相同，均包括中书、门下两省五品以上官，尚书省四品以上官和御史台四或五品以上官，这意味着在此期间，参与不同类型的集议的主体官员基本稳定。会昌元年、二年，御史中丞先从正五品升为从四品，接着又升为正四品下阶。两次品级变动，都举行了集议，两

---

① 《唐会要》卷六〇《御史大夫》，第1235页。

② 《旧唐书》卷一八上《武宗纪》，第595页；《李德裕文集校笺》卷一五《论昭义三军请刘稹勾当军务状》，第333页。

③ 《唐会要》卷一二《庙制度》，第345页。《旧唐书》卷二五《礼仪志五》，第961页同。中华书局影印明刻本《册府元龟》卷五九二《掌礼部·奏议二〇》第7083页作"尚书省、御史台四品以上官、大理卿、京兆尹"，缺"两省"，但核《宋本册府元龟》卷五九二《掌礼部·奏议二〇》第1781页，有"两省"，与《旧唐书》《唐会要》同。明本《册府元龟》显系阙漏。

④ 《唐会要》卷一〇〇《结骨国》，第2121页。

⑤ 《唐会要》卷一八《杂录》，第433页。

次集议的奏文中，都有"御史中丞为大夫之贰，缘大夫秩崇，官不常置，中丞为宪台之长"的套话，而且也都是"望令两省御史台五品以上、尚书省四品以上、太子太保、太常卿参议闻奏"。套话加上参与议政的官员一致，这意味着此类集议，具有一定制度性、惯例性的色彩。

在此阶段集议呈现出制度性、惯例性的背景下，文宗末年出现由宰相下令召开集议的情况，是有可能发生的，不过此时并非制度且实例稀少，从后代发展情况看，只能说是萌芽而已。

五、小结

本章探讨了唐代辅助皇帝决策方式之一的集议，与御前会议和宰辅会议多是口头交流相比，在集议过程中，意见往往会以书面形式呈现，即在"下公卿议"之后，会形成个人或多人联署的"议"或"议状"。唐代的集议，以讨论礼制、法制问题为多，唐玄宗以后，讨论政务问题的集议，在所有集议中所占比例明显上升，这意味着玄宗以后，唐代君臣更为积极地利用集议的方式来讨论政务问题。

在唐代集议的整个过程中，皇帝并不直接参加，但也绝非垂拱而治，皇权在议题的产生、集议方式的确定，具体包括该次集议谁来组织、由谁参与、意见上报方式等，以及集议结论的处理等关键环节发生作用。皇帝不是全程参与决策讨论，但也并非只是最后环节的拍板者，皇帝不仅仅拥有批准权和否决权，而且通过在若干关节点的参与，使得其意志深入到决策过程的各个关键环节之中，皇帝对决策的干预能力得以体现。这些在玄宗以后的皇帝行为中体现得更为突出。唐代后期，宰相自行组织的集议出现了萌芽。两种现象并不矛盾，从长远来看，皇帝在决策过程中适当分权以保证官僚机构的自我运行能力，同时加强皇帝对决策的干预能力，二者的结合，正是中国古代皇帝制度发展的方向之一。

第六章

从独见到共识：元和七年议个案研究

唐德宗施行两税法以后，百姓按户等高低交纳户税钱，唐朝政府铸造铜钱供不应求的问题越发突出，"钱重物轻"成为唐后期的经济难题。唐德宗至武宗时期的六七十年，社会上出现了严重的通货紧缩（通货回缩）问题，学者认为其严重程度，在中国古代货币经济史上，唯南齐一次堪与相比[①]。从目前所见材料看，在这六七十年里，宪宗元和年间（806—820）是货币政策出台最为密集的时期。在元和七年二月，还进行了关于货币政策的广泛讨论，"诏曰：钱重物轻，为弊颇甚，详求适变，将以便人，所贵缗货通行，里闾宽息。宜令百寮各随所见，作利害状以闻"[②]。对于此次讨论，除了这一道

[①] 彭信威：《中国货币史》，上海人民出版社，1958年，第214—215页。
[②] 王钦若等编：《册府元龟》卷五〇一《邦计部·钱币三》，中华书局，1960年，第6002页。刘昫等撰：《旧唐书》卷一五《宪宗纪下》，中华书局，1975年，第442页略同。

诏书,没有直接相关的材料,故学界未予重视。本章拟从韩愈、元稹两篇文章的系年入手,论证这两篇文章当属元和七年议之议状,以求丰富对元和七年议的认识,进而探讨元和七年议与唐代货币政策的调整问题,提出此后直至武宗时期的货币政策,都与元和七年议存在着相当密切的关系。

元和七年以后货币政策的基本思路,在宪宗元和三年的诏书中就已有所体现,不过皇帝的一己之见并未在接下来的政策中得以贯彻,朝廷共识的产生,还有赖集议的进行。

一、唐代集议诏敕与议状的格式

我们要讨论的两篇文章,分别是韩愈的《钱重物轻状》和署名元稹的《钱重物轻议》,在唐代的文书分类中,它们属于"议状"或"奏议",有时也径称为"议",是唐代集议参加者意见的书面形式。与唐代其他公文一样,议状的撰写也有一定格式,20世纪90年代,中村裕一先生在《唐代制敕研究》中,以韩愈、权德舆的两篇议状为例,探讨了唐代奏议的公文格式问题。他认为,通过这两篇议状,大体可以确定唐代奏议的公文格式,包括题名、诏敕、结衔议曰以及结尾的"谨议"等[①]。

在这里,拟对诏敕与议状格式的问题略做补充。前文第五章已经指出,唐代举行一次集议,是以颁布召集集议的诏书开始的。故唐代集议的议状,开篇当包括该次诏书的内容。我们就以

[①] 中村裕一:《唐代「議」の文書の考察》,见《布目潮渢博士古稀記念論集:東アジアの法と社会》,汲古書院,1990年。又见中村裕一:《唐代制敕研究》第三章附節三"議の文書的考察"之"議式",汲古書院,1991年,第552—555页。

中村裕一先生所举权德舆《昭陵寝宫奏议》开始讨论。此文产生于唐德宗时期的一次集议，"贞元十四年（798），令有司修葺陵寝。以昭陵旧宫先因火焚毁，故诏百官详议"①。《唐会要》卷二〇《陵议》记载了此次集议的诏书："贞元十四年四月诏曰：昭陵旧寝宫在山上，置来多年，曾经野火烧爇，摧毁略尽，其宫寻移在瑶台寺侧。今属通年，欲议修理，缘供水稍远，百姓劳敝。今欲于见住行宫处修造，以冀久远便安，又为改移旧制，恐在所未周，宜令中书门下百官同商量可否，闻奏。"②

权德舆《昭陵寝宫奏议》开篇云："右，奉进止，寝宫在山上置来多年，曾经野火烧爇，摧毁略尽，其宫寻移在瑶台寺左侧。今属通年，欲议修置。缘旧宫本在山上，原无井泉，每缘供水稍远，百姓非常劳弊。今欲于见住行宫处修造，所冀久远便人，又为改移旧制。恐所见未周，宜令中书门下及百僚同商量可否，闻奏。"与上引诏书相对照，显而易见，权德舆议状开篇所云，就是该次集议诏书的内容。接下来，才是权德舆个人意见的表达，"朝议郎守尚书司勋郎中、知制诰、云骑尉、赐绯鱼袋臣权德舆议曰：臣闻古宗庙之制……谨议。贞元十四年月日"③。

值得注意的是，《文苑英华》卷七七〇所收权德舆《昭陵寝宫议》，并没有"右，奉进止"云云，而直接以"议曰：臣闻古宗庙之制"开始。这意味着，我们今天看到的许多议状，并非完

---

① 马端临著，上海师范大学古籍研究所、华东师范大学古籍研究所点校：《文献通考》卷一二五《王礼考二十》，中华书局，2011年，第3877页。

② 《旧唐书》卷一三六《崔损传》，第3755页所记略同。《册府元龟》卷三〇《帝王部·奉先三》内容略同，但时间记作"三月"，第330页。

③ 权德舆撰，郭广伟校点：《权德舆诗文集》卷二九，上海古籍出版社，2008年，第451—452页。

帙，突出了议状的内容，却忽略了议状格式的完整。为什么这么理解呢？请看《文苑英华》同卷所收右补阙王仲舒《昭陵寝宫议》：

> 右，奉进止，寝宫在山上，置来多年，曾经野火烧爇，摧毁略尽，其宫寻移在瑶台寺左侧。今属连年，欲议修置。缘旧宫本山上，元无井泉，每缘供水稍远，百姓非常劳弊。今欲于见住行宫处修造，所冀久远便人，又为改移旧制，恐所见未周，宜令中书门下及百寮同商量可否闻奏者。守右补阙王仲舒议曰：伏详敕旨……谨议。

王仲舒的议状，一同《权德舆诗文集》所收议状，开篇征引了德宗集议诏书。在《文苑英华》卷七七〇中，王仲舒《昭陵寝宫议》在前，权德舆文在后，题目作"同前"。"同前"是《文苑英华》的编纂体例，在与前文题目相同时，一般不写题目，而径作"同前"。在《文渊阁四库全书》本《文苑英华》卷七七〇卷目上，写作"昭陵寝宫议二首"①，也就是同一次集议的两份议状。我们认为，很有可能正是因为两篇议状的这种关系，所以在王仲舒议状已引集议诏书的情况下，《文苑英华》的编撰者将权德舆议状中的诏书做了省略。

再举一例，据《资治通鉴》，唐宪宗元和六年（811）"秋，九月，富平人梁悦报父仇，杀秦杲，自诣县请罪。敕：'复仇，据《礼经》则义不同天，征法令则杀人者死。礼、法二事，皆王教

---

① 台湾商务印书馆景印《文渊阁四库全书》第 1340 册第 493 页，北京大学图书馆藏明抄本《蓬海珠丛》(《文苑英华》) 卷七七〇卷目同。中华书局影印本《文苑英华》卷七七〇以明刊本为底本，卷目作"昭陵寝宫议一首"，正文实收两首。

之大端，有此异同，固资论辩，宜令都省集议闻奏。'"① 时任尚书省职方员外郎的韩愈参与了集议，议状收入了韩愈文集，题作《复仇状（并序）》，文如下：

> 元和六年九月七日，富平县人梁悦为父报仇杀人，自投于县请罪。敕云：复仇杀人，自有彝典，以其伸冤请罪，视死如归。自诣公门，发于天性。志在徇节，本无求生。宁失不经，特从减死。宜决杖一百，配流循州。由是有此议。右，伏奉今月五日敕："复仇，据礼经则义不同天，征法令则杀人者死。礼、法二事，皆王教之大端。有此异同，必资论辨。宜令都省集议闻奏者。"朝议郎行尚书职方员外郎、上骑都尉韩愈议曰："伏以子复父仇……谨议。"②

与《资治通鉴》对比可知，韩愈议状也引述了集议诏书。韩愈此文，亦收于北宋姚铉编《唐文粹》卷四〇，题作《复仇议》。与文集题名相比，"状"作"议"，且无"并序"二字。《复仇议》开篇为"右，伏奉今月五日敕：复仇，据礼经则义不同天，征法令则杀人者死。礼、法二事，皆王教之端，有此异同，必资论辨。宜令都省集议闻奏者。朝议郎、行尚书职方员外郎、上骑都尉韩愈议曰"。两个文本比较，可知所谓"并序"，就是文集"元和六年九月七日"至"由是有此议"的内容，记载了这次集议的背景，它并不是议状的内容，或为收入文集时所补。韩愈议状当

---

① 司马光编著：《资治通鉴》卷二三八《唐纪五十四》，中华书局，1956年，第7685页。

② 韩愈著，刘真伦、岳珍校注：《韩愈文集汇校笺注》卷二七《复仇状（并序）》，中华书局，2017年，第2827—2829页。

以"右,伏奉今月五日敕"开篇。

通过以上两例,可以更为清楚地了解唐代议状的格式。我们在这里想要强调的是,唐代的集议,是以颁布召集集议的诏书开始的。唐代集议的议状,也包括该次诏书的内容,一篇完整的议状,当由引述该次集议的诏书开始,以表明撰写此议状的理由与正当性。

二、关于韩愈、署名元稹两篇议状的系年问题

明确了唐代议状与集议诏敕的关系,可以帮助我们对唐人的某些相关文章有更为准确的认识。下面分别来看韩愈《钱重物轻状》、署名元稹《钱重物轻议》。

《韩愈文集汇校笺注》卷二七《钱重物轻状》:

> 右,臣伏准御史台牒:准中书门下帖,奉进止,钱重物轻,为弊颇甚,详求适变,可以便人。所贵缯货通行,里闾宽息,宜令百寮随所见作利害状者。臣愚以为钱重物轻,救之之法有四:……谨录奏闻,伏听敕旨。谨奏。

关于这篇文章的写作时间,学界目前有一致的意见,即认为作于穆宗长庆元年(821)九月。理由是这时候朝廷举行过一次关于"物轻钱重"问题的集议。《资治通鉴》卷二四二《唐纪五十八》穆宗长庆元年九月条,"自定两税以来,钱日重,物日轻,民所输三倍其初,诏百官议革其弊。户部尚书杨於陵以为:'钱者所以权百货,贸迁有无,所宜流散,不应蓄聚。今税百姓钱藏之公府。又,开元中天下铸钱七十余炉,岁入百万,今才十余炉,岁入十

五万，又积于商贾之室及流入四夷。又，大历以前淄青、太原、魏博贸易杂用铅铁，岭南杂用金、银、丹砂、象齿，今一用钱。如此，则钱焉得不重，物焉得不轻！今宜使天下输税课者皆用谷、帛，广铸钱而禁滞积及出塞者，则钱日滋矣。'朝廷从之，始令两税皆输布、丝、纩；独盐、酒课用钱"①。马其昶先生《韩昌黎文集校注》认为，韩愈"此状大率与於陵议合"，故系此文于长庆元年②。目前学界影响较大的几种韩愈文集的整理本，先后如《韩愈全集校注》《韩昌黎文集注释》《韩愈文集汇校笺注》均沿袭此说③。年谱类著作，如陈克明先生《韩愈年谱及诗文系年》、柯万成先生《韩愈事迹与诗文编年》，也是将此文系于长庆元年④。

　　韩愈《钱重物轻状》系年的长庆元年说并非始于现代学者，宋代以来便有此说。南宋方崧卿《韩文年表》将此文系于长庆元年⑤。清代方成珪撰《昌黎先生诗文年谱》，是清代韩愈诗文编年考订上的集大成之作，关于这篇文章的系年，方成珪继承了方崧卿的观点⑥。方崧卿以后，长庆元年说一直延续至今，未见怀疑，

---

① 欧阳修、宋祁撰：《新唐书》卷五二《食货志二》，中华书局，1975年，第1360页略同。

② 马其昶校注，马茂元整理：《韩昌黎文集校注》，上海古籍出版社，1986年，第595页。

③ 分见屈守元、常思春主编：《韩愈全集校注》，四川大学出版社，1996年，第2448页；阎琦校注：《韩昌黎文集注释》，三秦出版社，2004年，第371页；《韩愈文集汇校笺注》，第2839页。

④ 陈克明：《韩愈年谱及诗文系年》，巴蜀书社，1999年，第617页；柯万成：《韩愈事迹与诗文编年》，文史哲出版社，2012年，第309页。

⑤ 吕大防等撰，徐敏霞校辑：《韩愈年谱》，中华书局，1991年，第103页。

⑥ 《韩愈年谱》，第171页。对《昌黎先生诗文年谱》性质的判断，见《韩愈年谱》序言第8页。

几成定论。

我们认为，此说有误，韩愈此文当作于宪宗元和七年（812）二月。穆宗长庆元年虽然举行了"物轻钱重"的集议，但是这一阶段，关于钱物问题的讨论不只一次。上文说明，唐代议状开篇需要引述集议诏书的内容，以此作为标准考察《钱重物轻状》，情况就清楚了。穆宗长庆元年集议诏书，相对完整的文字出自《新唐书》卷五二《食货志二》，"自建中定两税，而物轻钱重，民以为患，至是四十年。当时为绢二匹半者为八匹，大率加三倍。豪家大商，积钱以逐轻重，故农人日困，末业日增。帝亦以货轻钱重，民困而用不充，诏百官议革其弊"。这段文字与韩愈《钱重物轻状》"钱重物轻，为弊颇甚"云云差异很大。同时，我们可以找到更为贴切的对应。《册府元龟》卷五〇一《邦计部·钱币第三》记元和七年二月"诏曰：钱重物轻，为弊颇甚，详求适变，将以便人。所贵缯货通行，里闾宽息。宜令百寮各随所见，作利害状以闻"。将其与韩愈《钱重物轻状》所引诏书相比，二者完全吻合。因此，我们认为韩愈《钱重物轻状》当作于宪宗元和七年二月，此时韩愈由尚书省职方员外郎复为国子博士。

宪宗元和七年说，前人并非没有提过。作为最早的韩愈年谱之一，北宋末洪兴祖撰《韩子年谱》便是将此文系于元和七年，"是年二月，有《论钱重物轻状》，盖自建中定两税，而物轻钱重，民以为患也"[①]。但洪兴祖的观点，被南宋方崧卿的《年谱增考》否定了，方崧卿一方面引用《新唐书·食货志》和《资治通

---

① 《韩愈年谱》，第56页。

鉴》,说明讨论"物轻钱重"应在长庆元年,另一方面又说"洪载《钱重物轻状》于今年,且以为二月,不知何所本也"①。洪兴祖所本,应当就是元和七年二月诏。但是,洪兴祖"盖自建中定两税,而物轻钱重,民以为患"的话,却是出自《新唐书·食货志》对于长庆元年那次集议的记载。这自然误导了后来的方崧卿,以致方崧卿否定了洪兴祖之说。这说明什么呢?北宋中期以后,韩学开始成为显学,关注、研究韩愈者渐多,洪兴祖将此文系于元和七年,可能借鉴了他人的观点,洪兴祖本人或许并不真正清楚系年的理由所在。在方崧卿否定了洪兴祖元和七年说之后,南宋朱熹《昌黎先生集考异》卷一〇对《新唐书·韩愈传》的注释中,以《新唐书·食货志》和《资治通鉴》对长庆元年议的记载肯定了方说,认为元和七年初"无此议也",并加断语"洪误矣"②。这样,元和七年说就被判了死刑。

之所以产生这样的错误判断,或与对唐代议状的格式不够了解有关。

同样的问题,还出现在学界对署名元稹作《钱重物轻议》的判断上。元稹著有《元氏长庆集》一百卷、《小集》十卷,到了宋代只存六十卷,且编排已非原貌③。《钱重物轻议》这篇文章,并不见于六十卷《元氏长庆集》,而是见于《文苑英华》卷七六九,题名《钱重物轻议》、作者元稹。其云:

---

① 《韩愈年谱》,第57页。

② 朱熹:《昌黎先生集考异》,见《朱子全书》第19册,上海古籍出版社、安徽教育出版社,2002年,第618页。

③ 参万曼:《唐集叙录》,中华书局,1980年,第235页。

> 右，臣伏见中书门下牒，奉进止，以钱重物轻，为病颇甚，宜令百寮各随所见，作利害状，类会奏闻者。臣备位有司，谬总邦计，权物变弊，职分所当。固合经心，自思上达，岂宜待问，方始启谋？臣伏以作法于人，必求适中，苟非济众，是作不臧。所以夙夜置怀，重难其术。伏奉制旨，旁采庶寮，臣实有司，敢不知愧。既不早思所见，上沃圣聪，今乃备数庶官，肩随奏议，无乃失有司奉职之体，负尸位素飧之责。况道谋孔多，是用不集，盈庭之言，自古所知。至于业广即山，税征谷帛，发公府之朽贯，禁私室之滞藏，使泉流必通，物定恒价。群议所共，指事皆然，但在陛下行之，有司遵守。利害之说，自足可征。若更将广引古今，诞饰词辩，有齐画饼，无益国经，恐重空文，不敢轻议。谨议。

由于《文苑英华》编撰于北宋初期，且此文标明为元稹所作，故后代整理元稹著作集时，多将其补遗收入。明万历中，马元调鱼乐轩刻《元氏长庆集》有补遗六卷，《钱重物轻议》收录于补遗卷二。在今天学界通行的几种元稹文集中，均收此篇，分别见于冀勤点校《元稹集》外集卷二、杨军撰《元稹集编年笺注（散文卷）》"元和十五年"条、周相录校注《元稹集校注》补遗卷二①。其中《元稹集》未将本篇系年，而《元稹集编年笺注》《元稹集校注》以及卞孝萱先生的《元稹年谱》、周相录先生的《元

---

① 分见冀勤点校：《元稹集》，中华书局，1982年，第651页；杨军撰：《元稹集编年笺注（散文卷）》，三秦出版社，2008年，第486页；周相录校注：《元稹集校注》，上海古籍出版社，2011年，第1458页。

稹年谱新编》均将此文系于元和十五年（820）八月①。他们的理由都是《旧唐书·穆宗纪》的记载，元和十五年八月"辛未，兵部尚书杨於陵总百僚钱货轻重之议，取天下两税、榷酒、盐利等，悉以布帛任土所产物充税，并不征见钱，则物渐重，钱渐轻，农人见免贱卖匹段。请中书门下、御史台诸司官长重议施行。从之"②。

元和十五年八月确实基于杨於陵所议，举行过一次集议，集议由宰相机构中书门下提议。关于这次集议最为准确、详尽的记载，见《册府元龟》卷五〇一《邦计部·钱币三》：元和十五年"八月，中书门下奏：伏惟今年闰正月十七日敕，令百寮议钱货轻重者。今据群官杨於陵等，伏请天下两税、榷酒、盐利等，悉以布帛丝绵任土所产物充税，并不征见钱，则物渐重，钱渐轻，农人且免贱卖匹帛者。……又群官所议铸钱，或请收市人间铜器，令州郡铸钱者。……欲令诸道公私铜器各纳所在节度、团练、防御、经略使。……请令门下中书两省、尚书省、御史台并诸官商量重议闻奏。从之"③。这次集议，包括赋税、铸钱两个讨论事项，时任尚书省祠部郎中、知制诰的元稹是有议状的，即《中书省议赋税及铸钱等状》："中书门下奏，据杨於陵等议状，请天下两税榷酒盐利等，悉以布帛丝绵等物充税，一切不征见钱

---

① 卞孝萱：《元稹年谱》，齐鲁书社，1980年，第324页。周相录：《元稹年谱新编》，上海古籍出版社，2004年，第185页。

② 《旧唐书》卷一六《穆宗纪》，第480页。

③ 《旧唐书》卷四八《食货志上》第2093、2104页；王溥撰：《唐会要》卷八四《租税下》，上海古籍出版社，1991年，第1825页、《唐会要》卷八九《泉货》第1936页均有记载，但《旧唐书》和《唐会要》都将赋税、铸钱二事分开，不如《册府元龟》的记载完整准确。

者。右,据中书门下状,称应征两税,起元和十六年已后,并配端匹斤两之物以为税额,不用计钱,令其折纳。仍约元和十五年征纳布帛等估回计者。伏以两税不纳见钱,百姓诚为稳便。或虑土宜不等,恐须更有商量。……右,据中书门下状,欲令诸道公私铜器各纳节度、团练等使,令本处军人镕铸。其铸本请以留州、留使钱年支未用物充,待一年后铸铜器尽勒停。其州府有出铜铅可以广铸处,每年与本充铸者。臣等……以前据中书门下奏,请令中书、门下两省重议可否奏闻者,臣等谨议如前,谨录奏闻,伏候敕旨。"① 元稹所议赋税、铸钱二事,以及所引中书门下状都与《册府元龟》中书门下奏请集议的文字相符合,故《中书省议赋税及铸钱等状》才是元稹元和十五年八月集议的议状。

那么,《钱重物轻议》是不是也作于元和十五年呢？答案是否定的。《钱重物轻议》开篇:"右,臣伏见中书门下牒,奉进止,以钱重物轻,为病颇甚,宜令百寮各随所见,作利害状,类会奏闻者。"宪宗元和七年二月,"诏曰:钱重物轻,为弊颇甚,详求适变,将以便人,所贵缯货通行,里闾宽息。宜令百寮各随所见,作利害状以闻"②。显然,元稹所引,与元和十五年讨论没有对应关系,而是对元和七年二月诏的缩写。缩写或为元稹所为,也可能是中书门下牒转发诏书时的简化。总之,《钱重物轻议》当系于元和七年,而不是元和十五年。

《钱重物轻议》的作者,也是一个问题。议状中"臣备位有司,谬总邦计,权物变弊,职分所当"云云,显示作者当是管理

---

① 《元稹集校注》卷三六《中书省议赋税及铸钱等状》,第971—972页。
② 《册府元龟》卷五〇一《邦计部·钱币三》,第6002页。

国家财政的重要官员,这与元稹身份不符。此前学者对此已有觉察,杨军先生认为:"详其语气,乃负责赋税之臣僚。故疑此《议》乃代人作。时在元和十五年八月。元稹时任祠部郎中知制诰。"① 由于认为此议状作于元和十五年,所以虽有疑问,但杨军先生还是认为此文为任职中央的元稹"代人作"。周相录先生更进一步,认为此文"元和十五年作于长安。从文章语气看,作者当是'谬总邦计'之大臣","文必作于是时,元稹从未'谬总邦计',如非代作,定为伪文"②。吴伟斌先生也在认为此文作于元和十五年的前提下,提出文字内容与元稹祠部郎中知制诰的身份不符,此文不是元稹所作,作者可能是杨於陵的同僚③。其实,若将此议状系于元和七年,问题就清楚了。元和七年,元稹任江陵府士曹参军,这与"备位有司,谬总邦计"相差甚远,这几年中,也未见其替中央官代笔的记录,且元稹远在江陵(今属湖北荆州市),替中央官代笔的可能性比较小。因此,我们认为,此篇当非元稹自己的议状,也不太可能是元稹为其他中央官员代笔,《文苑英华》卷七六九所记作者有误。《钱重物轻议》并非元稹所作,这或许才是《元氏长庆集》未收此篇议状的根本原因。

三、元和七年之前的唐代货币政策

上文探讨了唐代议状的格式,强调了议状文字与集议诏书之间的对应关系,并通过议状的格式,确定了韩愈的《钱重物轻

---

① 《元稹集编年笺注(散文卷)》,第487页。
② 分见《元稹集校注》补遗卷二,第1458页;《元稹年谱新编》,第185页。
③ 吴伟斌:《元稹诗文辨伪录集》,《南京广播电视大学学报》2015年第1期。

状》和主管财政官员的《钱重物轻议》均作于宪宗元和七年（812），是元和七年群臣讨论"钱重物轻"问题的书面意见。这丰富了我们对元和七年议的认识，有助于增进对这次集议及唐代货币政策调整的理解。

为了更好地理解元和七年议，有必要对此前的唐代货币问题及中央政府对策做一简单梳理。唐建国后不久，武德四年（621）七月，废隋五铢钱，铸造推行"开元通宝"（又称"开通元宝"）钱，开元通宝成为有唐一代最主要的法定货币。安史之乱以前，唐代的货币问题主要是盗铸以及由之产生的恶钱问题。唐初"盗铸渐起"，到了武周时期，"盗铸蜂起，滥恶益众"，"神龙、先天之际，两京用钱尤甚滥恶"①。对此，政府的主要政策就是打击私铸、禁断恶钱，但是效果不佳。开元二十二年（734），宰相张九龄欲反其道而行之，"奏请不禁铸钱"，百官集议，否决了张九龄的主张，仍然"敕郡县严断恶钱"②。安史之乱爆发以后，中央政府财政愈发紧张，在第五琦的建议下，肃宗乾元元年（758）"铸'乾元重宝'钱。每贯十斤，一文当开元通宝钱一十文。又铸重棱钱，每贯重二十斤，一文当开通五十文"③。开元通宝钱每贯重六斤四两，而每贯十斤的乾元重宝以一当十、每贯二十斤的重棱钱更是一当五十。新钱的铸造，人为推动了货币贬值，使得"物价腾踊，米斗钱至七千，饿死者满道"，同时还更加刺激了盗铸行为，竟然出现了"京师人人私铸"的情况④。混乱局面持续了

---

① 《通典》卷九《食货九·钱币下》，中华书局，1988 年，第 199、200 页。
② 《旧唐书》卷四八《食货志上》，第 2097—2099 页。
③ 《通典》卷九《食货九·钱币下》，第 203 页。
④ 《新唐书》卷五四《食货志四》，第 1387 页。

五年，代宗即位后，规定"大小钱并以一当一"，实际上废除了乾元新钱，肃宗币制改革失败。代宗的政策是限制铸造铜器、禁止买卖铜器，控制铸币资源，并在绛州增五炉铸钱，增加货币供给①。

德宗初期，战乱不止、自然灾害频发，为增加中央财政收入，进一步增加了工商杂税的数额和比重。建中元年（780）推行两税法以后，百姓需要按户等高低交纳户税钱，流通领域中铜钱不足的现象更为突出②，由此产生严重的"钱重物轻"问题。面对这些问题，中央一方面延续以往政策，建中初年禁恶钱、贞元末年强调钱帛并行③，也就是在铜钱不足的情况下，希望发挥绢帛的传统货币功能。另一方面，德宗政府也在摸索新的货币政策，只不过这些措施的不稳定性十分明显。贞元年间，铜器价格昂贵，故有"兴贩之徒，潜将销铸，钱一千为铜六斤，造写器物，则斤直六百余。有利既厚，销铸遂多"④。"销铸者多，而钱

---

① 分见《册府元龟》卷五〇一《邦计部·钱币三》，第6000页；《旧唐书》卷四八《食货志上》，第2101页。玄宗开元末年，绛州有三十座铸钱炉，是全国钱炉数量最多的地区。见《唐六典》卷二二《少府监》诸铸钱监条注，第579页。故增加五炉的量是有限的。

② 唐后期铜钱不足现象产生的原因是多方面的，参赵和平：《中晚唐钱重物轻问题和估法》，《北京师院学报（社会科学版）》，1984年第4期。

③ 分见《唐会要》卷八九《泉货》，第1931页；《新唐书》卷五四《食货志四》，第1388页。

④ 《旧唐书》卷四八《食货志上》，第2101页。其中"斤直六百余"，《新唐书》卷五四《食货志四》、《文献通考》卷八《钱币考一》同。而上海古籍出版社点校本和商务印书馆"国学基本丛书"本《唐会要》卷八九《泉货》、中华书局影印明本《册府元龟》卷五〇一《邦计部·钱币三》俱作"斤直六千余"。《文渊阁四库全书》本《唐会要》和《册府元龟》均同《旧唐书》作"斤值六百余"，分见台湾商务印书馆景印《文渊阁四库全书》第607册第330页、第910册第703页。又《旧唐书》卷一七六《杨嗣复传》记文宗时宰相李珏论及此类事，言"销钱一缗，可为数器，售利三四倍"。"斤直六百余"，六斤则超过三千六百钱，符合"利三四倍"的记载。故今取"斤直六百余"。

益耗",销钱为器,势必加剧铜钱的不足,故贞元九年(793)正月,下诏重申代宗大历七年(772)令,除铸镜外,禁止铸造、买卖铜器。同时还规定"应有铜山,任百姓开采,一依时价,官为收市"①。但一年以后,便改变政策,贞元"十年六月敕:今后天下铸造买卖铜器,并不须禁止。其器物约每斤价值,不得过一百六十文,委所在长吏及巡院同勾当访察。如有销钱为铜,以盗铸钱罪论"②。禁令不到两年,便放开了铜器的铸造、买卖,改为限价政策,希望以此降低销钱铸器的暴利。贞元十四年九月,李若初就任诸道盐铁转运使,十二月"李若初奏请:'诸道州府,多以近日泉货数少,缯帛价轻,禁止见钱,不令出界。致使课利有缺,商贾不通。请指挥见钱,任其往来,勿使禁止。'从之"③。"泉货数少,缯帛价轻",是钱重物轻问题的典型表现,为了维系本地区的货币数量,德宗时出现了地方禁止行人携钱出境的情况,甚至有"贞元初,骆谷、散关禁行人以一钱出者"的极端禁令④。"禁止见钱,不令出界"造成了"课利有缺,商贾不通"的局面,故李若初有是请,并得到皇帝的首肯。这促进了地区间的商业往来,"京师商贾赍钱四方贸易者,不可胜计",但或许也是为了减少京师地区钱币外流⑤,在李若初贞元十五年(799)去

---

① 《册府元龟》卷五〇一《邦计部·钱币三》,第6000页。《旧唐书》卷一三《德宗纪下》作"甲辰,禁卖剑铜器。天下有铜山,任人采取,其铜官买,除铸镜外,不得铸造",第376页。

② 《唐会要》卷八九《泉货》,第1932页。

③ 《唐会要》卷八九《泉货》,第1932页。

④ 《新唐书》卷五四《食货志四》,第1388页。

⑤ 这里可以提供一个德宗时期保证京师地区钱币供应的旁证。贞元初,尚书右丞元琇判度支,"琇以京师钱重货轻,切疾之,乃于江东监院收获见钱四十余万贯,令转送入关",见《旧唐书》卷一二九《韩滉传》,第3601—3602页。

世后不久，"诏复禁之"①。除了政策反复、朝令夕改，建中四年（783），判度支侍郎赵赞还准备仿效肃宗乾元重宝的币制改革，提议"采连州白铜铸大钱，以一当十"，德宗已"诏从其说"，好在赵赞仔细考虑之后，"自以为非便，皆寝不复请"，没有执行②。货币政策的踌躇、反复，都反映德宗时期，最高决策层对"钱重物轻"货币问题缺乏通盘认识，对如何解决问题也没有共识。

宪宗时期，财力有所充实，但一系列削平藩镇的战争对国家财力需求很大，同时"钱重物轻"的问题依旧。据目前所见资料，宪宗时期是唐代货币政策调整最为密集的时期，15年间先后出台19项政策，这些措施大体可以元和七年议为界限，分成两个阶段。元和元年（806）至元和七年间，主要是对旧有措施的沿用和强调。元和元年二月"甲辰，以钱少，禁用铜器"③。次年二月，重申江淮地区的铅铜，须在诸道观察等使与知院官共同管理监督下由州府收买；四月，再次强调禁铅锡恶钱④。元和三年、

---

① 《新唐书》卷五四《食货志四》，第1388页。

② 《册府元龟》卷五〇一《邦计部·钱币三》，第6000页。谭英华《两唐书食货志校读记》提出，"近世学者在格里木盆地发现建中通宝（黄文弼：《塔里木盆地考古记》第一〇七页），则白铜大钱且已流入边裔矣"，四川大学出版社，1988年，第218页。据黄文弼《塔里木盆地考古记》（科学出版社，1958年）第107页相关记录，"建中通宝"的直径和质量均小于"开元通宝"，且《册府元龟》卷五〇一明确记载白铜大钱并未推行，故此"建中通宝"为赵赞提议、官铸"白铜大钱"的可能性似乎不大。王永生指出，目前考古发现的大历元宝和建中通宝，绝大部分都出自新疆库车及其附近地区，是唐安西都护府在库车铸造、发行的钱币，流通亦仅限于库车及其附近地区。见王永生：《大历元宝、建中通宝铸地考——兼论上元元年以后唐对西域的坚守》，《中国钱币》1996年第3期。王永生文承朱玉麒教授见示，特此致谢。

③ 《旧唐书》卷一四《宪宗纪上》，第415页。

④ 分见宋敏求编：《唐大诏令集》卷一一二《条贯江淮铜铅敕》，中华书局，2008年，第584页；《旧唐书》卷一四《宪宗纪上》，第421页。

六年，分别"于郴州旧桂阳监置炉两所，采铜铸钱""于蔚州置五炉铸钱"①。元和三年增炉铸钱之前，全国每年的铸钱量为12万8千贯，新增7炉每年铸钱约2万5千贯，达到了15万3千贯，增加了近20%②。即便增加了不少，但比起玄宗天宝年间"一岁计铸钱三十二万七千余贯文"的数字来③，尚不及一半。铜钱仍旧不足，故元和六年二月，沿用德宗政策，再次下令钱帛并行，规定"公私交易，十贯钱已上，即须兼用匹段"④。以上政策，无论加铸铜钱、禁止恶钱，还是钱帛兼行，均为前代旧制。

元和七年以前的新政策有二，一是针对传统使用银作为货币的岭南地区，元和三年六月规定"其天下自五岭以北，见采银坑，并宜禁断""五岭以北，采银一两者流他州，官吏论罪"，不过一年以后，此制即废⑤，政策影响有限。另一项，也是更有意义的，是元和三年（808）六月敕：

---

① 分见《旧唐书》卷四八《食货志上》，第2101页；《旧唐书》卷一四《宪宗纪上》，第434页。元和十五年死于蔚州官舍的薛纬，其墓志首题结衔为"蔚州刺史充横野军使兼知当州铸钱事"，见赵文成、赵君平编：《秦晋豫新出墓志蒐佚续编》783号，国家图书馆出版社，2015年，第1080页。

② 《旧唐书》卷四八《食货志上》，郴州旧桂阳监置炉两所"每日约二十贯，计一年铸成七千贯"，第2101页；《新唐书》卷五四《食货志四》第1389页作"以两炉日铸钱二十万。天下岁铸钱十三万五千缗"，则增炉之前天下岁铸钱为12万8千贯。同书同页又记蔚州"以五炉铸，每炉月铸钱三十万"，三十万钱合300贯，则每炉年铸钱3600贯，五炉年铸钱1万8千贯。

③ 《通典》卷九《食货九·钱币下》，第204页。

④ 李昉等编：《文苑英华》卷四三五《赈恤百姓德音》，中华书局，1966年，第2205页。

⑤ 《旧唐书》卷四八《食货志上》，第2102页；《新唐书》卷五四《食货志四》，第1389页。

>泉货之法，义在通流。若钱有所壅，货当益贱。故藏钱者得乘人之急，居货者必损己之资。趋利之徒，岂知国计，斯弊未革，人将不堪。今欲著钱令以出滞藏，加鼓铸以资流布，使商旅知禁，农桑获安，义切救人，情非欲利。然革之无渐，物或相惊。已日之孚，在乎消息。天下商贾先蓄钱者，宜委所在长吏，分明晓谕，令其收市货物，官中不得辄立程限逼迫商人，任其贸易，以求便利。计周岁之后，此法遍行，朕当别立新规，设蓄钱之禁。所以先有告示，许其方圆，意在他时，行法不贷。①

元和三年诏书的意义，在于提出了一种理解、解决钱重物轻问题的新思路，即在现有铜钱总量难以增加的情况下，着眼于流通领域，认为如果现有铜钱不能进入市场流通，便会加剧钱重物轻。即"泉货之法，义在通流，若钱有所壅，货当益贱"。这样，新的解决办法是"著钱令以出滞藏，加鼓铸以资流布"，"天下商贾先蓄钱者，宜委所在长吏，分明晓谕，令其收市货物"，并"设蓄钱之禁"，以行政手段迫使商人手中积蓄的货币流入市场。宪宗的思想来源何处，目前难以确知。我们拟提出一种可能性，这或许与白居易有关。理由如下：第一，白居易持有类似的思想。在德宗贞元十六年应进士科礼部试策中，白居易提出，"布帛之贱者，由锥刀之壅也。苟粟麦足用，泉货通流，则布帛之价轻重平矣"②。永贞元年（805）冬至元和元年春，白居易在准备参

---

① 《唐大诏令集》卷一一二《条贯钱货及禁采银敕》，第584页。时间据《旧唐书》卷一四《宪宗纪上》，第425页。

② 白居易著，朱金城笺校：《白居易集笺校》卷四七《礼部试策五道·第五道》，上海古籍出版社，1988年，第2862页。

加制举的备考文章中，再次表达了类似主张，"方今天下之钱日以减耗，或积于国府，或滞于私家"①。可见，白居易对货币问题的某些思考，正是从货币流通角度着眼的②。第二，从时间上看，白居易在元和二年（807）十一月入翰林为学士，元和三年四月拜左拾遗、依前为翰林学士③。元和初年，是唐代翰林学士在政治中作用比较突出的时期，白居易作为皇帝决策的核心参谋顾问人员，其思想很有可能影响到宪宗。当然，也有一种可能，是宪宗认为白居易的思想与自己有一致之处，而将其引入决策圈④。

不过，从诏书"欲著钱令"云云的表述看，在元和三年，上述思想还仅仅是一种理论和设想。而且，这样的思想在当时的决策层中，也并非共识。元和前期决策层的核心人员之一，翰林学士李绛在元和四或五年，有《论内库钱帛》一文，其中有"钱是通流之货，居之则物以腾踊"的论述⑤。"腾踊"即"腾踊"，指

---

① 《白居易集笺校》卷六三《策林二·息游堕》，第 3469 页。关于白居易的备考制举时间，参付兴林：《白居易散文研究》，中国社会科学出版社，2007 年，第 129、130 页。

② 白居易对货币问题有较多思考，全面研究请参侯厚吉、万安培：《白居易的货币思想述论》，《中南财经大学学报》1990 年第 2 期。

③ 丁居晦：《重修承旨学士壁记》，见洪遵辑：《翰苑群书》（《丛书集成初编》本），中华书局，1991 年，第 25 页。《旧唐书》卷一六六《白居易传》，第 4341 页。

④ "盩厔尉、集贤校理白居易作乐府及诗百余篇，规讽时事，流闻禁中。上见而悦之，召入翰林为学士"，见《资治通鉴》卷二三七《唐纪五十三》元和二年十一月条，第 7646 页。

⑤ 李绛撰，冶艳杰校注：《〈李相国论事集〉校注》卷四，华中科技大学出版社，2015 年，第 108 页。董诰等编：《全唐文》卷六四五拟名为《请散内库拯黎庶疏》，上海古籍出版社，1990 年，第 2895 页。《资治通鉴》卷二三八《唐纪五十四》将此事系于元和五年末，作"绛尝从容谏上聚财"，第 7682 页。既云"尝"，当不一定是在元和五年，或在此前。又《李相国论事集》卷四此篇前后文均作于元和四年，故暂定该文作于元和四或五年。

物价上升，这显然与元和三年诏"若钱有所壅，货当益贱"的看法相左。也就是贮藏货币对物价波动造成的影响，当时决策层存在截然相反的看法。再有，从元和四年"陌内欠钱，法当禁断"、元和六年"茶商等公私便换见钱，并须禁断"的实际措施看①，也是与元和三年诏促进商业、鼓励钱币进入流通领域的思想不一致的。因为所谓"陌内欠钱"，是指铜钱在实际支付时每贯可以减少若干文，仍充一贯价值使用，它是为了弥补通货的不足，民间交易中出现的货币流通形式②。"便换"，亦称"飞钱"③，"商贾至京师，委钱诸道进奏院及诸军、诸使富家，以轻装趋四方，合券乃取之，号'飞钱'"④。便换、飞钱是类似汇票的汇兑方式，也是在货币不足以及政府禁止钱币出境的情况下，民间为了方便跨地区贸易而发明的⑤。对以上两种交易方式的禁止，是不利于民间商业交流的。"自京师禁飞钱，家有滞藏，物价寖轻"⑥，禁止便换、飞钱，加剧了商人贮藏货币的情况，导致了物品价格的进一步下跌，这也与前引元和三年诏力图促使钱币进入流通领域的设想背道而驰。

《唐大诏令集》所载元和三年六月诏有"朕志久定，固无二

---

① 分见《唐会要》卷八九《泉货》，第1933—1934页；《旧唐书》卷四八《食货志上》，第2102页。
② 参陈明光：《唐代"除陌"释论》，《中国史研究》1984年第4期。
③ 《旧唐书》卷四九《食货志下》，第2121页。
④ 《新唐书》卷五四《食货志四》，第1388—1389页。
⑤ 参宁可主编：《中国经济通史》（隋唐五代经济卷），经济日报出版社，2000年，第495—496页。
⑥ 《新唐书》卷五四《食货志四》，第1389页。

言"八字①，这无疑是宪宗在强调自己的决心和意志。而从上述此后几年的实际政策看，这八个字也显示出在元和三年，新的思路还仅仅是宪宗或其与少数决策者的设想，既非共识、也难落实。

四、元和七年议与此后唐代货币政策的调整

元和七年（812）二月集议，正是在前文所述背景下，为了解决钱重物轻问题而组织的大规模讨论，"宜令百寮各随所见，作利害状以闻"。在第二节中，我们确定了《钱重物轻状》《钱重物轻议》两篇文章是这次讨论的文字。下面就以这两篇文章为核心，分析元和七年议与此后唐代货币政策的调整问题。

韩愈在《钱重物轻状》中，提出了四点解决钱重物轻问题的措施："臣愚以为钱重物轻，救之之法有四：一曰在物土贡。……今使出布之乡，租赋悉以布；出绵丝百货之乡，租赋悉以绵丝百货。……二曰在塞其隙，无使之泄。禁人无得以铜为器皿，禁铸铜为浮屠、佛像、钟、磬者。蓄铜过若干斤者，铸钱以为他物者，皆罪死不赦。……三曰更其文贵之，使一当五，而新旧兼用之。……四曰扶其病，使法必立。"四条中，有实质意义的是前三条，而这三条并没有太多新意。"物土贡"是针对两税法征收多以钱的问题，提出以土产代铜钱，以期减少货币的需求量。这样的思想，德宗贞元八年（792）宰相陆贽曾经提出，即"请两

---

① 此八字不见于《旧唐书》卷一四《宪宗纪上》、《旧唐书》卷四八《食货志上》、《唐会要》卷八九《泉货》、《册府元龟》卷五〇一《邦计部·钱币三》对此诏的记载。相对而言，《唐大诏令集》此诏记载最为完整，较《旧唐书·食货志》等多八十余字。见《唐大诏令集》卷一一二《条贯钱货及禁采银敕》，第584页。

税以布帛为额不计钱数"①。第二条限制铜器的使用和铸造，如前所述，是代宗、德宗、宪宗时多次使用的旧法。至于第三条铸大钱，"以一当五"，是欲覆高宗"乾封泉宝"、肃宗"乾元重宝"之辙。在第二条中，韩愈对社会佛教信仰消费、占用大量铜资源的关注，并提出"禁铸铜为浮屠、佛像、钟、磬"的建议，是有一定新意的。

更具新意且与宪宗元和七年后之货币政策关系更为密切的，是当时主管财政官员所作的《钱重物轻议》。其核心内容为"业广即山，税征谷帛，发公府之朽贯，禁私室之滞藏，使泉流必通，物定恒价"。"业广即山"的含义不是十分清晰，我们知道，唐代铜铁等矿产资源，被称为"山泽之利"②，《史记·平准书》记吴王刘濞"即山铸钱"，《索隐》："即训就，就山铸钱。"《汉书·食货志》颜师古注："即，就也。"③ 本次集议的议题是"钱重物轻"，故从解决钱荒问题着眼，"业广即山"或指开发铜矿以铸钱。"税征谷帛"的思路与陆贽"两税以布帛为额"、韩愈的"物土贡"大致相同。"发公府之朽贯，禁私室之滞藏，使泉流必通，物定恒价"，是对元和三年诏"泉货之法，义在通流，若钱有所壅，货当益贱"理论的具体化，提出了"发公府之朽贯，禁私室之滞藏"的政策。值得注意的是，《钱重物轻议》认为以上看法是"群议所共，指事皆然"，意味着从元和三年到元和七年

---

① 陆贽撰，王素点校：《陆贽集》卷二二《均节赋税恤百姓六条》之二，中华书局，2006年，第735—751页。

② 《旧唐书》卷一二九《韩洄传》，第3606页。

③ 《史记》卷三〇《平准书》，中华书局，2013年修订版，第1705页；《汉书》卷二四下《食货志下》，中华书局，1962年，第1157页。

之间，随着"钱重物轻"问题的发展，特别是通过本次集议的讨论，业已产生了某些共识。故《钱重物轻议》强调，"但在陛下行之，有司遵守"。我们将看到，宪宗在元和七年（812）二月以后的货币政策，正是从货币流通着手，是对"发公府之朽贯，禁私室之滞藏"观点的实践。

元和七年五月，"兵部尚书判户部事王绍、户部侍郎判度支卢坦、盐铁使王播等奏：'伏以京都时用，多重见钱，官中支计，近日殊少。盖缘比来不许商人便换，因兹家有滞藏，所以物价转轻，钱多不出。臣等今商量，伏请许令商人于户部、度支、盐铁三司，任便换见钱，一切依旧禁约。伏以比来诸司诸使等，或有便商人钱，多留城中，逐时收贮，积藏私室，无复流通。伏请自今以后，严加禁约。'从之"①。开放"便换"，是对元和六年禁止便换令的否定，目的是解决"家有滞藏""钱多不出"的问题，同时，禁止影响货币流通的"积藏私室"现象。这些，显然是对"禁私室之滞藏"的实践。同年七月，"度支、户部、盐铁等使奏：'先令差所由招召商人，每贯加饶官中一百文换钱，今并无人情愿，伏请依元和五年例，敌贯与商人对换。'从之"②。"每贯加饶官中一百文换钱"，《新唐书·食货志四》记为"每千钱增给百钱"，也就是商人进行汇兑业务时，政府收了10%的手续费，使得"今并无人情愿"。元和七年政府为了鼓励汇兑，取消了手续费，以1比1的比例，"敌贯与商人对换"。这也是鼓励货币流通、减少"私室之滞藏"的实际措施。

---

① 《唐会要》卷八九《泉货》，第1934页。又《旧唐书》卷四八《食货志上》作"因兹家有滞藏，所以物价转高"，"高"当为"轻"之讹，参第2111页校勘记〔一三〕。

② 《册府元龟》卷五〇一《邦计部·钱币三》，第6002页。

以上措施并没有取得立竿见影的效果,"钱重帛轻如故"①,新政策接踵而至。元和八年(813)四月"丙戌,以钱重货轻,出〔内〕库钱五十万贯,令两常平仓收市布帛,每段匹于旧估加十之一"②。政府出钱,以略高于市场的价格收买布帛,使货币进入市场流通,并希望以此提振物价。约四年后,类似手段再次实施。元和十二年正月敕:"今缯帛转贱,公私俱弊。宜出见钱五十万贯,令京兆府拣择要便处开场,依市价交易,选清强官吏,切加勾当。"③ 元和八年、十二年的这两项政策,正是"发公府之朽贯",目的则是"使泉流必通,物定恒价"。

元和十二年,还有一项政策,是"禁私室之滞藏"的具体措施。《旧唐书》卷四八《食货志上》:"敕:近日布帛转轻,见钱渐少,皆缘所在壅塞,不得通流。宜令京城内自文武官僚,不问品秩高下,并公郡县主、中使等,下至士庶、商旅、寺观、坊市,所有私贮见钱,并不得过五千贯。如有过此,许从敕出后,限一月内任将市别物收贮。如钱数较多,处置未了,任于限内于地界州县陈状,更请限。纵有此色,亦不得过两个月。若一家内别有宅舍店铺等,所贮钱并须计用在此数。其兄弟本来异居曾经分析者,不在此限。如限满后有违犯者,白身人等,宜付所司,决痛杖一顿处死。其文武官及公主等,并委有司闻奏,当重科贬。戚属中使,亦具名衔闻奏。其剩贮钱,不限多少,并勒纳

---

① 《新唐书》卷五四《食货志四》,第1389页。
② 《旧唐书》卷一五《宪宗纪下》,第445页。"内"字原无,据《旧唐书》卷四八《食货志上》、《唐会要》卷八九《泉货》补。
③ 《旧唐书》卷四八《食货志上》,第2103页。《册府元龟》卷五〇一《邦计部·钱币三》作"四月诏",第6002页。

官。数内五分取一分充赏钱,止于五千贯。此外察获,及有人论告,亦重科处分,并量给告者。"敕书规定,私家储存现钱的最高额度为"五千贯",过此额度者,限定时间"任将市别物收贮"。以货币购买商品存储的规定,可以让货币尽快进入流通领域。同时,还设置了相应的违规处罚办法。政府希望借此"禁私室之滞藏"、迫使货币流入市场,缓解"布帛转轻,见钱渐少"的问题。从条文来看,规定是比较细致的,但执行起来却并不尽如人意。"时京师里闾区肆所积,多方镇钱,王锷、韩弘、李惟简,少者不下五十万贯。于是竞买第屋以变其钱,多者竟里巷佣僦以归其直。而高赀大贾者,多依倚左右〔神策〕军官钱为名,府县不得穷验。"首先,数额巨大的"方镇钱"并没有像政策制定者希望的那样流向普通商品,而是流向了房产,"竞买第屋",甚至租下整个里坊或街巷。其次,那些资产雄厚的富商大贾,以左右神策军官钱的名义,逃避地方检查追究。结果,"法竟不行"[①]。

以上可见,元和七年议之后的宪宗货币政策,整体说来都是从货币流通入手,以"泉流必通,物定恒价"为目的,围绕"发公府之朽贯,禁私室之滞藏"这两方面而制定的。

宪宗以后,穆宗至文宗期间的货币政策,无论从理论认识还是从实际措施看,概况地说,还是对元和七年议"业广即山,税征谷帛,发公府之朽贯,禁私室之滞藏"的实践。

第一,从对"钱重物轻"问题的认识角度看。元和十五年闰正月,穆宗即位伊始,就组织了一次有关货币政策的讨论,"诏

[①] 《旧唐书》卷四八《食货志上》,第2103—2104页。"神策"二字原无,据《新唐书》卷五四《食货志四》补。

曰：当今百姓之困，众情所知，欲减税则国用不充，依旧则人困转甚，货轻钱重，征税暗加。宜令百寮各陈意见，以革其弊"①。在这次讨论中，户部尚书杨於陵的意见具有代表性，其核心内容为："今宜使天下两税、榷酒、盐利、上供及留州、送使钱，悉输以布帛谷粟，则人宽于所求，然后出内府之积，收市廛之滞，广山铸之数，限边裔之出，禁私家之积，则货日重而钱日轻矣。"②与元和七年议相比，"天下两税、榷酒、盐利、上供及留州、送使钱，悉输以布帛谷粟"相当于"税征谷帛"；"出内府之积，收市廛之滞"相当于"发公府之朽贯"；"广山铸之数"或相当于"业广即山"；"禁私家之积"相当于"禁私室之滞藏"。可见，除了旨在减少铜钱外流的"限边裔之出"外，杨於陵的意见与元和七年议提出的政策基本相同。

第二，从实际措施来看。首先，早在德宗时陆贽便已提出的改革两税征收内容，以实物代替货币的建议，经过元和七年、元和十五年议，已成共识。在穆宗长庆元年（821）的南郊改元赦中将其付诸实施，"天下州县应征科两税、榷酒钱内，旧额须纳见钱数者，并任百姓随所有匹段及斛斗，依当处时价送纳，不得邀索见钱。度支、盐铁、户部应纳茶税及诸色见钱，兼籴盐价中旧额须得见钱数者，亦与纳时估匹段及斛斗。其轻货即充上供杂物当处支用。如情愿纳见钱者，亦任稳便，永为常式"③。从"永为常式"的表述看，这是一项制度性规定而不是临时性政策。紧接着，同年九月，从"泉货之义，所贵通流"着眼，规定"如闻比

---

① 《册府元龟》卷五〇一《邦计部·钱币三》，第6003页。
② 《新唐书》卷五二《食货志二》，第1360—1361页。
③ 《文苑英华》卷四二六《长庆元年正月三日南郊改元赦文》，第2160页。

来用钱,所在除陌不一。与其禁人之必犯,未若从俗之所宜,交易往来,务令可守。其内外公私给用钱,从今以后,宜每贯一例除垫八十,以九百二十文成贯,不得更有加除及陌内欠少"①。前文述及,元和四年曾经禁止"陌内欠钱",不承认这种为了弥补通货不足,民间交易中出现的货币流通形式。禁令是不利于商业交换和货币进入市场的。长庆元年"从俗之所宜",承认了此类除陌的合法性,同时加以规范,"从今以后,宜每贯一例除垫八十,以九百二十文成贯"。希望以此促进、规范商业贸易和货币流通。

宪宗元和十二年(817),曾下令私家储存现钱的最高额度为五千贯,超过额度的部分,限时购物储存。文宗大和四年(830),同样旨在"禁私室之滞藏"的规定又一次出台,规定私家贮藏货币的额度是七千贯②,十一月敕:"应私贮见钱家,除合贮数外,一万贯至十万贯,限一周年内处置毕;十万贯至二十万贯以下者,限二周年处置毕。如有不守期限,安然蓄积,过本限,即任人纠告,及所由觉察。其所犯家钱,并准元和十二年敕纳官,据数五分取一分充赏。纠告人赏钱,数止于五千贯。应犯钱法人色目决断科贬,并准元和十二年敕处分。其所由觉察,亦量赏一半。"③ 相对于元和十二年制两个月的处理时限,这次宽限为两年,且对二十万贯以上的巨额财富,没有明确处理方式,这可能是吸取了元和十二年令无法贯彻的教训而加以调整的结果。政策思路一同元和十二年,结果也和前者一样,"事竟不行"。政府迫

---

① 《旧唐书》卷四八《食货志上》,第 2105 页。
② 《新唐书》卷五四《食货志四》记大和四年"诏积钱以七千缗为率",第 1390 页。
③ 《旧唐书》卷四八《食货志上》,第 2105—2106 页。

使货币流入市场的行政措施达不到目的,货币依然短缺,便规定"凡交易百缗以上者,匹帛米粟居半。河南府、扬州、江陵府以都会之剧,约束如京师",但执行得也不是很好,被迫放弃,"未几皆罢"①。

"业广即山""广山铸之数"是元和七年、十五年议中都强调的,即垄断铜矿、增加铸钱。前文述及,元和六年铸钱十五万三千贯;到了宪宗末穆宗初,年铸钱额为十五万贯;文宗大和八年"天下岁铸钱不及十万缗"②。为什么铸钱额不升反降呢?李锦绣先生曾经对唐后期铸钱的成本进行了估计,认为唐后期政府铸钱无利可图,铸钱与其说是财政收入,不如说是财政支出③。

在铸钱成本过高、限制私人贮币难以贯彻的背景下,到了文宗后期,政府保证货币流通数量的努力,除了曾在蔚州置飞狐铸钱院外,更主要的是在禁铜方面。禁铜令此前曾多次颁布,但实施不利,"先有格令,州府禁铜为器,当今以铜为器而不知禁。所病者,制敕一下,曾不经年,而州县因循,所以制令相次,而视之为常"④。文宗开成(836—840)年间宰相李珏有言:"禁铜之令,朝廷常典,但行之不严,不如无令。今江淮已南,铜器成肆,市井逐利者,销钱一缗,可为数器,售利三四倍。远民不知法令,率以为常。"这样,"纵国家加炉铸钱,何以供销铸之弊"?也就是若不禁止民间铜器的铸造和买卖,即使铸钱,也会被销钱

---

① 《新唐书》卷五四《食货志四》,第1390页。

② 分见《新唐书》卷五二《食货志二》,第1360页;同书卷五四《食货志四》,第1390页。

③ 李锦绣:《唐代财政史稿》(下卷),北京大学出版社,2001年,第841页。

④ 李昉等撰:《太平御览》卷八一三《珍宝部一二·铜》引《唐书》,中华书局,1960年,第3612页。

为器。因此，李珏提出"今请加炉铸钱，他法不可"，前提是"禁铜之令，必在严切，斯其要也"。宰相杨嗣复更叹曰："但且禁铜，未可变法。法变扰人，终亦未能去弊。"① 认为禁铜令的贯彻是货币政策的当务之急，目的是国家垄断铸币资源。

与国家扩张、垄断铸币资源紧密相关的是"灭佛"事件，即"会昌法难"。它虽发生在武宗会昌年间，但从货币政策角度颁布禁令，敬宗、文宗时便已开始了。敬宗宝历元年（825）八月敕"不许销铸见钱为佛像"，同年十月进一步规定，盗销钱为佛像者，以盗铸钱论②。而盗铸钱，当为死罪③。文宗大和三年（829），"诏佛像以铅、锡、土、木为之，饰带以金银、鍮石、乌油、蓝铁，唯鉴、磬、钉、镮、钮得用铜，余皆禁之，盗铸者死"④。无论是否销钱铸为佛像，只要是以铜铸佛像，都要处死，规定更为严苛。这两项政策，也可视为对元和七年议中韩愈"禁铸铜为浮屠、佛像、钟、磬者"观点的实践。

武宗会昌五年（845）七月"灭佛"后，"以天下废寺铜像及钟磬等委诸道铸"，"天下士庶之家所有铜像，并限敕到一月内送官。如违此限，并准盐铁使旧禁铜条件处分。其土木等像，并不禁。……自拆寺以来，应有铜像等，衣冠百姓家收得，亦限一月

---

① 《旧唐书》卷一七六《杨嗣复传》，第4557页。《太平御览》卷八一三《珍宝部一二·铜》引《唐书》，第3612页。
② 分见《册府元龟》卷五〇一《邦计部·钱币三》，第6004页；《旧唐书》卷一七上《敬宗纪》，第517页。
③ 唐初武德四年（621）就有"敢盗铸者，身死，家口配没"的规定，见《资治通鉴》卷一八九《唐纪五》，第5925页。
④ 《新唐书》卷五四《食货志四》，第1390页。

内陈首送纳,如辄有隐藏,并准旧条处分"①。被废寺院和私家的铜像一律送官,但不禁土木等像,"灭佛"政策之经济目的显而易见。政府在获得充足的铸币资源后,盐铁使以及诸道观察使都开始铸钱,"天下以州名铸钱,京师为京钱,大小径寸,如开元通宝"②,新旧钱并行③,基本解决了长期困扰唐朝的钱重物轻问题。若从长期货币政策调整的角度看,"灭佛"事件并不突兀,不过是元和七年韩愈建议以及敬宗、文宗政策的激进版而已。

简言之,元和七年议之后的宪宗货币政策,整体说来是从货币流通入手,围绕"发公府之朽贯,禁私室之滞藏"这两方面而制定的。穆宗至文宗期间的货币政策,概况地说,还是对元和七年议"业广即山,税征谷帛,发公府之朽贯,禁私室之滞藏"的实践。

五、小结

从文献角度看,对唐代议状格式的认识,有助于我们更准确地把握议状、奏议类文献的性质和内容。本章即从议状的格式角度,讨论了韩愈《钱重物轻状》和曾被认为是元稹所作《钱重物

---

① 《唐会要》卷四九《杂录》,第 1008—1009 页。
② 《新唐书》卷五四《食货志四》,第 1390—1391 页。马飞海总主编:《中国历代货币大系》之 3,陈源、姚世铎、蒋其祥主编:《隋唐五代十国货币》收有背铸"昌""京""洛""益""荆""襄""越"等字的开元通宝钱,或为此时所铸京钱和州名钱。上海古籍出版社,1991 年,第 202 页以下。参洪遵:《泉志》(《丛书集成初编》本)卷三新开元钱背文条,商务印书馆,1939 年,第 20 页。
③ 唐朝本打算行新钱,废旧钱,但没有执行。见《旧唐书》卷四八《食货志上》,第 2106 页。

轻议》的系年、作者问题,认为它们分别是韩愈和财政主管官员在宪宗元和七年议中的书面意见。元和七年议的主旨是当时困扰统治者的钱重物轻问题。在充实了对元和七年议的认识后,我们进一步探讨了元和七年议与唐代货币政策的调整问题,认为元和七年以后至文宗时期的货币政策,从整体看,与元和七年议关系密切,是对元和七年议的实践。而武宗会昌"灭佛"中的激进政策,其实也处在元和七年议以及敬宗、文宗相关政策的延长线上。

从唐代政治、制度变迁角度看,德宗时政策的犹豫、反复,体现了面对骤然严重的钱重物轻问题,决策层还缺乏通盘认识。到了宪宗时代,元和三年诏、元和七年集议表现出决策层对钱重物轻问题的新思考,即从增加市场货币流通入手解决钱重物轻问题。

集议是唐代的决策会议的一种形式,元和三年诏书中增加市场货币流通量的思想还仅仅是一种理论和设想,元和三年至七年之间的政策或与此诏书相冲突。只有通过元和七年集议形成了共识以后,元和三年诏中的新理论才在日后的实践中获得了持续地执行和落实,元和七年议提出的政策遂成为此后三十余年唐廷货币政策的核心。对元和三年诏、元和七年议及此后至文宗、武宗货币政策调整的分析提示我们,皇帝的主张通过集议形成朝廷共识之后,才从流于纸面的"朕志久定"到"群议所共"后的长期贯彻。集议的方式,有助于不同层次决策者和执行者共识的产生,进而有助于政策的连续性和稳定性。

第七章

对唐代皇帝搁置行为的初步考察

对中国古代皇权的考察中，在重视君主决策的同时，也不能忽略有限制决策选项作用的不决策行为。搁置就是这样的方式之一，本章拟对唐代皇帝在政务处理中的搁置行为做一初步考察。

随着官僚制度、文书制度的发展，对大量机构或官员所上表、状的处理，是唐代皇帝日常工作的重要组成部分。大量决策就是以表状所提出的建议为基础而做出的，因此，这些表状中所包含的意见或建议，均可视为潜在的议题。唐代皇帝对表状所含议题的处理方式，主要包括以下四种：一是下令组织不同层次的讨论；二是批准并交给相关机构按照表状意见处理；三是直接否决；四是不报或留中。所谓"不报""留中"，是指皇帝对表状留而不发、未加批复的处理方式，也就是将议题搁置，暂时不决策。搁置，是皇帝在批准、否决之外的另一种行使权力的方式。目前学界对中国古代皇帝搁置行为的研究较少，唯宋、明两代皇帝的"留中"获得学者的关注，宋史学者分析了留中出现的若干原因，指出皇帝将文书留中不出，是对信息的截留，也成为其控制朝政的一种手段①。明史学者多认为"留中"是明朝皇帝怠政的表现，甚至认为这使国家行政中枢运转机制被破坏，给帝国的施政效率带来了严重的后果②。本章将要说明的是，至少对唐代而言，皇帝行使搁置权，并非怠政，暂不决策本身，其实也是一种决策；通过搁置方式压制潜在议题，是皇帝作为最高决策者意志的体现，搁置手段的灵活使用，有助于维系君臣关系、避免激化官员内部矛盾，事实上强化了皇帝对官员群体与政务决策的掌控能力。

一、搁置的表现：疏奏不报与留中

首先需要说明的是，搁置并非皇帝独有的行为。即使就唐代上行皇帝的表状文书而言，文书在不同环节也可能被搁置、拦截而无法上达皇帝。知匦使选择性上呈投匦文状，是保证皇帝不被无效信息淹没的必要手段，这个问题在本书第二章有所讨论。此

---

① 李全德：《通进银台司与宋代的文书运行》，《中国史研究》2008年第2期。王化雨：《宋代皇帝与宰辅的政务信息处理过程——以章奏为例》，收入邓小南、曹家齐、平田茂树主编《文书·政令·信息沟通：以唐宋时期为主》，北京大学出版社，2012年，第356—360页。

② 牟复礼、崔瑞德编：《剑桥中国明代史》，中国社会科学出版社，1992年，第559—561页。蔡明伦、蔡伟：《"报闻"与"不报"：从〈万历邸钞〉看万历朝奏疏留中》，《河北师范大学学报（哲学社会科学版）》2014年第6期。李佳：《明万历朝奏疏"留中"现象探析》，《古代文明》2009年第4期。李福君：《明代皇帝文书研究》，南开大学出版社，2015年，第213页。

外，也有少量宰相、机构长贰或权宦以"持之不报""寝而不奏""屏不奏"等形式拦截部分上疏的例子①，这也是搁置行为。不过，我们对此暂不考虑，本章讨论的是唐代皇帝对已上于御前表状的处理方式。

疏奏不报之"报"，是指皇帝对大臣或机构上奏文书的批复，汉代以来就是如此。《唐六典》卷八注引东汉蔡邕《独断》称："报章曰'闻'，报奏曰'可'。"②"不报"，则是皇帝对上奏没有批复。东汉丁鸿当袭父爵，但他希望让爵于其弟丁盛，便"上疾状，愿辞爵"，结果"章不报"。没有得到皇帝的批复，"丁鸿让国于弟盛，逃去"③。

唐代亦同，皇帝对表状的批复行为，称为"诏报"。太宗贞观十三年（639），房玄龄"频表请解仆射，诏报曰：夫选贤之义，无私为本"云云④。大臣上疏后获得的皇帝批复，可以叫作"报诏"，所谓"伏读报诏，不胜悲惧"⑤。唐律规定，"事合奏及

---

① 欧阳修、宋祁撰：《新唐书》卷一六一《张荐传》记德宗建中三年，史馆修撰兼阳翟尉张荐上疏，"疏奏，〔门下侍郎、同中书门下平章事〕卢杞持之，不报"，中华书局，第4981页。刘昫等撰：《旧唐书》卷三七《五行志》记德宗贞元年间，"京师人家豕生子，两首四足，有司以白御史中丞窦参，请上闻，参寝而不奏"，中华书局，1975年，第1370页。司马光编著：《资治通鉴》卷二五四《唐纪七十》记僖宗中和元年（881），左拾遗孟昭图上疏，"疏入，〔田〕令孜屏不奏"，中华书局，1956年，第8255页。

② 李林甫等撰，陈仲夫点校：《唐六典》卷八《门下省》侍中条，中华书局，1992年，第242页。《抱经堂丛书》本《独断》卷上作"章曰报闻""奏闻报可"。考虑到《独断》单行较晚，是唐代之事（代国玺：《蔡邕〈独断〉考论》，《文献》2015年第1期），故此处引《唐六典》注文。

③ 刘珍等撰，吴树平校注：《东观汉记校注》卷一五《丁鸿传》，中华书局，2008年，第648页。

④《旧唐书》卷六六《房玄龄传》，第2462页。

⑤ 陈子昂著，彭庆生校注：《陈子昂集校注》卷三《为义兴公陈请终丧第二表》："今某月日，奏事官赍臣所奏表回。伏读报诏，不胜悲惧。"黄山书社，2015年，第554页。

已申上、应合待报者,皆须待报而行,若不待报而辄行者,亦同不奏、不申之罪"①,没有得到皇帝或上级批复而擅自行事者,即"不待报而辄行者",是要受到法律制裁的。这针对的是上奏者,本章讨论的"疏奏不报",则是皇帝的行为。睿宗时,兴造寺观,所费甚多,太府少卿韦凑"上书切谏,疏奏未报"②。对此结果,《旧唐书·韦凑传》记作"帝不应"③。可见"未报"等同于"帝不应",即皇帝在阅读表状后,对表状所提意见或建议没有明确批复或置之不理。正因为建议没有成为议题,未能出付相关机构并进入讨论或处理程序,所以"疏奏不报"有时也被称为"疏奏不出"④。唐代文献中的"表寝不出""疏寝不报"等,也是同一类情况⑤。

唐代"疏奏不报",又常被称为"疏奏不省"。由《文苑英华》卷四六六、卷四六七所收批答类文章可以知道,唐代皇帝对表状的批复,往往以"省表具悉"或"省表具知"开篇。又僖宗"诏报〔高〕骈曰:省表具悉。卿一门忠孝,三代勋庸"云云⑥。所谓"不省",当由此而来。"不省"并非指皇帝不看,而是皇帝

---

① 长孙无忌等撰,刘俊文点校:《唐律疏议》卷一〇《职制》"事应奏而不奏"条疏,中华书局,1983年,第202—203页。

② 李昉等编:《文苑英华》卷九一四,韦述《唐太原节度使韦凑神道碑》,中华书局,1966年,第4810页。碑文作者,据陈思:《宝刻丛编》(《丛书集成初编》本)卷七引《京兆金石录》,中华书局,1985年,第204页。

③ 《旧唐书》卷一〇一《韦凑传》,第3145页。

④ 唐文宗开成年间,右补阙魏謩上疏,被搁置,王钦若等编:《册府元龟》卷五二〇下《宪官部·弹劾三下》作"疏奏不报",中华书局,1960年,第6219页;《旧唐书》卷一七六《魏謩传》作"疏奏不出",第4569页。

⑤ 《资治通鉴》卷二〇三《唐纪十九》,第6441页。《册府元龟》卷五四七《谏诤部·直谏一四》,第6564页。

⑥ 《旧唐书》卷一八二《高骈传》,第4706页。

阅读后没有理会。代宗大历五年（770），宰相元载上疏，建议将河中府作为中都，"以关辅、河东等十州户税入奉京师，创置精兵五万，以威四方"，元载希望借此达到"权归于己"的目的①。代宗"探见载意"，结果"疏奏不省""议故不行"②。不省，是代宗通过元载上疏和其他途径了解元载的意图后而采取的处理办法。同一内容，《旧唐书·代宗纪》作"疏入不报"，《新唐书·元载传》作"帝闻，恶之，置其议"。"置"字"与罢同意"③，即代宗不满意元载的提议，将其提议做搁置处理。显然，"不省"与"不报""置其议"的意义均相同。

唐代史料中，与疏奏不报、疏奏不省效果类似，表示皇帝对表状采取搁置方式的，还有一种说法，是"留中"。所谓留中，是指大臣表状被皇帝留于禁中，没有下发讨论或执行。汉代以来即有此义，"谓所论事留在禁中，未施用之"④。虽然与"疏奏不报"不能由上奏者自己提出不同，唐代大臣可以从保密的角度，在表状中向皇帝提出"留中"申请，但是"留中"的决定者、执行者只能是皇帝⑤。唐德宗曾对左散骑常侍李泌说："卿竟上章，已为卿留中。"李泌回答"愿陛下早下臣章，以解朝众之惑"⑥。这里"留中"与"下臣章"对举，留中，就是不下。故文献中常

---

① 《旧唐书》卷一一《代宗纪》，第297页。

② 李吉甫撰，贺次君点校：《元和郡县图志》卷一二《河中府》，中华书局，1983年，第324页。

③ 许慎撰：《说文解字》"置"下徐锴注，中华书局，1963年，第158页。

④ 范晔撰，李贤等注：《后汉书》卷五四《杨赐传》注，中华书局，1965年，第1784页。

⑤ 唐代皇帝还曾颁布诏书，规定大臣表状中不得随意申请留中，见宋敏求编：《唐大诏令集》卷九九《厘革请留中不出状诏》，中华书局，2008年，第503页。

⑥ 《资治通鉴》卷二三一《唐纪四十七》德宗兴元元年（784）十一月条，第7448页。

常写作"留中不下""留中不出"。文宗大和年间,司门员外郎李中敏上疏云:"仍岁大旱,非圣德不至,直以宋申锡之冤滥,郑注之奸弊。今致雨之方,莫若斩郑注而雪申锡。"结果"疏留中不下"①。同一事件,《新唐书》作"帝不省"②。此外,还有"疏奏不答、留中不下"或"事寝不报、书留不下"等连用的例子③,可见"留中"与"不省""不报"的密切关系。皇帝将表状"留中"以后,其他官员无从看到,自然也无法形成议题并进入讨论程序。穆宗时,裴度《谏请不用奸臣表》云:"其第一表第二状,伏恐圣意含弘,留中不行。臣谨再写重进,伏乞圣恩宣出,令文武百寮于朝堂集议。"④ 只有不把表状"留中",而是将其"宣出"公布,才能进行讨论。这些情况都说明,疏奏留中与疏奏不报、不省、不答等所导致未能形成议题的结果是一样的。

搁置议题与皇帝对议题的直接否定有什么差异呢?与搁置不同,直接否定是一明确的决策,当有相应的诏书发布。玄宗天宝九载(750),礼部尚书崔翘等上表请封西岳,"帝手诏不许曰:轻修大典,所不愿为。时或传中旨,请纪荣号,何如空云,请封西岳"。可见,玄宗的否定意见是有诏书的。这一点从不久以后群臣上表中"再奉明旨,未蒙允诺。臣等承诏,惶骇失图"的表

---

① 《旧唐书》卷一七一《李中敏传》,第4450—4451页。《资治通鉴》卷二四五《唐纪六十一》大和八年六月条作"表留中",第7895页。

② 《新唐书》卷一一八《李中敏传》,第4290页。

③ 王溥撰:《唐会要》卷八〇《谥法下》,上海古籍出版社,1991年,第1741页。独孤及撰,刘鹏、李桃校注:《毘陵集校注》卷四《谏表》,辽海出版社,2006年,第84页。

④ 《文苑英华》卷六二五,裴度《谏请不用奸臣表》之《第二表》,第3240页。

述也可得到印证①。又如德宗贞元年间,太子右庶子、史馆修撰孔述睿以疾上表,请罢官,"德宗不许,诏报之曰:'朕以卿德重朝端,行敦风俗,不言之教,所赖攸深,未俟来请,想宜悉也。'"②孔述睿也得到了德宗明确的否决意见。相对而言,疏奏不报等搁置处理方式,则是皇帝没有明确表达的意见,如前朝人所谓"不赐一字之令,不敕可否之宜"③,即暂不决策。这给君臣双方留下了更大的空间。一方面,较之直接否定,"不报"后,有更多的大臣可能会选择继续上疏陈请。另一方面,对皇帝来说,搁置的议题,有时候还会被拿出来讨论,讨论时机由皇帝决定。这里仅略做提示,下文还将进一步讨论。需要说明的是,文献中还有将皇帝的否定意见记为"不纳""不从""不听"的现象,因为难以知道其背后是否存在明确的诏书,即难以区分是直接否定还是搁置,所以谨慎起见,不将此类记载视为搁置。若对同一事件的处理记载,既有"不报""不省""不答""留中",也有"不纳""不从""不听"等,则根据具体情况,多按搁置处理,也就是将"不报"等视为手段,将"不纳"等视为结果。

唐朝政务或行政机构处理文书有时间规定,谓之"程限"。表状上呈皇帝之后,多长时间没有获得批复就可以称为"不报"呢?从唐代史料看,似无制度性规定,但根据事件重要性、上疏者身份以及上疏渠道不同,"不报"的时间也存在差异。由中央参与决策者提出,事涉重要人事任免以及重要制度安排者,皇帝批

---

① 《册府元龟》卷三六《帝王部·封禅二》,第 404 页。
② 《册府元龟》卷八九九《总录部·致政》,第 10649 页。《旧唐书》卷一九二《隐逸·孔述睿传》作"诏不许,报之曰",第 5131 页。
③ 房玄龄等撰:《晋书》卷八九《忠义·王豹传》,中华书局,1974 年,第 2304 页。

复的时间当在一两天之内,超过这个时间没有获得批复,便可认为是"不报"。贞元元年(785)正月,德宗以卢杞为饶州刺史,有重新重用的可能。这一任命遭到多位言谏官的反对,"诏下,〔给事中〕袁高执奏",接着"谏官赵需、裴佶、宇文炫、卢景亮、张荐等上疏曰:'……今复用为饶州刺史,众情失望,皆谓非宜。……倘加巨奸之宠,必失万姓之心,乞回圣慈,遽辍新命。'疏奏不答。谏官又论曰:'……臣昨者沥肝上闻,冒死不恐,冀回宸睠,用快群情;至今拳拳,未奉圣旨,物议腾沸,行路惊嗟。人之无良,一至于此。伏乞俯从众望,永弃奸臣。幸免诛夷,足明恩贷;特加荣宠,恐造祸阶。臣等忝列谏司,今陈狂瞽。'"① 谏官所谓"昨者沥肝上闻""至今拳拳,未奉圣旨"云云,正是针对"疏奏不答"来说的。谏官先后两次奏疏的时间,《册府元龟》中恰有记录,分别是正月丁巳(二十一日)和正月戊午(二十二日)②。也就是奏疏第二天,谏官便因为"疏奏不答"而再次上疏,这说明上疏者预期得到皇帝批复的时间,当在上疏后一两日之内。有的时候,大臣奏疏当日未获批复,就可称"未报"。昭宗龙纪元年(889)的一次重要礼典仪式中,两军中尉杨复恭与两枢密等宦官皆着朝服。外朝官员认为宦官着朝服有违制度,太常博士钱珝、李绰等上疏反对。"状入,至晚不报。钱珝又进状曰:'臣今日巳时进状,论内官冠服制度,未奉圣旨。'"③ 巳时进状,是在上午9到11点之间,至当晚"未奉圣旨",便称"不

---

① 《旧唐书》卷一三五《卢杞传》,第3717页。
② 《册府元龟》卷四六九《台省部·封驳》,5587页。"戊午"原作"戌午",误,今据《文渊阁四库全书》本改。
③ 《旧唐书》卷二〇上《昭宗纪》,第739页。

报"。相对来说，非官员通过匦给皇帝上疏，预期得到皇帝批复的时间可能要长得多。代宗为太后营建章敬寺，白衣高郢投招谏匦上书谏，"事寝无报"，半个多月以后，没有得到批复的高郢才再次上书①。

总之，唐代史料中的疏奏不报、不省、不答、寝奏、留中等，都是指皇帝在阅读大臣或机构所上表状之后，一段时间内对表状留而不发、未加批复的处理方式，也就是皇帝将大臣或机构提出的议题搁置，暂不决策。

二、搁置的决策功能：压制潜在议题

从唐代实际情况来看，搁置并非皇帝怠政的表现。其实，搁置、暂不决策也是一种决策，有时候甚至是一种相当重要的决策。搁置的功能和意义主要体现在：皇帝以既不公布表状，也不就表状内容明确表态的方式，实现对潜在议题的压制，将其排除在决策讨论范围之外，议题因此未能进入讨论、处理程序。在此基础上，衍生出了处理藩镇问题时采用的策略性搁置。

唐代皇帝以搁置方式压制的议题，较多涉及官员内部矛盾。武宗会昌元年（841），宰相李德裕、陈夷行、崔珙、李绅等联名上《请尊宪宗章武孝皇帝为不迁庙状》，他们以宪宗有中兴之功，请尊宪宗为"百世不迁之庙"，并提出"伏望令诸司清望官四品

---

① 《新唐书》卷一六五《高郢传》，第5070—5072页。姚铉编：《唐文粹》（《四部丛刊》本）卷二七上，高郢《谏造章敬寺书》《再上谏书》："九月十二日，草莽臣前乡贡进士高郢昧死再拜稽首，献书阙下：……八月二十五日奏书阙下，事寝无报。不知天门深远愚不得上达欤？圣意所断臣言不足听受欤？伏躬待罪旬八日矣。"

第七章 对唐代皇帝搁置行为的初步考察

以上，尚书、两省、御史台与礼官参议闻奏"。对于宰相提出的明确议题与讨论建议，武宗以"留中不出"处理①，宰相提出的议题遭到皇帝的漠视与压制。

上述李德裕等人的奏状中，有"臣等伏闻开成中，文宗尝顾问宰臣，欲褒崇宪宗功德。其时宰臣莫能推顺美之心，明尊祖之义。臣等至愚，切所叹息"云云，可见，开成中宰相对文宗的建议是不支持的。开成年间宰相构成的大致格局是：开成元年（836）、二年郑覃和陈夷行用事，开成三年、四年杨嗣复与李珏主政②。既然会昌元年上疏者中包括陈夷行，则陈夷行当支持宪宗为"百代不迁之庙"的意见，而文宗"顾问宰臣"时，"宰臣莫能推顺美之心"，那么，此事就极可能不是发生在陈夷行当政时期，而是在杨嗣复与李珏主政的开成三年或四年。如所周知，文宗、武宗正处于唐代党争的激烈时期，杨嗣复、李珏与李德裕、陈夷行、李绅之间的矛盾颇深③。若此，李德裕等人的奏状特别提及前朝宰臣反对此事，并建议高级官员就此讨论，便含有朋党之争、打击对手的意味。武宗将其留中、不公开讨论，或有压抑朋党之意。

更多被搁置的情况，是大臣或机构的表状中并未提出明确议

---

① 《唐会要》卷一六《庙议下》，第388页。《旧唐书》卷一八上《武宗纪》，第586页。李德裕撰，傅璇琮、周建国校笺：《李德裕文集校笺》卷一○《请尊宪宗章武孝皇帝为不迁庙状》，中华书局，2018年，第211页。

② 《资治通鉴》卷二四六《唐纪六十二》开成四年五月条，第7939页。

③ 《旧唐书》卷一七三《李珏传》，开成"三年，杨嗣复辅政，荐〔李〕珏以本官同平章事。珏与〔李〕固言、嗣复相善，自固言得位，相继援引，居大政，以倾郑覃、陈夷行、李德裕三人"，第4504页。李绅与李德裕自穆宗时起就关系密切，史称"李绅与李德裕相表里"（《资治通鉴》卷二四八《唐纪六十四》大中元年九月条，第8031页），李绅仕途中也多次遭到牛党打压。

题,若皇帝将其下发相关人员讨论,则形成议题;若不报、留中,当然无法形成议题。德宗贞元前期,中书侍郎平章事、兼转运使窦参与户部尚书、度支转运副使班宏素有矛盾,窦参选任扬子院官吏,没有征求班宏的意见,班宏心怀不满,"数条参所用吏过恶以闻,〔德宗〕辄留中"①。德宗对这些"惟讥斥人短长"的上奏多置之不理②。宪宗元和十三年(818),以皇甫镈、程异为相,裴度上疏,极言不可,称"镈、异皆钱谷吏,佞巧小人,陛下一旦置之相位,中外无不骇笑",但宪宗"以〔裴〕度为朋党,不之省"③。牛僧孺和李德裕是文宗时党争双方的代表人物,开成二年(837),李德裕代牛僧孺任淮南节度使,"淮南府钱八十万缗,德裕奏言止四十万,为〔副使张〕鹭用其半。僧孺诉于帝,而谏官姚合、魏謩等共劾奏德裕挟私怨沮伤僧孺,帝置章不下"④。以上诸例,都是皇帝在处理涉及官僚内部矛盾的问题时,将表状留中、议题搁置,避免内部矛盾进一步加剧。搁置可视为一种决策处理的手段,也体现了皇帝对官僚群体的掌控。

除了以搁置方式压制可能激化官员之间矛盾的议题之外,搁置有时还是处理、维系君臣关系的灵活手段。"宪宗元和十二年淮西平,十三年襄阳节度使李愬奏请判官、大将已下官凡一百五十员。帝不悦,谓裴度曰:'李愬诚有奇功,然奏请过多,使李晟、浑瑊之勋业,又何如哉?'遂留中不下。"⑤ 此例是一难得的

---

① 《新唐书》卷一四九《班宏传》,第4803页。
② 《新唐书》卷一五七《陆贽传》,第4916页。
③ 《资治通鉴》卷二四〇《唐纪五十六》,第7752—7753页。
④ 《新唐书》卷一八〇《李德裕传》,第5334页。
⑤ 《册府元龟》卷一八一《帝王部·疑忌》,第2179页。"奏请过多",《唐会要》卷七八《诸使中·节度使》作"奏请过当",第1696页。

将搁置原因记载得比较清晰的例子,值得稍加分析。唐代藩镇使府僚佐组织有两个系统,分别是判官、掌书记等文职僚佐与都知兵马使、都虞候等武职僚佐①。这些使府幕职僚佐职位,可由节度使、观察使自行辟署,然后上报中央授予检校官或宪官官衔②。按制度,节度使府判官以下的文职僚佐不过二十余人③,武职僚佐的规定职位数字虽然未见记载,但李愬一次为一百五十名手下奏请中央官职的规模显然是相当大的。宪宗拿来做对比的,是当时已经去世多年的李晟和浑瑊。其中,西平郡王李晟是李愬的父亲,他和咸宁王浑瑊都是功勋卓著的名将。宪宗认为,即使功劳大如李晟、浑瑊,都没有如此大量地为手下奏请官职,李愬"奏请过多""奏请过当"。宪宗虽然没有同意李愬的请求,但是考虑到李愬平定淮西"有奇功",也没有直接否定,而是没有表态,以搁置处理。搁置,以柔性的方式既维系了中央的权威,也为功臣保留了面子④,君臣关系得以较好处理。李愬死后获赠太尉,武宗时与高崇文一道作为武将代表配享宪宗庙⑤。

以上议题,多出现于决策之前,还有一些议题,是在决策之后提出被搁置的。贞观十七年(643),太宗做出亲征高句丽的决定,"布语臣下,云自欲伐辽"。在"帝意遂决东"之后,太子宾

---

① 参严耕望:《唐史研究丛稿》第三篇《唐代方镇使府僚佐考》,新亚研究所,1969年。
② 参张国刚:《唐代藩镇研究(增订版)》第十一章《唐代藩镇使府辟署制度》,中国人民大学出版社,2010年。
③ 《新唐书》卷四九下《百官志四下》,第1309页。
④ 参胡先缙《中国人的面子观》对"留面子"的分析:不作任何评论,可以使人觉得他的过失并没有引起人注意,他的声誉也可以保留无损。见黄光国、胡先缙等著:《人情与面子——中国人的权力游戏》,中国人民大学出版社,2010年,第60页。
⑤ 《唐会要》卷一八《配享功臣》,第430页。

客褚遂良上《谏太宗亲征高丽疏》，提出"涉辽而左，或水潦，平地淖三尺，带方、玄菟，海壤荒漫，决非万乘六师所宜行"，反对亲征高句丽。太宗"锐意荡平，不见省"①。太宗亲征高句丽决策已出，对褚遂良的意见置之不理。刑部尚书张亮、左屯卫将军姜行本等大臣也对亲征高句丽的决定表示反对，他们的意见太宗均未采纳②。太宗对不同意见的搁置，使得不同声音不再显露，加强了内部意见的统一，巩固了亲征高句丽的决策。与此类似，德宗建中元年（780）四月泾原节度裨将刘文喜据城叛，时德宗即位不久，认为"微孽不除，何以令天下"③，遂决意讨伐。当时反对声音不小，"群臣皆请赦文喜"，但德宗"皆不省"④。皇帝对群臣反对意见的漠视，无疑强化了朝廷讨伐泾原刘文喜的决心。重大决策做出后，对反对意见进行压制，使之不成为议题、不再讨论，是决策者意志的体现。同时，以搁置而不是直接否定的方式处理，避免了将不同意见公之于众。正是从这个角度看，搁置也是一种决策，这在军事决策中体现得尤为明显。

由于搁置手段对议题的压制作用，我们还看到一些值得重视的社会现象被忽视而未能成为议题，一些有价值的建议被搁置而没有进入决策讨论程序。中宗景龙年间，御史中丞卢怀慎上疏陈时政，提出"都督、刺史、上佐、畿令任未四考不得迁"；京师员外官数量过多，当选拔其中"才堪牧宰上佐，并以迁授"；"以

---

① 《新唐书》卷一〇五《褚遂良传》，第4027页。《文苑英华》卷六九四，褚遂良《谏太宗亲征高丽疏》，第3578页。

② 《旧唐书》卷六九《张亮传》，第2515页。《旧唐书》卷五九《姜行本传》，第2334页。

③ 《资治通鉴》卷二二六《唐纪四十二》，第7281页。

④ 《旧唐书》卷一一八《杨炎传》，第3423页。

第七章 对唐代皇帝搁置行为的初步考察

赃论废者,削迹不数十年,不赐收齿"等建议①。睿宗景云年间,监察御史韩琬分析当时社会问题时,指出"往者学生、佐史、里正每一员阙,拟者十人,今当选者亡匿以免"的重要现象②。玄宗开元年间,宣州刺史裴耀卿建议改革漕运之法,提议加置武牢、洛口等仓以降低运输成本③。德宗贞元年间,右补阙宇文炫上言,"请京畿诸县乡村废寺,并为乡学,并上制置事二十余件"④。以上表状内容,涉及政治、社会、经济方面的一些重要现象,部分还提出了具体建议,但都被皇帝以"不报"或"不省"处理,社会现象没有得到重视并成为议题,具体建议也未能成为进一步讨论的决策选项。各决策的具体原因,目前尚不清晰,还有待进一步考察。

皇帝以不批复、不明确表态的方式将议题予以搁置,以此为基础,衍生出策略性搁置,主要表现为唐后期中央在处理藩镇问题时采取的搁置策略。

安史之乱以后,割据型藩镇的节度使去世后,新节度使的产生或是父死子继,或是内部自择将吏,中央难以插手,这一直是困扰中央的问题之一。宪宗时韦贯之称:"每主帅就世,将吏有得其柄者,多假众怙力,以求代袭。朝廷每不得已,因而命之。"⑤此后,中央渐渐摸索出了以搁置策略来对付这类问题的思路。敬

---

① 《新唐书》卷一二六《卢怀慎传》,第4416—4417页。
② 《新唐书》卷一一二《韩琬传》,第4166页。
③ 杜佑撰,王文锦等点校:《通典》卷一〇《食货十·漕运》,中华书局,1988年,第221页。
④ 《唐会要》卷三五《学校》,第741页。
⑤ 《文苑英华》卷八九二,韦贯之《南平郡王高崇文神道碑》,第4696页。此碑撰立时间,据《宝刻丛编》(《丛书集成初编》本)卷八引《京兆金石录》,第242页。

宗宝历二年（826）四月，横海（沧景）节度使李全略死，其子李同捷"领留后事，重赂邻藩，求领父节，敬宗持久诏不下"①。敬宗对李同捷包括其他藩镇授予其横海军节度使的请求，采取了长时间搁置的处理方式。李同捷"重赂藩邻以求缵袭，朝廷知其所为，经年不问"②。敬宗死于宝历二年十二月，所谓"知其所为，经年不问"，即敬宗了解李同捷的意图后，一直没有回复其请求。搁置，是朝廷对付河朔割据藩镇擅领留后者的一种策略。这和一年前朝廷在处理非河朔地区的昭义问题时，左仆射李绛提出"望速赐裁断"的处理原则颇不相同③。

更为典型的事件，发生在武宗初年。武宗会昌元年（841）九月，幽州卢龙军乱，偏将陈行泰杀节度使史元忠，陈行泰"邀节制，未报"④。不久以后，幽州次将张绛杀陈行泰，"复诱其军以请〔节钺〕，亦置未报"⑤。朝廷连续两次对藩镇要求中央承认的申请采取了搁置方式，其实也是一重要决策，我们从上述搁置的决策过程中可以看到。陈行泰杀害史元忠后，"遣监军傔以军中大将表来求节钺"。在朝廷对此事的讨论中，宰相李德裕表示："河朔事势，臣所熟谙。比来朝廷遣使赐诏常太速，故军情遂固。若置之数月不问，必自生变。今请留监军傔，勿遣使以观之。"⑥

---

① 《新唐书》卷二一三《李全略传》，第 5997 页。李全略的死亡时间，见《新唐书》卷八《敬宗纪》，第 229 页；《旧唐书》卷一四三《李全略传》，第 3906 页。《资治通鉴》卷二四三《唐纪五十九》将其系于宝历二年三月条下，第 7850 页。

② 《旧唐书》卷一四三《李同捷传》，第 3906 页。

③ 《资治通鉴》卷二四三《唐纪五十九》宝历元年十一月条，第 7846 页。

④ 《新唐书》卷二一二《杨志诚传》，第 5979 页。

⑤ 《新唐书》卷二一二《张仲武传》，第 5980 页。

⑥ 《资治通鉴》卷二四六《唐纪六十二》，第 7955—7956 页。

李德裕总结处理河北藩镇问题的经验，提出了暂缓批复，甚至数月不问的搁置策略。接着，李德裕又进一步上《论幽州事宜状》，以书面形式更加完整地阐述了自己的主张，"幽州一方，自朱克融留连中使，不受赐衣，继以杨志诚累遣将吏上表，邀求官爵，自此悖慢之气，与镇、魏不同。今若便与留务，实为朝廷之耻。伏望且逗留旬月，更候事宜。克恭俭回日，伏望不赐诏书，庶全事体"①。武宗对陈行泰请求置之不理的举措，正是对李德裕"伏望且逗留旬月""伏望不赐诏书"意见的采纳。"未报"的影响很快便显现出来，正如李德裕幽州"必自生变"的判断，陈行泰果然被次将张绛所杀。张绛"复求节钺，朝廷亦不问"，再行搁置的结果，是幽州随即又一次发生内乱，"幽州卢龙军逐〔张〕绛"。同时，幽州旧将、雄武军使张仲武起兵攻击张绛，"入于幽州"②。朝廷以张仲武知卢龙留后，幽州事平。

以上可见，在处理幽州事件过程中，对陈行泰和张绛的请求，武宗均以"未报"的方式加以搁置，取得了很好的效果。这强化了朝廷在幽州的政治权威③。在这里，搁置表现为中央对藩镇，特别是对河朔割据藩镇节度使承袭问题的处理策略，可称之为策略性搁置。

三、搁置与唐后期皇权

疏奏不报或留中，意味着因皇帝没有批复而造成议题被搁

---

① 《李德裕文集校笺》卷一三《论幽州事宜状》，第 276—277 页。
② 《新唐书》卷八《武宗纪》，第 241 页。
③ 仇鹿鸣：《长安与河北之间：中晚唐的政治与文化》，北京师范大学出版社，2018 年，第 343 页。

置。对唐后期皇帝来说,搁置手段强化了皇帝对政务决策的掌控能力,其突出表现为皇帝个人意志通过搁置而伸张以及皇帝对搁置的灵活运用。

长庆元年(821)五月,穆宗命造百尺楼于宫中,"时帑藏未实,内外多事,土木之功屡兴,物议喧然,以为不可"①。面对"造百尺楼土木费巨万""国计不充"且反对声音较大的情况,盐铁使王播迎合上意,"希恩增税,奉帝嗜欲",奏请增加茶税,提高幅度达50%。穆宗则顺水推舟,"诏从之",批准了王播的建议②。对此,右拾遗李珏上疏,反对提高茶税,他首先指出"榷率救弊,起自干戈,天下无事,即宜蠲省",接着从三个方面说明了当时不适合加税的理由,最后提出"伏望暂留聪明,稍垂念虑,特追成命,更赐商量"的建议,希望穆宗收回成命,对茶税问题展开进一步讨论。但穆宗急于聚敛,对李珏的奏疏,以"疏奏不省"处理③。对穆宗初年政治,史书多有批评,或称其"荒于禽酒,坐朝常晚",或称其"不修政道,盘游无节"④。尽管如此,穆宗对合其心意的增税意见立刻批准,对阻止增税的意见却采取漠视与搁置的处理方式,二者对比,似难以将搁置视为怠政,穆宗其实是以搁置方式压制反对意见,满足聚敛意图。

长庆四年正月,敬宗即位,三月大赦天下,宣布停止地方各

---

① 《册府元龟》卷一四《帝王部·都邑二》,第160页。
② 分见《新唐书》卷一八二《李珏传》,第5360页;《旧唐书》卷一七三《李珏传》,第4504页;《册府元龟》卷四九三《邦计部·山泽一》,第5900页。
③ 《旧唐书》卷一七三《李珏传》,第4503—4504页。《册府元龟》卷四九三《邦计部·山泽一》作"疏奏不报",第5901页。
④ 分见《旧唐书》卷一五五《崔郾传》,第4118页;《旧唐书》卷一七六《杨虞卿传》,第4561页。

类进奉，"常贡之外，更不得别有进献。纵节度、观察使入朝，亦不得进奉。诸道监军自今后在本道并入奏，并不得进。天下所贡奇绫异锦、雕文刻镂，一事已上有涉逾制者，悉断"①。但没过多久，朝廷便频繁地主动向地方索取贡奉，以至于"制罢奇珍之献曾未数月，征贡之诏道路相继"②。七月，敬宗"诏浙西造银盝子妆具二十事进内"，时任浙西观察使的李德裕奏："臣伏准今年三月三日赦文，常贡之外，不令进献。……伏乞圣慈，宣令宰臣商议，何以遣臣上不违宣索，下不阙军储，不困疲人，不敛物怨，前后诏敕，并可遵承。"李德裕指出前后诏敕意旨存在矛盾，并提请敬宗命令宰相会议商讨地方进献问题，敬宗以"不报"处理③。敬宗对李德裕奏置之不理，李德裕明确提出的议题被压制。朝廷对地方进奉的要求仍在继续，不久之后，又诏李德裕进缭绫一千匹。如何理解敬宗诏令前后不一问题以及对议题的搁置呢？在唐后期，地方节度使进奉往往不入国家财政而入皇帝的内库，成为天子私藏④。故减少甚至是取消地方进奉，是唐后期外朝大臣的长期要求。作为皇帝的德政，停减地方进奉也时常出现于唐后期的赦文、德音之中。敬宗前后，《穆宗即位赦》、穆宗《疾愈德音》、文宗《大和三年南郊赦》与《开成改元赦》都有相关内容。敬宗少年即位，沉溺享乐，不把国家政务放在心上，史称"童年骄纵，倦接群臣"，"畋游稍多，坐朝常晚"⑤。因此，敬宗

---

① 《册府元龟》卷九〇《帝王部·赦宥九》，第1079页。
② 《册府元龟》卷五四六《谏诤部·直谏一三》，第6561页。
③ 《旧唐书》卷一七四《李德裕传》，第4511—4513页。
④ 陈明光：《唐代财政史新编》，中国财政经济出版社，1991年，第286—290页。
⑤ 分见《旧唐书》卷一七〇《裴度传》，第4429页；《旧唐书》卷一五四《刘栖楚传》，第4106页。

即位伊始停罢地方进献的赦文，或是对传统赦文内容的继承，或是反映朝中部分大臣的意愿，而不久后的频繁宣索，才是出自敬宗的本意。这样看来，敬宗对李德裕提议的搁置"不报"，是其个人意志的伸张。

主威独运，还表现于皇帝有了先入为主的意见后，对其他大臣，甚至是众多大臣的不同意见搁置不理。

肃宗至德年间，收复两京，叛将史思明请以范阳归顺。宰相张镐"揣知其伪，恐朝廷许之，手书密表奏曰：思明凶竖，因逆窃位，兵强则众附，势夺则人离。包藏不测，禽兽无异，可以计取，难以义招。伏望不以威权假之"，但是此时肃宗"计意已定，表入不省"①。又德宗贞元年间，户部尚书裴延龄巧佞奉上，举朝侧目。谏议大夫阳城"尤忿嫉之。一日尽疏其过恶，欲密论奏，以〔李〕繁故人子，为可亲信，遂示其疏草，兼请繁缮写。繁既写，悉能记之，其夕乃径诣延龄，具述其事。延龄闻之，即时请对，尽以城章中欲论事件，一一先自解。及城疏入，德宗以为妄，不之省"②。以上两例，都是因皇帝已经有了主意，故对不同意见难以接受，遂直接搁置处理。不仅对大臣个人意见，对众多官员的意见，皇帝有时也会采用这种手段。宝历二年（826），敬宗"将幸东都，敕检修东都已来旧行宫。上自临御以来，常欲东幸，宰臣等无不谏，上意益坚，常正色谓宰臣曰：'朕去意已定。'〔宰相〕李逢吉顿首言曰：'陛下贵为天子，富有四海，天下一家，何往不可？臣等以为不可者，以干戈未甚戢，边鄙未甚宁，

---

① 《旧唐书》卷一一一《张镐传》，第 3327 页。

② 《旧唐书》卷一三〇《李繁传》，第 3624 页。《新唐书》卷一三九《李繁传》作"城奏入，帝怒，遂不省"，第 4638 页。

窃恐人心动摇。伏惟稍回圣虑，天下幸甚。'上竟不听，乃命检计，人情大扰。百执事相继献疏，亦不省"①。在行幸东都"去意已定"的情况下，敬宗没有接受宰相的意见，对众多官员的"相继献疏"，也是置之不理。可见，搁置是皇帝处理与官僚机构矛盾、压制大臣意见的手段之一。

疏奏不报与留中的搁置行为由皇帝行使，但搁置的决定也并不一定完全是皇帝个人的独断。与前文所述宰相李德裕在会昌平幽州事中建议搁置类似，皇帝运用搁置手段，有些是来自宰相的建议。德宗贞元八年（792），"岭南节度使奏：'近日海舶珍异，多就安南市易，欲遣判官就安南收市，乞命中使一人与俱。'上欲从之"，并派宦官把这个意思告诉了刚刚担任宰相不久、颇得皇帝信任的陆贽，"希颜奉宣圣旨宜依者"②。陆贽认为不妥，向皇帝建议："远国商贩，惟利是求，缓之斯来，扰之则去。广州素为众舶所凑，今忽改就安南，若非侵刻过深，则必招携失所，曾不内讼，更荡上心。况岭南、安南，莫非王土，中使、外使，悉是王臣，岂必信岭南而绝安南，重中使以轻外使。所奏望寝不行。"③"望寝不行"，陆贽《论岭南请于安南置市舶中使状》作"望押不出"，二者意义相同，都是建议德宗对岭南节度使奏做搁置处理。

此外，在唐代，我们看到一些处理具体政务的例子，搁置是以皇帝为主导的决策群体小规模讨论之后的措施。

玄宗开元十八年（730）岁末、十九年年初，"吐蕃使奏云：

---

① 《唐会要》卷二七《行幸》，第609页。
② 分见《资治通鉴》卷二三四《唐纪五十》，第7532页；陆贽撰，王素点校：《陆贽集》卷一八《论岭南请于安南置市舶中使状》，中华书局，2006年，第575页。
③ 《资治通鉴》卷二三四《唐纪五十》，第7532—7533页。

'〔金城〕公主请《毛诗》《礼记》《左传》《文选》各一部。'制令秘书省写与之"①。制出后,秘书正字于休烈反对,上《请不赐吐蕃书籍疏》,曰:"臣闻戎狄,国之寇也;经籍,国之典也。戎之生心,不可以无备;典有恒制,不可以假人。……臣忝列位职,刊校秘籍,实痛经典,弃在夷狄。昧死上闻,伏惟陛下深察。"玄宗没有理会于休烈的意见,"疏奏不省"②。"不省"的背后,其实存在一个讨论决策过程。于休烈通过招谏匦上疏,"表入,敕下中书门下议,侍中裴光庭等曰:'西戎不识礼经,心昧德义,频负明约,孤背国恩。今所请诗书,随时给与,庶使渐陶声教,混一车书,文轨大同,斯可使也。休烈虽见情伪变诈于是乎生,而不知忠信节义于是乎在。'上曰:'善。'乃以经书赐与之"③。针对于休烈的表疏,玄宗命令宰相机构讨论,进而采纳了宰相的意见,维持成命,赐经书于吐蕃,同时搁置了于休烈的意见。应该说,这个"疏奏不省",是"中书门下议"的结果。

又如宪宗元和八年(813)四月,回鹘"使者再朝,遣伊难珠再请昏,未报"④。对回鹘和亲请求的搁置,是从财政角度权衡之结果,回鹘请和亲,"宪宗使有司计之,礼费约五百万贯",考虑到"朝廷方用兵伐叛,费用百端,欲缓其期",故"未任其亲"⑤。搁置的背后,也可以看到一个君臣沟通的决策过程。

---

① 《旧唐书》卷一九六上《吐蕃传上》,第5232页。
② 分见《文苑英华》卷六九四,于休烈《请不赐吐蕃书籍疏》,第3581页;《旧唐书》卷一九六上《吐蕃传上》,第5233页。
③ 《唐会要》卷三六《蕃夷请经史》,第778页。
④ 《新唐书》卷二一七上《回鹘传上》,第6126页。
⑤ 《旧唐书》卷一九五《回纥传》,第5210—5211页。《旧唐书》卷一六五《殷侑传》,第4320页。《册府元龟》卷九七九《外臣部·和亲二》系此事于元和十二年,误。

虽然我们看到唐代皇帝使用搁置手段,部分是经过讨论的结果,但是将议题搁置之前,是否必须经过讨论这一环节,则未见制度性规定。从这个角度来说,搁置的运用,更是强化了皇帝对政务决策的掌控能力。

前文提及,搁置不同于明确否定,搁置给君臣双方留下了更为宽阔的措置空间。

虽然唐代也有个别对皇帝运用搁置手段的抱怨,如代宗时独孤及称"进瓯上封者,大抵皆事寝不报、书留不下,但有容谏之名,竟无听谏之实"①,宪宗时白居易称"自贞元以来,抗疏而谏者留而不行,投书于瓯者寝而不报"②,但是总体而言,对皇帝拥有并行使搁置手段的权力本身,并无质疑。在此背景下,议题被皇帝搁置后,部分大臣选择了继续上疏,在他们的坚持下,意见可能成为讨论的议题。在唐前期,太宗为高祖修筑献陵,"时限既促,功役劳弊",秘书监虞世南上封事,建议薄葬,"书奏,不报"。没有得到太宗的批复,虞世南继续上疏,申述己见。结果太宗"出虞世南封事,付所司详议",虞世南的建议作为议题由相关机构组织讨论。经过讨论,太宗接受了意见,"山陵制度,颇有减省"③。睿宗景云年间,太府少卿兼通事舍人韦凑上疏,以工程耗资巨大且妨碍农时为由,谏停造金仙、玉真两观,睿宗置之不理,韦凑又奏,"睿宗方纳其言,令在外详议",讨论后"朝廷

---

① 《毗陵集校注》卷四《谏表》,第 84 页。
② 白居易著,谢思炜校注:《白居易文集校注》卷二七《策林三·达聪明致理化》,中华书局,2011 年,第 1484 页。
③ 《通典》卷七九《礼三十九·沿革三十九·凶礼一·大丧初崩及山陵制》,第 2144—2147 页。

为减费万计"①。在此制度背景下，我们看到崔知温表被高宗搁置后，"知温前后十五上，诏竟从之"②。唐后期，除肃宗时颜真卿对祫享仪式的建议外③，较为典型的，是文宗大和七年（833）侍御史李款阁内弹奏郑注，"奏未报，款连上十余疏，由是授〔郑〕注通王府司马"④。总体说来，在唐后期，虽然疏奏不报后继续上奏的例子不少，但再次或多次上奏后被作为议题讨论或接受意见的，较前期更为罕见。

议题被搁置后，皇帝对该议题还有较大的处置空间。首先，我们看到，出于某些原因，有时候皇帝将议题整体搁置，不再讨论，但又采纳并实施了其中部分合理意见。宪宗元和六年（811）岁末，前后两任华州刺史阎济美、赵昌分别奏其下属华阴县令柳涧有赃状，柳涧因此被贬。适逢尚书职方员外郎韩愈路过华州，"知其事，以为刺史相党，上疏理涧"，言"刺史奏县令罪，不参验"，"上疏请发御史辨曲直，方可处以罪，则下不受屈"⑤。韩愈这份奏疏今已不存，但从上引《旧唐书·韩愈传》和《韩愈神道碑》《韩愈行状》的只言片语可以知道，韩愈奏疏至少包含了指出刺史官官相护、以未经核实的罪名打压对手，并建议皇帝派遣

---

① 分见《旧唐书》卷一〇一《韦凑传》，第3146页；《新唐书》卷一一八《韦凑传》，第4266页。

② 《旧唐书》卷一八五上《崔知温传》，第4791页。《新唐书》卷一〇六《崔知温传》作"知温固请，疏十五报，卒徙河北"，第4040页。

③ 《唐会要》卷一三《禘祫上》，第362—363页。

④ 《唐会要》卷六一《御史台中·弹劾》，第1264页。

⑤ 分见《旧唐书》卷一六〇《韩愈传》，第4196页；皇甫湜：《皇甫持正文集》卷六《韩文公神道碑》，上海古籍出版社，1994年，第93页；李翱撰，郝润华、杜学林校注：《李翱文集校注》卷一一《故正议大夫行尚书吏部侍郎上柱国赐紫金鱼袋赠礼部尚书韩公行状》，中华书局，2021年，第162页。

御史核查这两项主要内容。宪宗的处理是:"留中不下。诏监察御史李宗奭按验,得〔柳〕涧赃状,再贬涧封溪尉。"① 宪宗没有认可韩愈的观点,将奏疏留中,不进行讨论,但同时又派遣监察御史核实情况。这说明,搁置,并不意味着皇帝没有注意到奏疏中的具体建议,部分建议甚至被皇帝采纳、实施。又"宣宗以政事委相国令狐公,君臣道契,人无间然。刘舍人每讦其短,密奏之,宣宗留中,但以其事规于相国,而不言其人姓名"②。相国令狐公是令狐绹,刘舍人是刘蜕。在这里,一方面宣宗将中书舍人刘蜕对宰相令狐绹的批评"留中",不公开、不讨论。另一方面,宣宗显然认为刘蜕的批评有一定道理,亲自以这些意见规谏令狐绹,只是不说出意见来源而已。宣宗"不言其人姓名"与将刘蜕奏疏"留中"一样,是为了避免加剧官员之间可能出现的矛盾,同时宣宗又接受了刘蜕的具体意见,并以此提示令狐绹。以上的搁置处理方式,凸显了皇帝行使搁置手段的灵活性。

其次,皇帝对搁置议题处置的空间,还表现于对留中文书的后续处理上。前文研究表明,唐后期皇帝具有对大臣表状的优先处置权,控制着重要政务信息的筛选和分配。对留中文书的处理,更为皇帝所掌控。以宣宗为例,他既曾把"不欲左右见"的大臣章表"率皆焚爇"毁弃③;也曾把特定表状专门收藏,"命左右于禁中取小柽函以授〔白〕敏中,曰:此皆郑郎(郑颢)潜卿

---

① 《旧唐书》卷一六〇《韩愈传》,第 4196 页。
② 孙光宪撰,贾二强点校:《北梦琐言》卷六《刘蜕奏令狐相》,中华书局,2002 年,第 135 页。
③ 苏鹗:《杜阳杂编》(《丛书集成初编》本)卷下,中华书局,1985 年,第 23 页。

之书也。朕若信之，岂任卿以至今日"①。以上两例，都涉及对未公开的留中表状之处理，或存或毁，均由皇帝决定。因此，被留中的文书、被搁置的议题，皇帝还可以再拿出来讨论，时机则掌握在皇帝手中。宪宗时，成德节度使王承宗"上表怨咎武元衡，留中不报"②。至元和十年，宰相武元衡上朝途中遇刺身亡，宪宗怀疑是王承宗派遣的刺客所为，故"帝出〔王承宗〕表示群臣大议，咸请声其罪伐之"③。皇帝通过留中或付议时机的掌握，很大程度上影响了决策的结果。

四、小结

以上，我们围绕唐代"疏奏不报""留中"等搁置现象做了一些探讨，现简要总结。所谓搁置，是指皇帝对大臣或机构的上疏采取留而不发、未加批复的处理方式，也就是将议题搁置，暂不决策。这是皇帝在批准权、否决权之外的另一种权力方式——搁置权。在唐代，搁置并非皇帝怠政的表现，搁置、暂不决策也是一种决策。

搁置的重要功能是对议题的压制。重大决策做出后，压制反对意见，使之不成为议题、不再讨论，是皇帝作为决策者意志的体现。搁置有可能引发或加剧官员内部矛盾的议题，体现了皇帝对官僚群体的掌控能力。搁置既是皇帝处理与官僚机构矛盾、压制大臣意见的方式之一，也是皇帝处理君臣关系的灵活手段。这

---

① 《资治通鉴》卷二四九《唐纪六十五》大中五年三月条，第8046页。
② 《旧唐书》卷一五《宪宗纪下》，第454页。
③ 《新唐书》卷二一一《王承宗传》，第5958页。

种手段，还衍生出对付唐后期地方诉求的策略性搁置，特别用于对付割据型藩镇。

虽然我们看到唐代皇帝运用搁置手段，部分是小规模讨论后的结果，但是将议题搁置之前，是否必须经过讨论，则未见制度性规定。而且，皇帝可以在将议题整体搁置的情况下，采纳并实施其中部分意见；被搁置的议题，皇帝还可以在其认为合适时拿出来讨论。对搁置的灵活运用，凸显了皇帝在政务决策中的主导性与对政务决策的掌控能力。

皇帝搁置手段的运用，并不始于唐代。皇帝对大臣或机构章奏的搁置，汉代已经出现，在压制议题与调整君臣关系、官员矛盾方面，搁置的表现形式及其功能也与唐代基本相同，意味着在文书政治基础上，皇帝对政务决策与官僚群体掌控、干预方式的扩展与丰富。汉唐之间，和帝之后的东汉与武则天当政后的唐代是皇帝运用搁置手段比较突出的时期，西晋惠帝、东晋孝武帝期间搁置现象也相对集中。其间皇帝行使搁置权的对象，绝大部分是大臣个人上疏，对机构提议的搁置则少得多。对以上现象的解释，还需要进一步思考。此外，汉唐之间，虽然也见到个别人对皇帝搁置的抱怨，但是与宋，特别是明代士大夫对皇帝搁置行为的批评以及将留中章奏"尽付三省公议得失""尽付诸曹议行"①的要求不可同日而语。这固然与皇帝使用搁置手段的场合、对象、频率相关，但是或许与士大夫政治的发展、士大夫群体政治参与意识的变化关系更为密切。

---

① 分见脱脱等撰：《宋史》卷一七六《食货志上四》，中华书局，1977年，第4288页；张廷玉等撰：《明史》卷二一九《赵志皋传》，中华书局，1974年，第5775页。

唐后期大臣对皇帝人格依附的加强

在专制君主制下,存在全体臣民对单一君主的人格依附与单一君主对全体臣民的人身支配①。对于大臣对君主人格依附关系的形成,可以参考现代政治学中对庇护关系的理解。庇护关系是人类社会中的一种初级的双边关系,其中具有较高社会经济地位的个人(庇护者)使用自己的影响力和资源向社会经济地位较低的被庇护者提供保护和利益,被庇护者向庇护者提供一般性的支持和帮助作为回报。庇护关系通常在地位、财富和影响力不平等的双方之间形成。这种关系本质上是形成了一种等级与依附关系②。庇护关系在传统与现代社会中广泛存在。专制君主制下,君主至高无上的法定地位,除了赋予其正式显性权力之外,其权力的集中性、任意性,对信息的垄断性,也为其带来庞大的隐藏性权力资源。君主(庇护者)处于绝对优势地位,大臣(被庇护者)的仕途、财产甚至生命都由其决定,君主与大臣之间主要表现为恩赐关系而非交换关系,从而构成了传统专制社会大臣对君主的人格依附。

---

① 阎步克:《政体类型学视角中的"中国专制主义"问题》,《北京大学学报(哲学社会科学版)》2012年第6期,第33页。

② 参陈尧:《政治研究中的庇护主义———一个分析的范式》,《江苏社会科学》2007年第3期。

不同时代，不同制度环境下，大臣对皇帝的人格依附程度是存在差异的。在唐前期律令体系瓦解后产生部分制度空白的情况下，唐后期皇帝加强与官员个人关系，成为其提高政务主导、干预能力的一个选项。我们将会看到，皇帝与大臣之间一对一的个人联系在唐后期得以强化；皇帝还通过赋予大臣"天子私人"的身份以加强决策群体对皇帝的认同和依附；此外，皇帝还将大臣原本具有世袭性的家族待遇变为当今圣上对大臣个人功德劳绩的奖赏，这有助于强化大臣对皇帝的人格依附，反过来又进一步巩固了皇帝的隐藏性权力资源。

第八章

唐代"批答"述论：以地方官所获"批答"为中心

官员的表奏与皇帝的批复，是古代君臣交往的重要形式之一。众所周知，清代皇帝通过对奏折的朱批，构成了与上折官员之间一对一的单线联系，加强了对官僚和官僚机构的控制力。类似的思路和形式在前代也或多或少地存在。本章拟就唐代皇帝对大臣表奏的批复——批答，做一初步研究。

一、唐代文献中的"批答"

皇帝对大臣表奏的批复，在魏晋至隋，被称为"答诏"或"答表"[①]，不过这两个名称并不是制度性的，因

---

① 沈约撰：《宋书》卷一〇《顺帝纪》，昇明三年（479）四月"齐王践阼，封帝为汝阴王，待以不臣之礼。行宋正朔，上书不为表，答表不为诏"，中华书局，2019年修订本，第219页；李延寿撰：《南史》卷八《梁本纪下》，大宝二年（551）十月"简文帝崩，开府仪同三司王僧辩等奉表劝进。帝（梁元帝萧绎）奉讳，大临三日，百官缟素，答表不许"，中华书局，1975年，第236页；令狐德棻等撰：《周书》卷八《静帝纪》，"杨坚称尊号，帝逊于别宫。隋氏奉帝为介国公，邑万户，车服礼乐一如周制，上书不为表，答表不称诏"，中华书局，2022年修订本，第144页。

为它们有时也指大臣获得皇帝诏书后，根据诏书内容再上的表奏①。

唐代，皇帝对大臣表奏的批复有了一个规范的名称，叫"批答"②。唐初至玄宗时期，批答的数量不多，有一部分可能出自皇帝亲笔，文献中出现的"墨诏批答""墨敕批答""御批""御批答"等，多出自玄宗天宝以前③。也正是从玄宗时期开始，史料所见皇帝对大臣表奏批复的数量明显增长，因此"玄宗初，置'翰林待诏'，以张说、陆坚、张九龄等为之，掌四方表疏批答、应和文章"④。这些翰林文词待诏被称为翰林供奉，开元二十六年（738）"翰林供奉改称学士"⑤。此后之批答，盖由翰林学士草撰，

---

① 《宋书》卷一六《礼志三》，魏明帝诏"公卿侍中、尚书、常侍省之而已，勿复有所议，亦不须答诏也"，第475页；魏徵等撰：《隋书》卷四五《杨勇传》，隋文帝开皇二十年（600）"集群官于广阳门外，宣诏以戮之。广平王雄答诏曰：……"中华书局，2020年修订本，第1396页。《隋书》卷六四《来护儿传》，高元"上表请降。帝许之，遣人持节诏护儿旋师。护儿……答表请行，不肯奉诏"，第1698—1699页。

② 对于唐代的"批答"，学界研究不多，中村裕一对唐代墨诏、墨敕的研究中有所涉及。参氏著《唐代制敕研究》第二章第五节、第三章第八节，汲古书院，1991年；又见氏著《唐代公文书研究》，汲古书院，1996年，第42页；氏著《隋唐王言の研究》，汲古书院，2003年，第348、372页。沈载权、陈龙：《中韩"批答"文书比较》，《中华文化论坛》2008年第1期。

③ 张说著，熊飞校注：《张说集校注》卷一《进白乌赋并批答》，中华书局，2013年，第9页；张九龄撰，熊飞校注：《张九龄集校注》卷一三《请御注经内外传授状并御批》，中华书局，2008年，第736页。同书卷一三至一五所收张九龄表奏，多附玄宗之"御批"。张九龄撰，李玉宏校注：《曲江集》卷三《白羽扇赋并序》后附"御批答"，当代中国出版社，2004年，第308页；"四库唐人文集丛刊"影印《文渊阁四库全书》本《曲江集》卷一《白羽扇赋并序》，上海古籍出版社，1992年，第8页同；《四部丛刊》本《唐丞相曲江张先生文集》卷一目录作《白羽扇赋并序及御批》，正文作"御批答"。

④ 欧阳修、宋祁撰：《新唐书》卷四六《百官志一》，中华书局，1975年，第1183页。

⑤ 韦执谊：《翰林院故事》，见洪遵辑：《翰苑群书》（《丛书集成初编》本），中华书局，1991年，第12页。参毛蕾：《唐代翰林学士》，社会科学文献出版社，2000年，第12—13页。

故选拔翰林学士时,需"入院试制、书、答共三首、诗一首"①。穆宗时任翰林学士的李绅撰有《批答》一卷②。唐人文集中也保留了一些大臣所获皇帝之批复,如《颜鲁公集》收录颜真卿得到的玄宗、肃宗和代宗的"批答"十余件。大臣在得到皇帝的批复以后,有时还会上《谢赐批答表》或《谢赐批答状》,内有"奉……批答"云云③。这些现象表明,"批答"成为唐代皇帝对大臣表奏批复的制度性称呼。

除"批答"外,唐代皇帝对表奏之批复还有一些其他的称呼,如"答制"和"答诏"。张说《张燕公集》卷一一有《上党旧宫述圣颂》及玄宗之《答制》,开元二十二年张九龄《薛王有疾上忧变容发请宣付史馆状》云:"臣等伏见邠王守礼等表并答制。"④李德裕在武宗会昌三年(843)所上《论时政记等状·修史体例》中称"在藩镇献表者,必有答诏;居要官启事者,自合著明"⑤。其中"答诏"二字,《旧唐书》卷一八上《武宗纪》作"批答"。与南北朝不同,唐代的"答制"或"答诏"专指皇帝之批复,未见有指大臣表奏的用法。

---

① 李肇撰:《翰林志》,见《翰苑群书》,第4页。王应麟撰:《玉海(合璧本)》卷六四《诏令·唐王言之制》作"入院试制、书、批答共三道,诗一首",中文出版社,1977年,第1266页。

② 《新唐书》卷六〇《艺文志四》,第1611页。

③ 权德舆撰,郭广伟校点:《权德舆诗文集》卷四六《谢批答表》,上海古籍出版社,2008年,第702页;李德裕撰,傅璇琮、周建国校笺:《李德裕文集校笺》卷一九《谢赐让官批答状》,中华书局,2018年,第452页;杜牧撰,吴在庆校注:《杜牧集系年校注》卷一五《代裴相公谢赐批答表》,中华书局,2008年,第958页。

④ 《张说集校注》,第570页作"集原附玄宗答制"。《四部丛刊》本《张说之文集》、《文渊阁四库全书》本《张燕公集》均径作"答制"。《张九龄集校注》卷一三,第728页。

⑤ 《李德裕文集校笺》卷一一,第232页。

"批答"有时又称"批诏"①。德宗贞元年间,僧人般若《谢赐批诏并法服茶绢等表》中称"伏奉今月二十六日右街功德使霍仙鸣、判官高品裎仲良宣,赐批诏并法服茶绢等者"②。唐末钱珝代他人所撰表中,多言"伏奉批诏"或"跪承批诏"③。在宋代,"执政以上有章奏请,则降批答;以下则降诏"④,"批答"与"批诏"存在等级差别。由钱珝代宰相上表中称获得"批诏"看,唐代似无此分别。

文献中所见唐代之"批答",除了附于大臣的表奏而零星保留下来外,还存在某些翰林学士草撰的批答集中收录的情况。前引李绅《批答》已佚,现存《不空表制集》保留了部分肃宗、代宗给予不空、惠朗等僧人的批答,此外《文苑英华》卷四六六、卷四六七《翰林制诏·批答》以及《白居易集》卷五六、卷五七,收录此类批答数量最多、最集中。据此可知唐代皇帝的批答编入文集时,常常定名为"批某某表""答某某表"或是"与某某诏"⑤。

---

① 陈思:《宝刻丛编》(《丛书集成初编》本)卷一〇《陕州·唐刺史卢奂厅事赞》"唐玄宗御制御书。帝西幸遇陕府,至奂厅事,题赞于其壁。奂以刻石,并谢表批答附于后。碑以开元二十四年十月立",中华书局,1985年,第286页。赵明诚撰,金文明校证:《金石录校证》卷六作"唐卢奂谢表并批诏",中华书局,2019年,第116页。

② 圆照:《贞元新定释教目录》卷一七,《大正新修大藏经》第55册第896页。文书拟名,见陈尚君辑校:《全唐文补编》卷六,中华书局,2005年,第741页。

③ 李昉:《文苑英华》卷五七五《为中书崔相公让官第二表》《第四表》《第六表》,中华书局,1966年,第2960—2962页;同书卷六〇九《荧惑退舍宰相请复常膳表》《为宗正卿请复常膳表》,第3158页;同书卷五八二《代王相公谢加门下侍郎食邑表》,第3013页。《全唐文》卷四一六将《为宗正卿请复常膳表》系于常衮名下,误。参夏婧:《清编全唐文研究》,上海古籍出版社,2019年,第223页。

④ 赵升编,王瑞来点校:《朝野类要》卷四《文书·批答》,中华书局,2007年,第84页。

⑤ 《全唐文》的编纂者在处理皇帝对大臣表奏之批复时,多以"答某某诏""答某某制"拟名。

综合考察上述以各种形式存留于史料中的唐代批答，可以发现，唐代皇帝对大臣表奏的批复，从内容看，大致可以分为两种类型：第一类是礼节性批答，多以"批某某表""答某某表"为题，是为狭义的批答。广义的批答，还包括第二类，即多以"与某某诏"为题的政务性批答。批答中的一部分由宦官担任的中使送达，武宗时李德裕《谢赐让官批答状》称"高品冯至珣至，奉宣圣旨，并赐臣批答"①。皇帝对藩镇官员表奏的批复，更多的是由藩镇派出的奏事官直接带回②。

二、唐代藩镇长官所获批答数量与类型的变化

纵观唐代史料中存留的批答，中央官所获皇帝的批答是大多数。唐前期地方官所获批答凤毛麟角，玄宗时期开始增多，安史之乱以后，地方官所获批答的比例逐渐上升，甚至超过了中央官。唐后期获得皇帝批答的地方官中，藩镇长官是绝大多数，其中所获政务性批答的比例也在上升。下面，对此现象略做描述。

玄宗以前，虽然皇帝对大臣表奏的批答数量颇多，但是几乎看不到给地方官的。管见所及，皇帝给地方官的批复仅有两篇。一是太宗贞观五年（631）之《与冯盎敕》："敕：高州都督耿国公冯盎：安州都督府使人周怀义还，及张赟等至，并具来表，省览周环，良以增叹。……春序已暄，想无恙也。家门

---

① 《李德裕文集校笺》卷一九，第452页。
② 司马光编著：《资治通鉴》卷二二一《唐纪三十七》肃宗上元元年六月条胡注："诸道遣官人京师奏事者，谓之奏事官。"中华书局，1956年，第7093页。《文苑英华》卷六〇九《代人奉御批不许请罪谢恩表》称"奏事官苏翼回，伏奉圣造答表"，第3159页。

大小，并得平安。今令使往，指不多及。"① 二是睿宗《景云二年（711）七月九日赐沙州刺史能昌仁敕》："敕沙州刺史能昌仁：使人主父童至，省表，所奏额外支兵者，别有处分，使人今还。指不多及。"②

玄宗以后，皇帝给地方官的批答渐多。倪若水为汴州刺史，"〔开元〕四年（716），玄宗令宦官往江南采鹍鹉等诸鸟，路由汴州。若水知之，上表谏曰：……手诏答曰：……"内容是《答〔汴州刺史〕倪若水诏》③。另一篇给地方官的批答是《答〔河南尹〕李适之祭岳渎得雨贺表手诏》，开元"二十四年六月，以久旱，命河南尹李适之祭岳渎祈雨，是日澍雨。适之奏贺曰：……手诏报曰：……"④ 开元末年，边事紧张，玄宗给边镇节度使的批答明显增多。如开元二十二年《敕西州都督张待宾书》云"敕西州都督张待宾：累得卿表，一一具知。刘涣凶狂，自取诛灭，远近闻者，莫不庆快。卿诚深疾恶，初屡表闻，边事动静，皆尔用意，即朕无忧也。夏初已热，卿及将士官寮百姓已下，并平安好，遣书指不多及"⑤。此外，可视为批答的还有《敕安西节度王斛斯书》4 篇、《敕幽州节度张守珪书》3 篇，以及《敕陇右节度

---

① 许敬宗编，罗国威整理：《日藏弘仁本文馆词林校证》，中华书局，2001 年，第 478—479 页。岑仲勉：《唐史余沈》卷一拟名为《贞观年中与冯盎敕》，上海古籍出版社，1979 年，第 13 页。陈尚君辑校：《全唐文补编》（第 16 页）将篇名略加修订为《与冯盎敕》，似更符合唐人定名习惯。

② 录文和研究参雷闻：《从 S. 11287 看唐代论事敕书的成立过程》，《唐研究》第 1 卷，北京大学出版社，1995 年；中村裕一：《隋唐王言の研究》，第 135—138 页。

③ 刘昫等撰：《旧唐书》卷一八五下《良吏·倪若水传》，中华书局，1975 年，第 4812 页。拟名见董诰等编：《全唐文》卷二七，上海古籍出版社，1990 年，第 130 页。

④ 王钦若等编：《册府元龟》卷二六《帝王部·感应》，中华书局，1960 年，第 281 页。拟名见《全唐文》卷三〇，第 145 页。

⑤ 《张九龄集校注》卷八，第 525 页。

阴承本书》《敕北庭都护盖嘉运书》《敕剑南节度王昱书》等①。相对于玄宗时期给大臣的120余份批答来看，给地方官批答的比例还是比较低的。

肃宗以后，在皇帝对大臣表奏的批答中，给地方官的数量和比例明显上升。乾元元年（758），肃宗撰《答郭子仪上天子信宝诏》②，当时郭子仪身为朔方节度使。颜真卿任地方官期间，肃宗给他有4份批答，分别是：《答颜真卿谢冯翊太守批》《答颜真卿谢蒲州刺史批》《答颜真卿谢浙西节度使批》③和《答颜真卿乞书天下放生池碑额批》④。郭子仪和颜真卿作为地方官所获这5份批答，在目前所见肃宗20余份批答中的比例，较玄宗时有明显提高。肃宗时，郭子仪除了担任朔方节度使以外，还曾任邠宁、鄜坊两道节度使。代宗即位之初，郭子仪"上表进肃宗所赐前后诏敕"，数量达"一千余首"，整理后得"手诏敕书凡二十卷"⑤。其中至少有部分属于郭子仪任节度使时肃宗之批答。总之，我们说肃宗对地方官表奏之批答，相对玄宗，特别是玄宗以前诸帝有比较明显的增多，当不致大误。

史料所见代宗、德宗给大臣的批答数量不多，其中也都有给地方官者。代宗有给东都留守杜鸿渐的《答杜鸿渐辞官手诏》、

---

① 《张九龄集校注》，第523、541、604、617、566、567、572、597、619、630页。
② 《册府元龟》卷二五《帝王部·符瑞第四》，第265页。拟名见《全唐文》卷四二，第201页。
③ 颜真卿原文及肃宗批答，均见"四库唐人文集丛刊"《颜鲁公集》卷二，上海古籍出版社，1992年，第12—13页。拟名均见《全唐文》卷四四，第209页。
④ 颜真卿原文及肃宗批答，见《颜鲁公集》卷三，第16页。拟名见《全唐文》卷四四，第209页。时乾元二年，颜真卿任昇州刺史。时间参郁贤皓：《唐刺史考全编（增订本）》，凤凰出版社，2022年，第3335页。
⑤ 《旧唐书》卷一二〇《郭子仪传》，第3454—3455页。

给荆南节度使颜真卿的《答颜真卿谢荆南节度使批》等①。德宗有贞元四年（788）对河中尹浑瑊贺表之批答②，还有给剑南西川节度使韦皋的《答韦皋谢颁示政刑箴表批》③。又德宗《答王真进道德经论兵要义手诏》云："尚璀至，省所陈献，具悉。卿职在藩条，诚存裨补，本乎《道德》之旨，参以理化之源，用究元微，有兹述作……"④ 从"卿职在藩条"看，王真当为藩镇长官，"尚璀"或为奏事官，此为德宗给王真之批答。

宪宗元和二年（807）至六年，白居易任翰林学士。在不到五年时间里，他为宪宗草拟了近70份给地方官的批答，其中绝大多数是给各个节度使的。比较突出的，如给易定节度使张茂昭的批答有5篇，获4篇批答的有魏博节度使田季安、昭义军节度使卢从史、淄青平卢节度使李师道、朔方灵武节度使和太原节度范希朝、宣武节度使韩弘。获得3篇宪宗批答的，有幽州卢龙军节度使刘济、成德军节度使王承宗、范阳节度使刘总和先后担任湖南观察使、浙东观察使的薛苹。剑南东川节度使严砺、剑南西川节度使武元衡和淮南节度使王锷三人各获两篇皇帝批答⑤。给地

---

① 分见《册府元龟》卷三三一《宰辅部·退让二》，第3910页，拟名见《全唐文》卷四七，第223页；《颜鲁公集》卷二，第14页，拟名见《全唐文》卷四九，第231页。
② 《宝刻类编》（《丛书集成初编》本）卷四，商务印书馆，1936年，第114页。
③ 袁说友等编，赵晓兰整理：《成都文类》卷一八，韦皋《谢政刑箴表》后附之批答，中华书局，2011年，第379页。拟名见《全唐文》卷五四，第253页。
④ 《全唐文》卷五三，第249页。此文仅见于《全唐文》，出处不明，参平冈武夫、市原亨吉、今井清编：《唐代的散文作品》，上海古籍出版社，1989年，第53页第01977号。王真或为德宗贞元年间曾任成德军节度使的王士真之讹。王士真，参吴廷燮：《唐方镇年表》卷四《成德》，中华书局，1980年，第582—583页。
⑤ 白居易著，朱金城笺校：《白居易集笺校》卷五六、卷五七，上海古籍出版社，1988年。

方官批答的数量占到此期白居易所撰批答总数的一半以上。如此的密度和比例，在唐代历史上是前所未见的。

宪宗以后，皇帝给地方官的批答史不绝书，至唐末僖宗、昭宗时期，随着中央政权的岌岌可危，目前所见皇帝的大部分批答都是给节度使等封疆大吏的。更加值得注意的是，宪宗以后，在给藩镇长官的批答中，政务性批答的比例显著上升。同时，在批答中对藩镇长官直接指挥的现象也相当明显，如在武宗会昌三年（843）给幽州卢龙节度使张仲武的《赐张仲武诏》中，不仅有"经略之事，全以付卿。须及塞草未青，虏骑方困，一举便克，使无孑遗"这样的对回鹘的战略安排，而且还有"卿先发马步一万人，于大界原防戍。今缘可汗入卿掌握，已在网罗，岂得更屯精兵，守无用之地？即宜追赴本道，同力剪除"这样的具体布置①。此外，诸如武宗给河东节度使李石、忠武军节度使王宰的批答，僖宗给西川节度使高骈的批答等②，也都包含皇帝直接指挥藩镇军政事务的内容。

三、"敕书"的分化与政务性"批答"

安史之乱以后，皇帝批答中给节度使、观察使等藩镇长官的比例逐渐上升，甚至超过了中央官；在礼节性和政务性两类批答中，藩镇长官所获政务性批答的比例也在上升。此现象意义何在呢？

---

① 《李德裕文集校笺》卷六，第119页。
② 分见《李德裕文集校笺》卷七，第135、137页；《旧唐书》卷一八二《高骈传》，第4706—4710页。

礼节性批答，主要是皇帝对大臣贺表、谢表、让官表、上尊号表等的批复，此类批答数量占文献所见唐代皇帝批复的大多数。名为"批某某表"与"答某某表"者，多属此类。唐代大臣的贺表、谢表、让官表、上尊号表等多无实际政务内容，相应地，批答也比较简单，颇多套话，几乎没有关乎政务的内容。举一例，文宗大和九年（835）十二月，刘禹锡到任同州刺史，其《同州谢上表》后附文宗批答云："省表具知，卿任居三辅，职奉六条，累闻问俗之劳，载览勤人之志。言惟顾行，深慰朕怀。勉弘故经，以副忧寄。所谢知。"① 以"省表具知（之）"或"省表具悉"开篇，是此类批答的典型格式②。"省表具知（之、悉）……所贺（谢），知"是对贺表、谢表批答的标准格式。李肇《翰林志》记张垍在玄宗末年任翰林学士，"止于唱和文章，批答表疏，其于枢密，辄不预知"③。正因为此类批答多为套话而少涉政务，所以张垍被认为"其于枢密，辄不预知"。

政务性批答的大量应用，是在安史之乱以后。此类批答，在大臣的表奏或皇帝的批复中，含有实实在在的军政信息。下面，以白居易宪宗元和年间任翰林学士时（807—811）所撰批答为核

---

① 刘禹锡著，瞿蜕园笺证：《刘禹锡集笺证》卷一六，上海古籍出版社，1989年，第403—404页。其中"勉弘故经"，《刘禹锡集》作"勉弘政经"，中华书局，1990年，第193页。

② 元稹著，周相录校注：《元稹集校注》（上海古籍出版社，2011年）卷四一收录元稹任翰林学士时所撰5件批答，分别是《批宰臣请上尊号第二表》《批宰臣请上尊号第三表》《批宰臣请上尊号第四表》《批刘悟谢上表》《批王播谢官表》，5件批答都没有以"省表具知"开篇。5件中前3件收入《文苑英华》卷四六六，后2件收入《文苑英华》卷四六七，《文苑英华》中，这5件文书起始均多"省表具知"四字。

③ 《翰苑群书》，第3页。

心，对唐后期政务性批答的特点做一简要分析。

从给与对象看，《白居易集》所收"答某某表""批某某表"既有给中央官者，也有给地方官者；而近60份"与某某诏"都是给节度使或观察使等藩镇长官的①。《白居易集笺校》卷五六《与师道诏》：

> 敕：师道：朱何至，省所奏当道赴行营兵马取正月过渡河逐便攻讨，并奏兵马出界后，请自供一月粮料。又奏待收下城邑，若有军粮，一月已后续更支计，并陈谢慰问者，具悉。卿文武间生，忠贞特立，动有所效，知无不为。昨献帛助军，极盈数于万匹；今又赍粮出境，减经费于三旬。此乃力之所任，无不罄竭；虑之所及，无不经营。因时见忧国之心，临事识忠臣之节。诏书慰谕，未尽朕怀；章疏谢陈，益嘉乃志。再三兴叹，寤寐难忘。其所奏闻，并依来表。想宜知悉。

《与师道诏》作于宪宗元和四年（809），"师道"是指时任淄青平卢节度使的李师道。朱金城先生认为，"此盖答师道奏派兵会讨王承宗之诏"②。从具体内容看，李师道在表奏中向皇帝汇报了出兵征讨王承宗的具体情况，皇帝在嘉勉的同时，对"其所奏闻，并依来表"，在批答中同意了李师道表奏中的某些计划。从形式看，作为皇帝对大臣表奏批复的"与某某诏"，其基本结构是："敕：

---

① 在《白居易集笺校》所收"与某某诏"中，仅元和五年《与昭义军将士诏》（第3220页）不是给藩镇长官个人的。以此件文书与同为元和五年的《与昭义军将士敕书》（第3224页）、《与昭义节度亲事将士等书》（第3228页）、《与恒州节度下将士书》（第3230页）等三份文书对照，其定名为《与昭义军将士书》更为准确。

② 《白居易集笺校》，第3214页。

某：某至，省所奏……具悉。卿……想宜（当）知悉。"

《白居易集》所收近 60 件给藩镇长官的"与某某诏"中，只有 14 件因为没有"某至，省表（所奏）具悉"的内容，无法确定是否为皇帝对藩镇长官表奏之批复。这 14 件文书的内容颇具一致性，即除卷五七《与元衡诏》外，均为告示授官者，在《与王承宗诏》《与元阳诏》《与房式诏》《与卢恒卿诏》中明言"并赐告身"①，也就是和告身一同赐予的诏书。唐后期存在对官员让官表之批答与告身一同赐予的现象②，因此以上这些无法确定是否为皇帝批复的"与某某诏"，也具有是批答的可能性。

从内容来看，相对于礼节性批答，《白居易集》所收政务性批答显示了中央与地方之间的军政信息交流。第一，藩镇长官除了向皇帝奏报本地军政事宜外，有时还包括其他地区动向以及某些建议，如易定节度使张茂昭元和二年（807）"密奏恒州具申事体"、元和四年献平王承宗之策等③。第二，在皇帝的批复中，不仅有对藩镇长官奏请事宜的批准，还包括对藩镇具体政务的进一步安排。前者除了上引《与师道诏》外，又如在元和四年给江西观察使韦丹的批答中，宪宗对其"奏权减俸及修造陂堰，并劝课种莳粟麦等事宜"表示同意，"并依所奏"④。后者如元和三年，

---

① 《白居易集笺校》，第 3197、3223、3250、3251 页。
② 《旧唐书》卷一八〇《杨志诚传》，文宗大和七年，"志诚遣将王文颖谢恩，并让官，复赐官告、批答"，第 4676 页。
③ 《白居易集笺校》卷五七《与茂昭诏》，第 3311 页；同书卷五六《与茂昭诏》，第 3205 页。
④ 《白居易集笺校》卷五七《与韦丹诏》，第 3318 页。

部分沙陀突厥归投，宪宗命朔方灵盐节度使范希朝①"今赐衣服及匹段等，自首领已下，卿宜等第给付。其部落家口等远经跋涉，宜稍安存，以劝归心"；元和四年末，又命河东节度使范希朝对王承宗事"所有动静，宜数奏闻"②。

从文书形式角度考察，唐代皇帝给地方官的诏书中，具有类似"与某某诏"形式的诏书，还见于张九龄的《曲江集》和李德裕的《会昌一品集》中。

张九龄《曲江集》卷七至卷十二所收"敕书"中，有94件"敕某某书"。按赐予对象，可分为三类，第一类是给节度使、都督等地方官者，如《敕安西节度王斛斯书》等；第二类是给外藩首领者，如《敕新罗王金兴光书》等；第三类不同于前两类，不是给个人的敕书，而是给集体的敕书，如《敕北庭将士已下书》以及"敕河东节度副使、兼代州都督王忠嗣及诸将士"的《敕河东节度副使王忠嗣书》等。在第一类敕书中，有12件有"使人某至，省表具之"或"得卿表"等内容③，表明这些敕书是得到大臣表奏以后的批复。三类敕书定名相同，基本文书结构也相同，为"敕某：……并平安好，遣书，指不多及"④。三类敕书均

---

① 《旧唐书》卷一一四《宪宗纪上》，第421、428页。
② 《白居易集笺校》卷五七《与希朝诏》，第3291页；同书卷五六《与希朝诏》，第3212页。
③ 分别是卷八《敕安西副大都护王斛斯书》《敕西州都督张待宾书》《敕（伊州刺史）伊吾军使张楚宾书》，卷九《敕幽州节度（副大使）张守珪书》（3份），卷一〇《敕当州别驾董愻运书》《敕陇右节度（使）阴承本书》《敕安西四镇节度副大使王斛斯书》（2份）、《敕（瀚海军使）北庭都护盖嘉运书》，卷一一《敕剑南节度（副大使）王昱书》。
④ 这具有唐前期"王言之制"之一"论事敕书"的典型结构。参前引雷闻《从S.11287看唐代论事敕书的成立过程》，第330页。

名"敕某某书",与《白居易集》所收同类文书的定名方式存在显著差别。

在《白居易集》卷五六、五七中,除了上引对藩镇长官个人的"与某某诏"之外,也有给外藩首领或集体的敕书,不过,这些文书的定名不是"与某某诏",而是"与某某书"或"与某某敕书",如《与吐蕃宰相钵阐布敕书》《与骠国王雍羌书》《与昭义军将士敕书》《与恒州节度下将士书》等。

李德裕《会昌一品集》中,给与藩镇长官个人者定名为"赐某某诏"或"赐某某诏意",其中明确是对藩镇官员表奏批复者,有《赐张仲武诏》《赐李石诏意》等①。给藩镇将士集体者定名为"赐某某敕书"或"赐某某敕书意",如《赐石雄及三军敕书》《赐潞州军人敕书意》等②。在"诏"与"敕书"的区别上,《会昌一品集》与《曲江集》异,而与《白居易集》同。给予外藩首领者,略显杂乱,既有"赐(与)某某书",也有"赐某某诏"。

《曲江集》与《白居易集》《会昌一品集》均结集成书于唐代,且白居易、李德裕生前就已经着手编辑自己的文集。因此三书内文章的定名和内容还是有相当高的可信度与价值的。那么,三者的差别,特别是《曲江集》与《白居易集》《会昌一品集》中对个人与集体诏书、敕书的差别意义何在呢?以上文书,分别是张九龄任宰相期间(733—736)、白居易任翰林学士期间(807—811)、李德裕任宰相期间(840—846)所做,如何理解这种变迁呢?

---

① 《李德裕文集校笺》,第119、135页。
② 《李德裕文集校笺》,第110、113页。

我们认为，这或可视为"敕书"的分化。具体地说，就是玄宗时期针对藩镇长官个人与藩镇将士集体的同一种"敕书"，至迟到宪宗以后，分化成了对藩镇长官个人的"诏"与对藩镇将士集体的"敕"。

这种分化，在翰林学士的入院考试中有所体现。据前引《翰林志》，大致在德宗时，翰林学士入院考试，要试制、书、批答、诗各一首。从白居易在宪宗元和二年（807）十一月五日参加的翰林学士考试，可以看到一种更为细致的分类方式。白居易"奉敕试制、书、诏、批答、诗等五首"，分别为《奉敕试边镇节度使加仆射制》《与金陵立功将士等敕书》《与崇文诏》《批河中进嘉禾图表》和《太社观献捷诗》①。这里，制、敕书、诏、批答并立，而且更为巧合的是，《与金陵立功将士等敕书》为"敕浙西立功将士等"，《与崇文诏》是给西川节度使高崇文。"与某某敕书"对藩镇将士集体，"与某某诏"对藩镇长官个人，和上述《白居易集》《会昌一品集》总体状况吻合。

这种分化并不仅仅存在于这两部文集中。懿宗咸通十一年（870），"魏博节度使何全皞酷政，为衙军所杀，推其大将韩君雄为留后"②，时任翰林学士的郑畋③撰"敕魏博权知兵马留后韩君雄及将士等""敕〔张〕文裕及魏博三军将士等"两份公开敕书，也都是定名为"与某某书"，分别是《与韩君雄书》《与张文裕及

---

① 《白居易集笺校》卷四七，第 2868—2872 页。
② 《旧唐书》卷一九上《懿宗纪》，第 675 页。
③ 据《旧唐书》卷一九上《懿宗纪》，郑畋由翰林学士出为梧州刺史在咸通十一年九月，于何全皞事件之后，第 676 页。此时郑畋当仍为翰林学士。

魏博军书》①。昭宗时任翰林学士的杨钜，撰《翰林学士院旧规》，其中"书诏样"条有"赐节度使及三军将士敕书"②。唐后期文集中所收地方官的谢表、谢状中，能够看到"赐臣敕书、手诏各一封"的记载③，也就是地方官同时收到皇帝给予将士的敕书与官员个人的手诏。以上可见，至迟到宪宗初年，敕书已经产生了分化，并且这种分化在唐代延续了下去。

这里存在一个问题，既然"敕书、诏、批答"并立，那么为什么前文将"与某某诏"视为批答呢？《白居易集》卷五六、五七的标题为《翰林制诏·敕书批答祭文赞文（词）附》。在敕书与诏业已有所分化的前提下，问题就变为了"与某某诏"属于敕书还是批答的问题。我们认为"与某某诏"属于批答。理由有二：第一，从内容看，前文视为批答的"与某某诏"，文中具有明确的藩镇长官表奏信息，无疑当为皇帝对大臣表奏的批复；第二，在唐后期，此类"与某某诏"属于皇帝手诏范畴。试举二例，元和十二年（817），山南西道节度使权德舆④上《谢赠先祖尚书礼部郎中表》，宪宗批复"敕：某：省所奏，请回检校官及兼追赠亡祖事宜，具悉。卿位更将相，委重藩方，褒赠自是典章，岂必更回官秩。因心志切，报本诚深，已诏追荣，良增嘉叹，想宜知悉。夏热，卿比平安好。遣书指不多及。闰五月五

---

① 《文苑英华》卷四五九，第2339页。

② 《翰苑群书》，第18页。

③ 刘邺《谢冬衣表》《谢端午衣表》，见赵和平：《敦煌本〈甘棠集〉研究》，新文丰出版公司，2000年，第65、66页。崔致远《谢加太尉表》《谢加侍中兼实封表》《谢郏公甫充监军手诏状》，见崔致远撰，党银平校注：《桂苑笔耕集校注》，中华书局，2007年，第33、51、81页。

④ 《旧唐书》卷一五《宪宗纪下》，第457、464页。

日"。从内容到格式,为"与某某诏"无疑。权德舆收到皇帝之批复后,上谢表云:"臣德舆言:伏奉今月五日手诏……无任哀惶感荷之至!谨遣进奏官、押衙、朝议郎、前行兴元府金牛县主簿张儇奉表陈谢以闻。臣某诚惶诚荷,顿首顿首。谨言。"① 权德舆将皇帝的批复称为"手诏"。又敬宗宝历元年(825)"二月,壬午,浙西观察使李德裕献《丹扆六箴》"②,敬宗"命〔翰林〕学士韦处厚优其答诏"③。就是这份由翰林学士草拟的给藩镇长官的批答,《旧唐书》卷一七四《李德裕传》记为"帝手诏答曰:卿文雅大臣,方隅重寄。……必当克己,以副乃诚"。从内容和格式看,答诏和"与某某诏"一致,不过省略了前后的一些套话而已。这里它也被称为"手诏"。被视为皇帝手诏,正是唐代批答的一个特点。批答作为手诏,具有不经过中书省、门下省,直接由禁中下发的特点④。

唐后期的批答是广义皇帝诏书的一类,但与普通诏书相比,也有所不同。李肇《翰林志》云:"近朝大事直出中禁,不由两省,不用六宝,并从权也。元和初,置书诏印,学士院主之。凡赦书、德音、立后、建储、大诛讨、免三公宰相、命将,曰制,

---

① 《权德舆诗文集》卷四六《谢赠先祖尚书礼部郎中表》附批答、《谢手诏不听回官秩表》,第734—736页。同样称"手诏"之例,还见于同书同卷《缘迁祔请令子弟营护状》附批答、《谢许迁祔并令子弟营护诏表》,"伏奉今月十五日手诏",第731页。
② 《资治通鉴》卷二四三《唐纪五十九》,第7842页。
③ 《旧唐书》卷一七上《敬宗纪》,第514页。
④ 游自勇的研究认为,唐后期手诏虽然仍旧套用旧日"论事敕书"的格式,但它不需要中书省、门下省官员的签署,不经过中书省、门下省的颁诏程序,是皇帝自己发出的,和以前的"论事敕书"已经大不相同。游自勇:《墨诏、墨敕与唐五代的政务运行》,《历史研究》2005年第5期。

并用白麻纸，不用印。……凡批答表疏，不用印。"① 李肇是宪宗元和后期的翰林学士②，其说当有很高的可信度。据此，皇帝对大臣表疏之"批答"，由翰林学士草撰，不仅不经中书、门下二省，而且也不需加盖翰林学士院之书诏印。因此，唐后期批答具有皇帝自行发出的性质。

随着"敕书"的分化，唐后期皇帝给藩镇长官个人的批答，由翰林学士草撰，下达不经中书、门下二省，由中使或奏事官送达，在某种程度上，可以说批答构成了皇帝与藩镇长官之间的个别联系。而藩镇长官所获批答，特别是政务性批答的增多，显示出皇帝与藩镇长官之间个别联系的作用在提高，成为皇帝直接指挥、干预地方政务的手段之一。

四、小结：唐后期的"批答"与皇权

如果把皇帝给藩镇大臣的批答看作由藩镇大臣上奏与皇帝批复两个环节共同构成的完整段落，那么就可以更为清晰地看到唐后期批答所具有的私密性。唐代大臣的部分表状并非公开，很多史料显示，只有经过皇帝允许，大臣才能够看到地方大员表状的具体内容。如张九龄称"高力士宣示臣等〔西州都督〕张待宾表"③；陆贽称"昨日钦溆奉宣圣旨，示臣〔河东节度使〕马燧、〔河中节度使〕浑瑊等奏平〔李〕怀光收河东状"④；权德舆称

---

① 《翰苑群书》，第 2 页。

② 李肇，两《唐书》无传，唐代有几位李肇，易混淆。其仕历请参傅璇琮：《新订唐翰林学士传论》上册"李肇"条，辽海出版社，2015 年，第 364—370 页。

③ 《张九龄集校注》卷一三《贺张待宾奏克捷状》，第 744 页。

④ 陆贽撰，王素点校：《陆贽集》卷一六《收河中后请罢兵状》，中华书局，2006 年，第 520 页。

"今日内侍朱希颜奉宣进止，示臣郑滑观察使姚南仲所奏"①；又文宗得刑部员外郎舒元舆奏后，"出示宰相，李宗闵以〔舒元舆〕浮躁诞肆不可用，改著作郎，分司东都"②等等。对皇帝批答的行用对象，唐制未见明确记述，宋代制度比较明确，"自执政而下，至于节度使、使相，则用批答。批答之制，更不由中书，直禁中封所上章付院"③。参考宋制，并结合上文考述可以看到，唐后期地方大臣的表奏并不公开，皇帝批复时，有可能不经宰相机构而直接下翰林学士院，翰林学士草拟、经皇帝首肯后，既不必过中书、门下两省，也不必加盖学士院书诏印，直接通过中使或奏事官将批答送至藩镇，递交给上表奏之大臣。这一过程跳出了旧有官僚制度框架之外，在一定程度上构成了皇帝与藩镇长官之间的个别联系，彰显了皇权的作用。

唐后期批答的草拟者是翰林学士，个别宰相如李德裕在武宗时草拟批答，实际是他在皇帝的充分信任下，代翰林学士之责而已④。研究表明，唐代翰林学士手中并没有独立的权力，其发挥作用必须依赖于皇帝⑤。正是从这个角度，翰林学士在唐代为"内职"⑥，被称为"天子私人"⑦，是皇帝与皇权的附属。翰林学

---

① 《权德舆诗文集》卷四四《中书门下贺滑州黄河清表》，第681页。
② 《新唐书》卷一七九《舒元舆传》，第5322页。
③ 《翰苑遗事》，见《翰苑群书》，第84页。叶梦得撰，宇文绍奕考异、侯忠义点校：《石林燕语》卷六略同，中华书局，1984年，第91页。
④ 《资治通鉴》卷二四七《唐纪六十三》武宗会昌三年（843）三月条，"每有诏敕，上多命德裕草之。德裕请委翰林学士，上曰：学士不能尽人意，须卿自为之"，第7976页。李德裕所草制诏，有些还要经过翰林学士的润色，《李德裕文集校笺》卷五《诏敕上》注曰："诏敕凡有敕字者，便行；无敕字者，请翰林添奖饰语。他皆仿此。"第75页。
⑤ 毛蕾：《唐代翰林学士》，第155页。
⑥ 李肇：《翰林志》，见《翰苑群书》，第4页。
⑦ 《新唐书》卷四六《百官志一》，第1184页。

士的权重，是皇权的扩张。

唐后期批答的传递者多为宦官担任的"中使"或作为藩镇长官亲信的"奏事官"。宦官势力的增长是唐后期政治史中的重要现象，宦官在唐代被称作"王人"①，同样是皇权的附属。宦官势力的增长，枢密、禁军等一些新制度与宦官制度联系密切，在一定程度上也可视为皇权拓展的产物。

唐后期批答的发展，具有类似的指向性。安史之乱以后，原有中央与地方之间的规范已失，中央地方关系复杂化。相比制度化较强的时代，在旧制度瓦解、新制度尚在孕育的阶段，皇权发挥的空间扩大了，皇帝个人的能力和影响能够发挥更大的作用。唐后期皇帝对藩镇长官之批答，特别是政务性批答的增多，一方面反映出地方势力的上升，使皇帝和中央不得不更重视与他们的交流；同时由于政务性批答所具有的皇帝与藩镇长官之间个别联系的性质，草撰用"私人"，传递以"王人"或藩镇长官的亲信"奏事官"，意味着皇帝在调整中央地方关系的过程中，在一定程度上跳出原有制度和官僚机构的束缚，以强化皇帝与地方藩镇长官个人联系的方式，试图扮演更积极、更主动的角色，同时加强大臣对皇帝的依附。新的制度也在这种努力中发育②。

---

① 唐代文献中，"王人"有泛指皇帝臣民的意思，但更多的是特指送达皇帝诏敕的宦官。

② 宋代的批答类文书也是在这样的一个方向上发展，并孕育着新的决策方式。宋代的相关研究，请参阅德永洋介：《宋代の御筆手诏》，《東洋史研究》第57卷第3号，1998年；张祎：《制诏敕劄与宋代中枢体制》第一章第三节"皇帝的日常理政与内批、手诏"，商务印书馆，2024年。

第九章

唐后期同时上呈皇帝、宰相类文书考

一、问题的提出

第八章揭示了唐后期皇帝与藩镇长官之间以"批答"形式的个别联系，在此背景下，我们观察到唐后期地方长官也主动加强与皇帝和宰相的私人性联系。本章将从一类特殊的文书，即同时上呈皇帝、宰相类文书角度，对此问题加以考察。这是地方长官对皇帝人格依附增强的表现。

根据行文主体的差异，同时上皇帝、宰相的文书可以分为个人表状与机构之状两类；根据文书内容的差异，同时上皇帝、宰相的文书还可以分为公文书、私文书两类。本章拟考察其中的一部分，即着重探讨个人、私书的部分。

二、同时上呈皇帝与宰相的表状

唐后期,大臣上疏皇帝者,通常称为"表"或"状";大臣上书宰相机构"中书门下"者,则不能称"表",而是多称为"状",其中上宰相个人且私人性较强的,也有个别称"启"者。目前所见,大致在同一时间、就同一事情,既奏皇帝又报宰相的事例,最早见于唐德宗时期。德宗建中元年(780)至三年,李洧任徐州刺史,"洧遣摄巡官崔程奉表至京师,令口奏并白宰相:'徐州恐不能独当贼,若得徐、海、沂三州节度都团练使,即必立功。况海、沂两州,亦并为贼〔李〕纳所据,非国家州县。其刺史王涉、马万通等,洧并素与之约,若有诏命,冀必成功。'程乍自外到阙,以为宰相一也,乃先以其言白张镒,镒言于卢杞。杞怒程不先白己,故洧所请不行"①。"口奏并白宰相",表明要崔程将李洧的计划上奏皇帝,同时报告宰相。不过这只是临时性的口头汇报,当非制度。况且,"口奏",也难以分清行文的主体是个人还是机构。

制度性的规定见于唐敬宗时期,敬宗长庆"四年(824)二月敕:诸道节度使去任日,宜准元和十五年(820)七月十五日敕处分。其交割状,限新人到任后一个月内,分析闻奏,并报中书门下,据替限,委中书门下据报状磨勘闻奏,以凭殿最"②。元和十五年七月的规定是"敕自今后新除节度、观察使到任日,具

---

① 刘昫等撰:《旧唐书》卷一二四《李洧传》,中华书局,1975年,第3542页。
② 王溥撰:《唐会要》卷七八《诸使杂录上》,上海古籍出版社,1991年,第1706页。

见在钱帛、斛斗、器械数目分析以闻"①,"分析以闻"是要求上奏皇帝,但并未要求同时报中书门下。可见"分析闻奏,并报中书门下"是长庆四年(824)之新规。"分析闻奏,并报中书门下"后,"委中书门下据报状磨勘闻奏",即要求中书门下根据报告提出考评意见,然后奏请皇帝"以凭殿最",作为考课、赏罚的依据。此规定在文宗大和元年(827)正月获得重申②。在这里,中书门下处理之后,都要报请皇帝批准,那么皇帝对相关情况的预先了解,有助于皇帝对中书门下意见的分析。

大体在同一时间、就同一事情,大臣既上报皇帝又上报宰相机构或宰相个人的事例,更多的散见于唐人文集中。有些从文章题目便可以知道,是同时、为同事分别上皇帝与宰相机构的。如宪宗时柳宗元代桂管观察使崔咏撰《为崔中丞请朝觐表》《为桂州崔中丞上中书门下乞朝觐状》,宣宗时李商隐代桂管防御观察使郑亚撰《为荥阳公贺幽州破奚寇表》《为荥阳公贺幽州破奚寇上中书状》等③。还有一些从题目难以看出来,但分析内容可以判断。如元和十年(815)六月刘禹锡上任连州刺史后,有上宪宗的《谢上连州刺史表》,表文中有"今月十一日到州上讫"云云。通过这句话,可知同样有此语的《谢门下武相公(元衡)启》为连州上任之后的答谢文字。从《谢上连州刺史表》"得移

---

① 《旧唐书》卷一六《穆宗纪》,第 479 页。
② 王钦若等编:《册府元龟》卷六三六《铨选部·考课二》,中华书局,1960 年,第 7629 页。
③ 分见柳宗元著:《柳宗元集》卷三八,中华书局,1979 年,第 992 页,卷三九,第 1039 页;刘学锴、余恕诚著:《李商隐文编年校注》,中华书局,2002 年,第 1346、1359 页。

善郡"、《谢门下武相公启》"俾移善地"云云，可知《谢中书张相公（弘靖）启》"移莅善部"，也是指刘禹锡由播州刺史改授连州刺史事。故《谢中书张相公启》同样是连州上任之后的答谢文字。

检索史料，先罗列此类表、状于下（表1），再做分析。

表 1

皇帝	具体时间	上表状者身份	上皇帝文书名	上宰相文书名	资料来源
宪宗	元和四年十月	永州佐官南承嗣①	为南承嗣请从军状②	为南承嗣上中书门下乞两河效用状	《柳宗元集》卷三九
	元和十年三月	柳州刺史柳宗元	柳州举监察御史柳汉自代状	柳州上中书门下举柳汉自代状	《柳宗元集》卷三九
	元和十年三月	连州刺史刘禹锡	谢上连州刺史表	谢门下武相公启、谢中书张相公启	《刘禹锡集笺证》卷一八、外集卷九
	元和十年③	桂管观察使崔咏	为崔中丞请朝觐表	为桂州崔中丞上中书门下乞朝觐状	《柳宗元集》卷三八、卷三九

---

① 欧阳修、宋祁撰：《新唐书》卷一九二《忠义中·南承嗣传》，"历涪州刺史。刘辟叛，以无备谪永州"，中华书局，1975年，第5543页。西川节度使刘辟反叛是在元和元年，涪州刺史南承嗣被贬当在此后。《为南承嗣请从军状》有"伏见某月日敕，以王承宗负恩干纪"云云，并表示愿意从军参与讨伐。据《旧唐书》卷一四《宪宗纪上》，元和四年十月，讨王承宗。则此状当上于其时。据郁贤皓《唐刺史考全编（增订本）》（凤凰出版社，2022年）第2395页，元和三年至五年，崔敏任永州刺史。则南承嗣"谪永州"，并非担任刺史。此时柳宗元为永州司马，则南承嗣很可能是担任司马之外的其他佐官。

② 原作"为南承嗣请从军状故某官赠某官南霁云男某官承嗣"，今据《文苑英华》卷六四四之定名改。

③ 对时间的考订，见《柳宗元集》第992、1039页夹注。又施子愉：《柳宗元年谱》，湖北人民出版社，1958年，第95页。

第九章　唐后期同时上呈皇帝、宰相类文书考　239

（续表）

皇帝	具体时间	上表状者身份	上皇帝文书名	上宰相文书名	资料来源
	元和十二年十月	连州刺史刘禹锡	贺收蔡州表	贺门下裴相公启	《刘禹锡集笺证》卷一四、卷一八
	元和十二年十月	通州刺史李进贤①	贺诛吴元济表	贺裴相公破淮西启	《元稹集校注》卷三四、补遗卷二
	元和十四年二月	桂管观察使裴行立	为裴中丞贺破东平表②	贺诛淄青逆贼李师道状③ 为裴中丞上裴相贺破东平状	《柳宗元集》卷三九、外集卷下
	元和十四年二月	桂管观察使裴行立	为裴中丞贺克东平赦表	贺平淄青后肆赦状	《柳宗元集》卷三八、卷三九
	元和十四年三月	桂管观察使裴行立	代裴中丞贺分淄青为三道节度表	贺分淄青诸州为三道节度状	《柳宗元集》卷三八、卷三九
穆宗					
敬宗					

---

①　元和十二年，元稹任通州司马。唐制，州郡佐官无权直接上疏皇帝，疑此二文为元稹代通州刺史李进贤所作。又元稹著，周相录校注：《元稹集校注》卷五九《报三阳神文》云"维元和十三年九月十五日，文林郎、守通州司马权知州务元稹"，上海古籍出版社，2011年，第1402页。故元稹也有可能是以通州司马权知州务的身份上表状。

②　《柳宗元集》外集卷下《为裴中丞贺破东平表》题下小注"孙曰：元和十二年二月，李师道诛，东平尽平。时御史中丞裴行立为桂管观察使"，第1378页。李师道被杀是在元和十四年二月，事见《旧唐书》卷一五《宪宗纪下》，第466页。孙汝听注误。

③　柳宗元著：《柳河东集》卷三九《贺诛淄青逆贼李师道状》题下小注"一作贺中书门下"，上海人民出版社，1974年，第631页。也有学者认为此文题名当作"代裴中丞上中书门下状"，见柳宗元撰，尹占华、韩文奇校注：《柳宗元集校注》，中华书局，2013年，第2518页。

（续表）

皇帝	具体时间	上表状者身份	上皇帝文书名	上宰相文书名	资料来源
文宗	大和六年二月	苏州刺史刘禹锡	苏州谢上表	苏州上后谢宰相状	《刘禹锡集笺证》卷一五、卷一七
	大和七年十二月	苏州刺史刘禹锡	苏州谢恩赐加章服表	苏州加章服谢宰相状	《刘禹锡集笺证》卷一六、卷一七
	大和八年正月	华州刺史崔戎	为大夫安平公华州进贺皇躬痊复物状	为安平公贺皇躬痊复上门下状	《李商隐文编年校注》
	大和八年十月	汝州刺史刘禹锡	汝州谢上表	汝州上后谢宰相状	《刘禹锡集笺证》卷一六、卷一七
	大和九年十二月	同州刺史刘禹锡	贺德音表	上宰相贺德音状	《刘禹锡集笺证》卷一六、卷一七
	开成元年正月	同州刺史刘禹锡	贺赦表	上宰相贺改元赦书状	《刘禹锡集笺证》卷一六、卷一七
	开成三年十月	泾原节度使王茂元	为濮阳公奉慰皇太子薨表	为濮阳公皇太子薨慰宰相状	《李商隐文编年校注》
	开成五年十月	泾原节度使王茂元	为濮阳公陈许奏韩琮等四人充判官状①	为濮阳公许州请判官上中书状	《李商隐文编年校注》

① 文中自称为"臣"，且文末言"谨录奏闻，伏听敕旨"，当为上皇帝之状。

第九章　唐后期同时上呈皇帝、宰相类文书考　241

(续表)

皇帝	具体时间	上表状者身份	上皇帝文书名	上宰相文书名	资料来源
武宗	会昌二年正月	华州刺史周墀	为汝南公贺元日御正殿受朝贺表	为汝南公贺元日朝会上中书状①	《李商隐文编年校注》
	会昌三年十一月	怀州刺史李璟	为怀州李中丞谢上表	为怀州刺史上后上门下状	《李商隐文编年校注》
宣宗	大中元年六月	桂管防御观察使郑亚	为荥阳公桂州谢上表	为中丞荥阳公桂州上后上中书门下状	《李商隐文编年校注》
	大中元年六月	桂管防御观察使郑亚	为荥阳公贺幽州破奚寇表	为荥阳公贺幽州破奚寇上中书状	《李商隐文编年校注》
	大中元年秋	桂管防御观察使郑亚	为荥阳公奏请不叙录将士状	为荥阳公请不叙将士上中书状	《李商隐文编年校注》
	大中九年	陕虢都防御观察处置使高少逸	贺瑞莲表	上中书门下状	《甘棠集》卷一②
懿宗					
僖宗	中和元年	淮南节度使高骈	贺通和南蛮表	贺入蛮使回状	《桂苑笔耕集》卷一、卷六
	中和二年	淮南节度使高骈	谢赐宣慰兼加侍中实封表、谢就加侍中兼实封状	谢加侍中兼实封状	《桂苑笔耕集》卷二、卷三、卷六

① 本文内容与题目不符。据《李商隐文编年校注》第629页注1，李商隐文当有此篇，系传抄过程中丢失。

② 录文及相关研究，见赵和平：《敦煌本〈甘棠集〉研究》，新文丰出版公司，2000年，第58—60页。

（续表）

皇帝	具体时间	上表状者身份	上皇帝文书名	上宰相文书名	资料来源
	中和二年底或三年初	淮南节度使高骈	贺杀戮黄巢徒伴表	贺杀黄巢贼徒状	《桂苑笔耕集》卷一、卷六
	中和三年	淮南节度使高骈	谢就加侍中表	谢落诸道盐铁使加侍中兼实封状	《桂苑笔耕集》卷二、卷六
	中和三年	淮南节度使高骈	贺收复京阙表	贺收复京城状	《桂苑笔耕集》卷一、卷六
	中和四年	淮南节度使高骈	贺降德音表	贺月蚀德音状	《桂苑笔耕集》卷一、卷六
	中和年间	淮南节度使高骈	谢弟杋再除绵州刺史状	谢弟杋再除绵州状	《桂苑笔耕集》卷四、卷六

下文分别从上书时间、上书者身份及文章内容角度着眼，对上表略加分析。

一、从时间角度看，表中所见各例，均出自唐宪宗以后。

二、从上书者身份来看，所有发文者均为地方官，绝大多数为地方长官。其中，表格所列首例，宪宗元和四年（809）柳宗元撰《为南承嗣请从军状》《为南承嗣上中书门下乞两河效用状》的发文者南承嗣不是地方长官；元和十二年元稹代通州刺史李进贤《贺诛吴元济表》《贺裴相公破淮西启》的发文者尚存疑问。其余28对59篇，发文者均为地方长官，他们或是诸道节度使、观察使，或是诸州刺史。

三、从表状内容看，在全部30对表状中，贺表状15对、谢表状 9 对、请示表状 4 对、自代状 1 对、慰问表状 1 对。贺、谢表状共 24 对，占到总数的 80%，无疑是此类表状的主体。那么，这个认识是否可靠？是否可能是由于其他类型的表状大量缺失而造成贺、谢表状所占比例畸高呢？我们认为并非如此，下面分别讨论。

首先请看"自代状"。在唐代文献中，可以看到不少上皇帝的举人自代状，但上皇帝同时又报宰相机构的，管见所及，只有两例。除上表所列《柳州上中书门下举柳汉自代状》外，还有刘禹锡《苏州举韦中丞自代状》："苏州状上中书门下：诸道盐铁转运江淮留后、朝议郎、守太仆少卿、兼御史中丞、上柱国赐紫金鱼袋韦应物。右，臣蒙恩授苏州刺史，伏准建中元年正月五日制，刺史上后举一人自代者。……今具闻奏。大和六年十二月九日。"① 此文首句是"苏州状上中书门下"，能否据此理解为是上呈宰相机构的呢？我们认为不能，理由有三。第一，作为现存最佳版本之一，日本平安福井氏崇兰馆所藏宋刻本无此句。第二，自代状的依据是文中所引建中元年（780）正月制，此制要求上疏皇帝，并没有同时申报中书门下的规定。在唐代文献所见 30 余篇引用建中元年正月制的自代状中，唯此一篇有"上中书门下"句。第三，文中既自称"臣"，又称"闻奏"，则肯定为上呈皇帝者。上中书门下状例不称"臣"。因此，本文首句或误植于此。若此，则《柳州上中书门下举柳汉自代状》为孤例。

如何理解这一现象？是否上宰相机构的自代状有大量缺失

---

① 刘禹锡著，瞿蜕园笺证：《刘禹锡集笺证》卷一七，上海古籍出版社，1989 年，第 433—434 页。

呢？让我们从考察柳宗元的这篇文章开始。宪宗元和十年（815）三月乙酉，"永州司马柳宗元为柳州刺史"①，同年六月，柳宗元到任后，分别作《柳州举监察御史柳汉自代状》《柳州上中书门下举柳汉自代状》。前者上皇帝，后者上中书门下。上中书门下状云："右，伏准元和六年十月十七日敕，常参官授上后，三日内举一人以自代，便具所举人兼状上中书门下者。今奏请前件官自代，谨连状。"②可见，元和六年敕，即"举一人以自代，便具所举人兼状上中书门下者"的规定，是柳州刺史柳宗元将自代状同时上呈皇帝与宰相机构的依据。完整的元和六年十月十七日敕，现已无法看到，《册府元龟》保存内容相对较多：元和"六年十月，中书门下奏：伏准建中元年敕，常参官授上讫三日内，上表让一人以自代者。伏以人臣拜职，皆有谢章。晋太尉刘寔著《崇让论》，请因谢章便有所让，令主者掌此让文，类其被举最多者，有官缺，据此选用。如此则事不专于宰府，材须选于众人。唐虞佥谐，义实由此。臣请自今常参官举人后，便具所举人兼状上中书门下，如官缺要人，先于所举人中选择进拟"③。由此可知，关于举人自代的规定，元和六年敕是在德宗建中元年敕基础上的修改。主要更改，就是要求在"上表让一人以自代"的同时"兼状上中书门下"。那么，可以理解为，元和六年十月敕以前，举人

---

① 《旧唐书》卷一五《宪宗纪下》，452 页。
② 《柳宗元集》卷三九《柳州上中书门下举柳汉自代状》，第 1042 页。
③ 王钦若等编：《宋本册府元龟》卷六一二《刑法部·定律令第四》，中华书局，1989 年，第 1902 页。《宋本册府元龟》与中华书局影印明本《册府元龟》文字略有差异，宋本文意较为通顺。

自代状仅上皇帝①；此后，则上皇帝举人自代状的同时上中书门下。

不过，我们发现，在元和六年（811）十月敕以后，大量的举人自代状并未引用元和六年敕，而是仍旧引用建中元年敕，且仅上皇帝。如韩愈元和十五年作《举韩泰自代状》和《举张惟素自代状》，长庆元年（821）作《举韦颞自代状》，长庆三年作《举马摠自代状》《举张正甫自代状》中，所依据的都是"伏准建中元年正月五日制，常参官及刺史授讫，三日内举一人自代者"②。穆宗长庆元年，白居易的《举人自代状》；文宗大和元年（827），刘禹锡的《举姜补阙伦自代状》；武宗会昌三年（843），李商隐的《为怀州刺史举人自代状》，以上诸状也都是引用建中元年诏③。对此现象，合理的解释是，元和六年敕行用不久以后，便被废止了。

据以上材料可知，元和六年敕的行用时间最少到元和十年，最多到元和十五年。因此，在元和六年至元和十五年区间内，特别是在元和六年十月至元和十年六月之间，可以认为确有不少自代状都应该是上皇帝兼上中书门下的，文献存在缺失。不过，就

---

① 建中元年敕，以《唐会要》卷二六《举人自代》所引最为完整："建中元年正月五日敕文：常参官及节度、观察、防御、军使、城使、都知兵马使、诸州刺史、少尹、赤令、畿令，并七品已上清望官，及大理司直、评事，授讫三日内，于四方馆上表，让一人以自代。其外官与长吏勾当，附驿闻奏。其表付中书门下，每官阙即以见举多者，量而授之。"第571页。"表付中书门下"的规定，意味着表上皇帝之后，由皇帝出付中书门下，并非由发文者直接兼报中书门下。

② 分见韩愈著，刘真伦、岳珍校注：《韩愈文集汇校笺注》，中华书局，2017年，第2961、2958、2975、2984、2992页。

③ 分见白居易著，朱金城笺校：《白居易集笺校》卷六〇，上海古籍出版社，1988年，第3392页；《刘禹锡集笺证》卷一七，第432页；《李商隐文编年校注》，第765页。

建中元年（780）以后的唐后期整体而言，由于元和六年敕的行用时间最多不过十年，在文献存留整体较少的情况下，当不存在上中书门下自代状单独大量缺失的问题。

再来看"请示表状"。表 1 中，同时请示皇帝和宰相机构的表状共有 4 对，分别是宪宗时柳宗元撰《为南承嗣请从军状》《为南承嗣上中书门下乞两河效用状》，柳宗元代桂管观察使崔咏撰《为崔中丞请朝觐表》《为桂州崔中丞上中书门下乞朝觐状》，文宗时李商隐代泾原节度使王茂元撰《为濮阳公陈许奏韩琮等四人充判官状》《为濮阳公许州请判官上中书状》，宣宗时李商隐代桂管防御观察使郑亚撰《为荥阳公奏请不叙录将士状》《为荥阳公请不叙将士上中书状》。其中"请朝觐表"和"乞朝觐状"更便于比较、分析。朝觐，是唐后期节度使等方镇长官与中央沟通的方式之一。一般来说，朝觐之前要先表上皇帝奏请，获得允许后才能进京。《文苑英华》卷六〇六《表五十四·请朝觐》共收唐代请朝觐表 18 首。首先，题目称"表"，也就意味着文章是上于皇帝的；其次，各表行文均自称"臣"，这也是各表均上呈皇帝的强证。因此，所有 18 篇朝觐文书无疑均为上呈皇帝者。文宗大和五年（831），有《令藩镇候诏方得朝觐敕》，规定："自今已后，诸道节度都团练防御经略等使，有请朝觐者，但先献表章，候得诏旨允许，即任进发。务使行止之际，临时不失事机。故此宣示，想各知悉。"① 此敕进一步强调了节度使等朝觐必须事先上

---

① 宋敏求编：《唐大诏令集》卷一一〇《令藩镇俟诏方得朝觐敕》，中华书局，2008 年，第 573 页。《册府元龟》卷六五《帝王部·发号令四》系于文宗大和五年，第 724 页。

表，得到皇帝"诏旨允许"后方可出发。同时，称"朝觐状"且上"中书门下"者，前引元和十年（815）《为桂州崔中丞上中书门下乞朝觐状》为孤例。这一现象说明，在唐后期，绝大多数朝觐须事先表上皇帝，而不是向中书门下请示。由于从道理上讲，此类文书数量稀少，故不会因其大量缺失从而影响我们的判断。

在4对请示表状中，有泾原节度使王茂元《为濮阳公许州请判官上中书状》、桂管防御观察使郑亚《为荥阳公请不叙将士上中书状》，这两篇上宰相机构之状都称"上中书状"。此"中书"，并不是指中书省，而是"中书门下"之省称①。这两篇状文中，都先说明"辄以具状奏请讫""辄以具状奏闻讫"，然后有"伏乞相公"同意其申请云云②。这意味着王茂元、郑亚奏请皇帝，即上《为濮阳公陈许奏韩琮等四人充判官状》《为荥阳公奏请不叙录将士状》后，接着向宰相提出申请。这存在两种可能：一是他们得到皇帝许可后再上宰相③；二是或许他们知道按照处理程序，这类事情的批准权主要是由宰相掌握的，故奏闻皇帝后，紧接着向宰相申请。不过，作为请示，第二种可能性是既上皇帝，又上宰相，毕竟会造成请示的"多头主送"。无论古今，"多头主送"都容易扰乱办事程序、降低办事效率，甚至制造矛盾，它是被严格限制或禁止的④。因此，我们在唐代文献中看到此类同时上皇帝与宰相的请示文书也是相当稀少的。

---

① 参《李商隐文编年校注》第491页注1按语。
② 分见《李商隐文编年校注》，第491、1560页。
③ 在一定程度上类似于清代先上奏折，得到皇帝意见以后，再上题本。参白新良：《清代中枢决策研究》，辽宁人民出版社，2002年，第257页。
④ 参陈天恩：《机关公文种类之九：请示》，《新闻与写作》2007年第1期。

在上表所列全部30对表状中，剩下的就是15对贺表状、9对谢表状了。通过上文对其他几类表状存在情况的分析，可知贺、谢表状当是唐后期同时上皇帝与宰相之个人表状的主体类型。从性质上说，这类文书中上皇帝者可视为官文书，而上宰相个人的书状，当属于私书范围，且多采用"别纸"的形式[①]。从这些表状题目可知，地方官上贺表状的时机，主要是在军事上获得大捷、社会上出现祥瑞，以及朝廷颁布大赦、德音之时；谢表状则以上任后的谢表状为主，也包括谢赐物、谢赐章服等表状。对地方官上贺表状，唐前期有一些具体规定。如中宗"景龙三年（709）二月，有司奏：皇帝践阼及加元服，皇太后加号，皇后、皇太子立，及元日则例，诸州刺史、都督，若京官五品已上在外者，并奉表疏贺。其长官无者，次官五品以上者贺表"；玄宗"天宝十载（751）十一月五日敕：'比来牧守初上，准式附表申谢，或因便使，或有差官，事颇劳烦，亦资取置。自今已后，诸郡太守等谢上表，宜并附驿递进，务从省便。'至十三载十一月二十九日诏：'自今已后，每载贺正及贺赦表，并宜附驿递进，不须更差专使。'"[②] 制度上并未见到要求地方官贺、谢状上于宰相的规定。相对于唐前期，唐后期大臣上贺谢表状的例子大为增多。《文苑英华》集中收录了多达43卷贺谢表状，主要都是唐代的内容，特别是唐后期之表状。《文苑英华》收录33卷贺表、谢表的内容分布如下表（表2）：

[①] 参吴丽娱：《再论复书与别纸》，《燕京学报》新13期，北京大学出版社，2002年；吴丽娱：《再谈私书中的"状"与别纸》，载波波娃、刘屹主编：《敦煌学：第二个百年的研究视角与问题》，圣彼得堡，2012年。

[②] 分见《唐会要》卷二六《笺表例》，第588、589页。

表 2

贺表（16 卷）	
卷五五三	贺登极、贺南郊
卷五五六	贺封禅、贺明堂成
卷五五七	贺册后妃、太子
卷五五八至卷五六〇	贺赦
卷五六一至卷五六五	贺祥瑞
卷五六六至卷五六八	贺捷
卷五六九至卷五七〇	杂贺
谢表（17 卷）	
卷五八二、五八三	宰相杂谢
卷五八四至卷五八七	藩镇谢官
卷五八八至卷五九〇	公卿杂谢
卷五九一	谢亲属加官
卷五九二	谢文章
卷五九三	谢春冬衣
卷五九四	谢茶药
卷五九五、五九六	节朔谢物
卷五九七	谢追赠官丧葬
卷五九八	谢诏敕书慰问

贺表、谢表外，《文苑英华》卷六二八至卷六三四是 7 卷谢恩状，卷六三五至卷六三七是 3 卷贺状。以上内容，33 卷"表"肯定是上皇帝的；从 10 卷谢恩状、贺状文字和内容分析，也都是上皇帝的，未见上中书门下及宰相个人的谢恩状与贺状。这说明，宏观上看，唐后期大臣在给皇帝上贺表状、谢表状的同时，也针对同一事情上贺状、谢状于宰相的情况，并非普遍现象，甚至可以说

是比较少见的。

从微观角度看，也可获得同样的结论。试举一例：宪宗元和十四年（819）二月，叛将淄青节度使李师道为部将刘悟所杀，传首京师，"师道所管十二州平"①。由李正己至李师道三代割据山东十二州五十余年的局面结束，同年二月二十一日颁布德音，布告天下②。对此大捷，群臣纷纷上表称贺。柳宗元代桂管观察使裴行立就破淄青与颁德音二事，分别撰《为裴中丞贺破东平表》《为裴中丞贺克东平赦表》③。作为柳州刺史，柳宗元自己也上了《柳州贺破东平表》，连州刺史刘禹锡、忠州刺史白居易各自都上皇帝《贺平淄青表》④。从目前所见史料看，以上四位中，只有裴行立同时上宰相贺状。裴行立贺宰相裴度破淄青，有《为裴中丞上裴相贺破东平状》，状云："右，伏以逆贼李师道克就枭擒，已具中书门下状贺讫。某忝居末属，特受深恩。"⑤ 其中"已具中书门下状贺讫"之"状"，是指上中书门下的《贺诛淄青逆贼李师道状》；颁德音后，裴行立又上中书门下《贺平淄青后肆赦状》⑥。同时上贺表的柳宗元、刘禹锡和白居易，却看不到他们有给宰相机构或宰相个人的贺状。因此，我们认为，官员是否要在上皇帝贺表谢表的同时，上贺、谢宰相机构状，并没有制度上的规定与要求，故较为少见。

---

① 《旧唐书》卷一五《宪宗纪下》，第 466 页。
② 《唐大诏令集》卷一二四《破淄青李师道德音》，第 667 页。
③ 分见《柳宗元集》外集卷下，第 1378 页；《柳宗元集》卷三八，第 977 页。
④ 分见《柳宗元集》卷三八，第 979 页；《刘禹锡集笺证》卷一四，第 356 页；《白居易集笺校》卷六一，第 3425 页。
⑤ 《柳宗元集》卷三九，第 1036 页。
⑥ 分见《柳宗元集》卷三九，第 1031、1033 页。

总之，唐后期同时上皇帝与宰相机构的个人表状私书中，发文者主要是宪宗以后的地方长官，其内容主体是礼仪性较强、与政务决策处理关系相对不大的贺表谢表、贺状谢状。由于没有制度性规定或要求，地方长官在给皇帝上贺谢表状的同时，上宰相机构或宰相个人贺谢状的情况是比较少见的。

三、 此类表状存在的政治背景

除了"交割状""自代状"等为某时期规定在上皇帝同时兼报中书门下之外，地方官在给皇帝上谢表、贺状谢状及慰问表状时，并没有也要就同一事情上状于宰相或宰相机构的要求。不过在唐后期依然能够看到不少地方官这么做，尽管这种情况并不那么普遍。如何理解唐后期的这种现象呢？这种现象存在的背景是什么？让我们从刘禹锡和李商隐的两组文章开始，略做分析。

宪宗元和十年（815）三月乙酉，"朗州司马刘禹锡为播州刺史……御史中丞裴度以禹锡母老，请移近处，乃改授连州刺史"[①]。同年六月十一日，刘禹锡到达连州上任，随即上宪宗《谢上连州刺史表》，同时分别给宰相门下侍郎同平章事武元衡、中书侍郎同平章事张弘靖上《谢门下武相公启》《谢中书张相公启》。其实武元衡已在六月三日遇刺身亡，身处连州的刘禹锡尚未得到消息，故仍有此启。两份上呈宰相的文书语言雷同，多为套话，并无实质内容。武元衡是王叔文集团的反对派，宪宗即位后，刘禹锡等人贬为远州司马，当"有诏以韩皋及禹锡等为远郡

---

① 《旧唐书》卷一五《宪宗纪下》，第 452 页。

刺史"而获得升迁机会时，武元衡任职中书，横加阻挠，"言不可复用而止"，故"禹锡甚怒武元衡"①。况且，这一次刘禹锡能改授连州刺史，是由于御史中丞裴度所请。在这样的情况下，为什么未见刘禹锡谢裴度，却谢宰相武元衡、张弘靖呢？或由于武、张二人身处宰相之位，地方官需要找机会巴结、联络。瞿蜕园先生《谢中书张相公启》笺证论曰："观此启知禹锡于时宰遍致谢书，乃循例徇情之虚文，非真谓赖其力而移善地也。是时在相位者尚有韦贯之，想亦有一启已佚耳。"② 这是一个十分敏锐的判断。

文宗开成三年（838），泾原节度使王茂元加检校兵部尚书、节度使如故。李商隐为王茂元撰《为尚书濮阳公泾原让加兵部尚书表》，文宗批复"不许更陈让"表。于是，王茂元状上宰相机构，李商隐撰《为濮阳公官后上中书门下状》，以示对宰相们的感谢③。紧接着，王茂元又连上四状，对象分别是当朝宰相杨嗣复、李珏、郑覃和陈夷行④。内容都是陈谢并表决心。在上宰相机构同时，又向宰相分别进状、遍致谢书，内容雷同、叠床架屋。与上引刘禹锡二启并无二致。

王茂元担任泾原节度使期间（835年至840年）李商隐为其所撰文书，包括上皇帝者5份；上宰相等中央官的共19份，其中3份给翰林学士，其余16份均上宰相；与地方官联系的仅有2

---

① 《旧唐书》卷一六〇《刘禹锡传》，第4210—4212页。
② 《刘禹锡集笺证》卷一八，第465页。
③ 《李商隐文编年校注》，第168、190页。
④ 分见《李商隐文编年校注》，第194页《为濮阳公上杨相公状一》；第199页《为濮阳公上李相公状一》；第204页《为濮阳公上郑相公状》；第207页《为濮阳公上陈相公状二》。开成三年宰相人员构成，参《新唐书》卷六三《宰相表下》，第1724页。

份，分别是给山南东道节度使李程、河中节度使郑肃的。泾原节度使王茂元交往、联络的重心明显是在中央，与宰相的联络尤其突出。

宣宗时桂管观察使郑亚的行为更为典型。大中元年（847）二月，"以给事中郑亚为桂州刺史、御史中丞、桂管防御观察等使"①。郑亚于同年六月九日抵达桂林就职，依照惯例，上宣宗谢上表，即由时任支使或观察判官的李商隐撰《为荥阳公桂州谢上表》。接着，李商隐又为郑亚撰《为中丞荥阳公桂州上后上中书门下状》，状上宰相机构中书门下。值得注意的是，大中元年六月，朝廷共有四位宰相，分别是门下侍郎同中书门下平章事李回、崔元式，中书侍郎同中书门下平章事白敏中、韦琮②。郑亚在六月除了上皇帝表与上中书门下状之外，还向四位宰相分别进状：《为荥阳公上门下李相公状二》《为荥阳公上弘文崔相公状二》《为荥阳公上史馆白相公状三》《为荥阳公上集贤韦相公状二》③。四状文字如下：

为荥阳公上门下李相公（回）状二

某以今月某日，到任上讫。汉县旧封，越城遐峤。夷貊半参于编户，赋舆全视于奥区。不知疏芜，曷处盘错？唯当仰承指训，俯事躬亲。合农功于国侨，思马志于文子。冀申豪发，用赎简书。至于生事沽名，迷方改务，实于他日，则已誓心。庶遵丙吉之规，稍励贾琮之志。伏惟特赐恩察。

---

① 《旧唐书》卷一八下《宣宗纪》，第617页。
② 《新唐书》卷六三《宰相表下》，第1729页。
③ 分见《李商隐文编年校注》，第1321—1322、1316、1319、1313页。

为荥阳公上弘文崔相公（元式）状二

某以今月九日，到任上讫。疆分楚、越，民杂华夷。殚犷俗巫风，带三居五宅。颁条之寄，称职为难。伏幸过潭州日，得与舆人咏我台座。闻寇恂之理行，窥樊仲之官司。誓欲披拂仁风，祷祈膏雨。粗师遗爱，俯惠疲甿。伏料清光，必亮丹款。至于酌泉投香之戒，饮冰食蘖之规，实惟素诚，敢有贰事？伏惟特赐恩察。

为荥阳公上史馆白相公（敏中）状三

以今月九日，到任上讫。地当岭首，封接蛮陬。猿饮鸟言，罕规政令；银簪铜镝，本主羁縻。实忧下才，无以布政。惟当推诚虑物，洁己临人。畏杨震之四知，从士伯之三务。所冀粗攀方国，无失赋舆。然后宣布朝经，阐扬庙算，设学舍媒官之令，峻顽人罢女之科。仰奉恩知，敢同荒堕，伏惟特赐恩察。

为荥阳公上集贤韦相公（琮）状二

某素乏异能，骤蒙殊宠。实幸藩宣之日，得承陶冶之余，不敢遑安，以须至止。即以今月某日，到任上讫。数属城之地，半杂远夷；稽守器之人，多非命士。虽欲粗修理行，终忧不致殊尤。唯当惠抚疲甿，智笼犷俗。则蒲卢之善养，冀桑葚以怀音。兼弘狱市之规，以奉岩廊之化。伏惟特赐恩察。

四状都提到"今月九（某）日到任上讫"，可见都是上任后不久所做，文字大同小异、多套话，少实质内容。不仅如此，郑亚桂林上任伊始，除宰相外，至少还曾进状于度支侍郎卢弘正、御史

第九章　唐后期同时上呈皇帝、宰相类文书考　255

中丞魏扶①。这显示唐后期地方官的很多精力可能要放在与中央大员的联系上。

若将目光稍做移动，看看大中元年（847）六月九日以前，郑亚在任职途中的往来文书，就会更清晰地看到这一点。大中元年三月初，郑亚一行自长安启程，至六月初到达桂林，一路上由李商隐为其草撰表状13份，包括上皇帝6、上宰相5、与地方官2，详见下表（表3）。②

表 3

上皇帝	为中丞荥阳公赴桂州长乐驿谢敕设馔状
	为中丞荥阳公谢借飞龙马送至府界状
	为荥阳公赴桂州在道进贺端午银状
	为中丞荥阳公赴桂州至湖南敕书慰谕表
	为荥阳公至湖南贺听政表
	为荥阳公进贺寿昌节银零陵香麂靴竹靴状
上宰相	为荥阳公上集贤韦相公（琮）状一
	为荥阳公上弘文崔相公（元式）状一
	为荥阳公上史馆白相公（敏中）状一
	为荥阳公上门下李相公（回）状一
	为荥阳公上史馆白相公（敏中）状二
与地方官	为荥阳公谢荆南郑相公（肃）状
	为荥阳公上衡州牛相公（僧孺）状

在给皇帝的6份表状中，《为中丞荥阳公赴桂州长乐驿谢敕设馔状》《为中丞荥阳公谢借飞龙马送至府界状》《为中丞荥阳公赴桂

---

① 分见《李商隐文编年校注》，第1323页《为荥阳公与度支卢侍郎状》、第1326页《为荥阳公与魏中丞状》。

② 《李商隐文编年校注》，第1239—1292页。

州至湖南敕书慰谕表》是郑亚在途中受到皇帝派出的中使慰问后,所上谢表状。《为荥阳公赴桂州在道进贺端午银状》《为荥阳公进贺寿昌节银零陵香麖靴竹靴状》则是为了端午节以及宣宗生日寿昌节给皇帝进奉礼物,若在郑亚到达桂林后进奉,则时间必晚,所以郑亚在路上就将礼物发出了。《为荥阳公至湖南贺听政表》是郑亚于途中"得本道进奏院状报",在获得朝廷消息后所上贺表。郑亚赴任途中,"以时逢积水,行滞长沙",在湖南观察使治所潭州滞留一个多月,期间分别给当朝四位宰相上状,也就是除了《为荥阳公上史馆白相公状二》之外,其余4份上宰相状都作于此时。以上可见,郑亚作为地方高官,密切关注着朝中局势,与皇帝以及朝中宰相的联系,显然是其交往、联络的重心所在。

与唐前期相比,唐后期地方长官与中央宰相机构或宰相个人之间的文书往来大量增加①。地方官的举措,并非制度规定,而是个人行为。文书内容的空洞,彰显出其行为的意义,其目的是加强与中央高级官员之间的私人联系。有时联络具体目的性比较强,更多的并无特定目的,仅是以私书的形式、为联系而联系的礼节性表达。在此背景下,我们可以理解地方官在给皇帝上谢表、贺状谢状及慰问表状的同时,在没有制度要求的情况下,一些地方官也选择就同一事情上状于宰相或宰相机构。

---

① 李匡文撰,陶敏整理:《资暇集》卷下"书题签"条:"元和中,赵公(李吉甫)权倾天下,四方缄翰,日满阁者之袖。"见陶敏主编:《全唐五代笔记》第三册,三秦出版社,2012年,第1896页。又冯贽编,张力伟点校:《云仙散录》"面糊"条引《宣武盛事》:"顺宗时,刘禹锡干预大权,门吏接书尺日数千,禹锡一一报谢。绿珠盆中日用面一斗为糊,以供缄封。"中华书局,1998年,第66页。刘禹锡虽非宰相,但顺宗时他是永贞革新的核心人员之一,这条材料可以作为旁证。

四、小结

总结本章,可获以下三点认识:

1. 唐后期同时上皇帝与宰相的个人私书性表状中,以地方长官礼节性的贺表谢表、贺状谢状为主体。

2. 吴丽娱先生通过对晚唐五代表状笺启书仪的研究,指出唐后期官场往来中,朝廷和皇帝已不是官僚生活唯一或主要的中心,唐朝官场的礼仪在普及的过程中事实上已发生了由以皇帝为中心的一元化向藩镇体制多元化的转移[①]。这个转移是一个过程,存在时间和层次的差异,本章从特定角度出发,认为对唐后期藩镇长官而言,至少在黄巢起义之前,即唐朝中央对地方的控制力没有丧失之前,他们交往、联络的重心仍在中央。

3. 这类文书的存在,显示出与唐前期相比,唐后期官场中,地方长官更加关注中央局势,希望加强与中央高级官员之间的私人性联系。唐后期,皇帝与藩镇长官之间也建立了具有私人性质的个别联系。二者相映成趣,构成了唐后期中央地方关系的一种表现方式,也在营造一种制度规定之外的官场氛围。这种氛围下,皇帝、中央高级官员与地方长官之间的庇护和被庇护关系得以强化,从而加强了地方长官对皇帝的人格依附。

---

① 参吴丽娱:《唐礼摭遗》第十四章,商务印书馆,2002年。

第十章

从中古侍臣演变看决策群体之扩展

一、问题的提出

侍臣是皇帝身边的一个群体,在帝国早期,侍臣功能较为广泛,大体合三种职能为一身,即充当皇帝贴身警卫,宫廷服侍与处理皇帝家务,以及"顾问应对"的政务职能。在侍臣的发展过程中,以政务职能为核心的侍臣概念逐步清晰、确立起来。从政治史的角度考察,侍臣群体较为模糊,但如果将冠服制度视角引入,会有助于我们考察中古侍臣的构成及其意义。

马端临《文献通考》卷一二〇《王礼考七》引胡致堂曰:"治天下者莫大于礼,礼莫明于服,服莫重于冠。"《旧唐书》卷四五《舆服志》云:"至于贵贱之差,尊卑之异,则冠为首饰。"据此可知,冠制在中古官员类型和等级问题中具有重要的标示意义。汉唐之间,官员朝服、公服所佩戴的最主要有两种冠,即文职人员所戴之进贤冠和武职人员所戴之武冠(又称武弁、武弁大冠或笼冠)①。

据杜佑《通典》所记,唐代门下省和中书省官员朝服、公服所着为"武弁,平巾帻",其中二省的高级官员"侍中、中书令、左右散骑常侍则加貂蝉,侍左者左珥,侍右者右珥"。门下、中书二省官员的"武弁,平巾帻",与唐代伺候皇帝一家生活起居的殿中省、内侍省官员以及诸将军等武官是一样的,而与尚书省、秘书省以及诸寺监之官员则不同,后者朝服和公服所戴是文官传统之"进贤冠"②。由此可见,在唐代冠制中,门下、中书二省官员与尚书省官员处于不同类别。

研究表明,隋唐时期形成了三省制,隋炀帝时期中书、门下、尚书三省均已成为在外廷独立处理政务的纯粹的国家机关,三省成为一个按职能和政务程序分工的有机整体③。那么,在三省制下,三省高官均为国家机关重要成员,为什么冠制显示中书、门下二省官员与尚书省官员处于不同类别呢?如果我们稍往后看,至迟到北宋神宗元丰以后,三省官员均着以进贤冠为基础的梁冠,不再存在区别。若稍向前看,则魏晋南北朝期间,中书省主要官员除中书舍人外,均着进贤冠,至隋方改为武冠。为什么有这样的变化?变化的意义何在?此问题涉及冠制本身变化、

---

① 孙机:《进贤冠与武弁大冠》,氏著《中国古舆服论丛(增订本)》,文物出版社,2001年。

② 杜佑撰,王文锦等点校:《通典》卷一〇八《礼六十八·开元礼纂类三·序例下》,中华书局,1988年,第2802—2803页。

③ 吴宗国:《三省的发展和三省制的确立》,《唐研究》第3卷,北京大学出版社,1997年。

三省性质变化及侍臣变化三个方面，本文拟主要结合与此关系密切且学界措意不多的侍臣问题进行讨论。

二、门下省—中书省—尚书省：皇帝身边侍臣的构成

何谓侍臣？因为各时代侍臣的构成及其功能都有所变化，所以想给魏晋至宋的中古侍臣一个统一的定义并不容易。我们只能说侍臣具有这样一些特点：他们是工作在皇帝身边或经常有机会接触皇帝的官员群体，早期侍臣承担着警卫、服务、顾问等多种职能。虽然从总体上看，中古侍臣的构成和功能是比较复杂的，但若从各个阶段来看，其变化并非无迹可循。

在魏晋至宋的中古时期，文献中某一阶段的"侍臣"，基本特指一相对稳定的群体；同时，晋唐间"侍臣"在冠服上有标志，即武冠、貂蝉。在当时人看来，谁是侍臣还是比较容易看清楚的，这可以作为对侍臣的制度性规定之一。

从这两个方面，我们认为中古"侍臣"总体上并不是一个泛称，作为皇帝周围一个特殊群体，各阶段均有具体所指。其演变大致可以分为四个阶段：魏晋时期，侍臣仅指以门下省为核心的门下省、散骑省与侍中省官员，制度、实际均如此。南北朝是第二个阶段，除了制度上规定的门下、集书省高级官员仍为侍臣外，最为显著的变化是在南北朝后期的实际政治中，中书省高级官员渐渐被视为侍臣。第三个阶段是隋和唐前期，此期门下省和中书省官员作为侍臣在制度上落实下来，同时在实际政治中，尚书省官员也步入了侍臣行列。唐中期至宋为第四阶段，最突出的是诸学士加入了侍臣群体。总体看来，中古存在一个侍臣群体扩

展的过程。冠制的变化也与此相关。下面,本章将从实际政治与冠服制度两个角度分别叙述各阶段侍臣的构成。

(一) 实际政治中所见中古侍臣之构成

1. 魏晋侍臣之构成

门下省的前身是东汉灵帝时设的侍中寺,主要成员有侍中和给事黄门侍郎,魏蜀吴三国沿袭①。三国时的侍臣就是指侍中与黄门侍郎。"〔魏文帝〕问侍臣曰:'猎之为乐,何如八音也?'侍中刘晔对曰:'猎胜于乐。'〔鲍〕勋抗辞曰:……"② 此例中,刘晔和鲍勋都作为侍臣回答了魏文帝的问题,刘晔为侍中,此时鲍勋的职务是驸马都尉兼侍中,二者的共同职务为侍中,因此二人极有可能是以侍中身份而被视为侍臣的。在孙吴,孙丞"为黄门侍郎,与顾荣俱为侍臣"③。孙丞是黄门侍郎,顾荣时为"黄门侍郎、太子辅义都尉"④。二人当以黄门侍郎而为侍臣。

西晋始设门下省,同时隶属于门下省的还有散骑省和侍中省⑤。两晋时期的侍臣群体就是由这门下三省的官员,包括侍中、黄门侍郎、散骑常侍、给事中等构成的。据《晋书》卷七九《谢邈传》,东晋谢邈"累迁侍中。时孝武帝觞乐之后多赐侍臣文诏,辞义有不雅者,邈辄焚毁之,其他侍臣被诏者或宣扬之,故论者

---

① 祝总斌:《两汉魏晋南北朝宰相制度研究》第八章第二、三节,中国社会科学出版社,1998年第2版。
② 陈寿撰,裴松之注:《三国志》卷一二《魏书十二·鲍勋传》,中华书局,1959年,第385页。
③ 《三国志》卷五一《吴书六·孙桓传》注引《文士传》,第1217页。
④ 房玄龄等撰:《晋书》卷六八《顾荣传》,中华书局,1974年,第1811页。
⑤ 祝总斌:《两汉魏晋南北朝宰相制度研究》第八章第三节。

以此多邈",此侍中为侍臣之证①。与谢邈出于同样原因被"时议"所称赞的侍臣,还有一位是徐邈,他当时的职务为散骑常侍②。黄门侍郎也被视为侍臣,"晋武尝问侍臣:'旄头何义?'彭推对曰:'秦国有奇怪,触山截水,无不崩溃,唯畏旄头,故虎士服之,则秦制也。'张华曰:'有是言而事不经。臣谓壮士之怒,发踊冲冠,义取于此。'"③ 作为侍臣回答晋武帝问题的是彭推和张华,彭推仅此一见,不知何职,张华此时的职务为黄门侍郎④。又晋武帝太康年间,征任熙出任给事中,"熙以'侍臣日月左右,赞晖扬光,不可苟私'。终以病辞"⑤,这里正是将隶属于散骑省的给事中视为侍臣。

2. 南北朝侍臣之构成

在实际政治中,南北朝门下省和集书省诸官继续被皇帝视为侍臣。值得注意的是,南北朝后期,中书省高级官员也开始被当作侍臣。

南北朝以 6 世纪初为界,大致分为前后二期。

南朝前期的宋齐,侍臣仍然主要由门下省和集书省(原散骑

---

① 欧阳询撰:《艺文类聚》卷四九《职官部五·太子中庶子》载:"《晋中兴书》曰:温峤拜中庶子,在东宫,甚见嘉宠,僚属莫与为比,数规谏讽议。又献《侍臣箴》,甚有补益。"上海古籍出版社,1999 年新 2 版,第 890 页。《晋书》卷二四《职官志》,"中庶子四人,职如侍中",第 742 页。"职如侍中"的中庶子乃太子侍臣,可作为侍中为皇帝侍臣之旁证。

② 《晋书》卷九一《徐邈传》,第 2356 页。

③ 沈约撰:《宋书》卷一八《礼志五》,中华书局,2019 年修订本,第 546 页。

④ 《晋书》卷三六《张华传》,"晋受禅,拜黄门侍郎",第 1070 页。

⑤ 常璩撰,任乃强校注:《华阳国志校补图注》卷一一《后贤志》,上海古籍出版社,1987 年,第 644 页。

省）高级官员构成。侍中"汉世为亲近之职。魏、晋选用，稍增华重，而大意不异。宋文帝元嘉中，王华、王昙首、殷景仁等，并为侍中，情在亲密，与帝接膝共语，貂拂帝手，拔貂置案上，语毕复手插之"①。武冠貂蝉的侍中与皇帝之近密跃然纸上。南朝宋齐有关侍臣的直接史料很少，因为在此阶段，"侍臣"与"近侍"基本同义（近侍范围更大一些），所以我们可以参考"近侍"的材料来考察当时的侍臣。宋文帝元嘉二十三年（446）五月诏："龙骧将军、交州刺史檀和之……宜加褒饰，参管近侍，可黄门侍郎，领越骑校尉、行建武将军。"②又《宋书》卷八七《萧惠开传》记其在宋孝武帝"孝建元年（454），自太子中庶子转黄门侍郎"，他后来因为与侍中何偃的矛盾而辞职。在萧惠开上给皇帝的辞职表中，有"陛下未照臣愚，故引参近侍"云云。将以上两条史料结合来看，"近侍"无疑是指黄门侍郎。在孝武帝孝建三年的一份诏书中，称"散骑职为近侍，事居规纳，置任之本，实惟亲要"③，可见散骑常侍亦被视为近侍。

北魏有关"侍臣"的记载颇多，前期北族色彩显著，制度较为特殊④，从孝文帝时的情况看，侍臣同样是指门下省和集书省官员。《魏书》卷五六《郑道昭传》："从征沔汉，高祖飨侍臣于悬瓠方丈竹堂。"据《郑道昭传》，此次参加者包括彭城王元勰、郑道昭、郑懿、邢峦和宋弁。此辈皆为侍臣，那么他们当时任何

---

① 萧子显撰：《南齐书》卷一六《百官志》，中华书局，2017年修订本，第358—359页。
② 《宋书》卷九七《夷蛮传》，第2610—2611页。
③ 《宋书》卷八四《孔觊传》，第2363页。
④ 黄桢：《北魏前期的官制结构：侍臣、内职与外臣》，《民族研究》2016年第3期。

职呢?《魏书》卷七下《高祖纪》:太和二十一年(497)十一月"大破贼军于沔北",次年三月"行幸悬瓠"。以此时间,参诸人本传,可知当时彭城王元勰领侍中衔,郑道昭为员外散骑侍郎、秘书丞、兼中书侍郎,郑懿为长兼给事黄门侍郎、司徒左长史,邢峦为中书侍郎兼黄门郎,宋弁为右卫将军领黄门。诸人结衔的共同之处就是均带门下省或集书省衔,可见这是他们作为侍臣的依据。其他史料所反映的情况也基本如此,如"高祖将创迁都之计,诏引侍臣访以古事。〔李〕韶对:'洛阳九鼎旧所,七百攸基,地则土中,实均朝贡,惟王建国,莫尚于此。'高祖称善"。此时李韶的职位是黄门侍郎兼大鸿胪卿①。

孝文帝太和十七年(493)《前职令》中,有"领军、护军。二职若侍臣带者加中"的规定②。虽然此条行用时间很短,至太和二十三年《后职令》时已废,但是观察时任"中领军""中护军"之人的领职情况,仍不失为我们考察孰为侍臣的一个办法。此期间任领军将军者有元继,他卸领军之职当在太和十九年年底③,《魏书》卷一六《元继传》记其"入为左卫将军,兼侍中,又兼中领军,留守洛京"。又《魏书》卷二一上《元雍传》:"太和九年,封颍川王,加侍中、征南大将军。……久之,拜中护军,领镇北大将军。改封高阳。"元雍改封高阳是在太和十八年④。按《前职令》,上文之所以称之为"中领军"或"中护

---

① 魏收撰:《魏书》卷三九《李韶传》,中华书局,2017年修订本,第980页。
② 《魏书》卷一一三《官氏志》,第3238页。
③ 张金龙:《领军将军与北魏政治》,氏著《北魏政治与制度论稿》,甘肃教育出版社,2003年,第350页。
④ 《魏书》卷七下《高祖纪下》,第206页。

军",是因为他们属于以"侍臣带者",那么此侍臣就当指二人所共有的"侍中"头衔了。

第二个阶段是南北朝后期,门下省高官继续被视为理所当然的侍臣。梁、陈侍中和黄门侍郎"同掌侍从,傧相威仪,尽规献纳,纠正违阙"①。东魏给事黄门侍郎司马消难有言:"我是黄门郎,天子侍臣,岂有不参朝之理?"②

南北朝后期,引人注目的现象是中书省的官员开始被视为侍臣。

陈文帝天嘉四年(563)诏:"去年十二月十一日,获中书舍人蔡景历启,称侯安都去月十日遣别驾周弘实来景历私省宿,访问禁中,具陈反计,朕犹加隐忍,待之如初。爰自北门,迁授南服,受命经停,奸谋益露。今者欲因初镇,将行不轨。此而可忍,孰不可容?赖社稷之灵,近侍诚悫,丑情彰暴,逆节显闻。"③在此诏中,"近侍诚悫"当指"中书舍人蔡景历"的行为,中书舍人被视为近侍。

北魏后期,肃宗以后,同样出现了中书省官员被视为侍臣之现象。《魏书》卷一六《元叉传》:"灵太后顾谓侍臣曰:'刘腾、元叉昔邀朕索铁券,望得不死,朕赖不与。'中书舍人韩子熙曰:'事关杀活,岂计与否?陛下昔虽不与,何解今日不杀?'灵太后怃然。"此中书舍人为侍臣之例。又《魏书》卷五五《游肇传》记,"肃宗初,近侍群官豫在奉迎者,自侍中崔光已下并加封邑,时封肇文安县开国侯,邑八百户"。侍中崔光作为近侍自不待言,

---

① 《通典》卷二一《职官三·门下省》,第550页。
② 李百药撰:《北齐书》卷二一《高季式传》,中华书局,2024年修订本,第324页。
③ 姚思廉撰:《陈书》卷八《侯安都传》,中华书局,2023年修订本,第165页。

游肇"肃宗即位，迁中书令、光禄大夫，加金章紫绶，相州大中正"，他很有可能是以中书令而为近侍的。

西魏北周，以原中书省官职而为侍臣的现象更加明显。《隋书》卷三九《于义传》："宣帝嗣位，政刑日乱，〔于〕义上疏谏。时郑译、刘昉以恩倖当权，谓义不利于己，先恶之于帝。帝览表色动，谓侍臣曰：'于义谤讪朝廷也。'御正大夫颜之仪进曰：'古先哲王立诽谤之木，置敢谏之鼓，犹惧不闻过。于义之言，不可罪也。'帝乃解。"又庾信撰《周大将军司马裔神道碑》："天子以公操履忠勤，仪刑亮直，乃征为大御伯，寻转大御正，邑一千一百户。枢机近侍，出纳丝言，所谓多识旧章，殿中无双者矣。"①对御正大夫或称侍臣，或称近侍，可见在当时侍臣和近侍含义近似。西魏大统四年（538），申徽"拜中书舍人，修起居注。河桥之役，大军不利，近侍之官，分散者众，徽独不离左右。魏帝称叹之"②。此中书舍人为侍臣之例。又宣政元年（578）"宣帝即位，追郑译等复为近侍"③。郑译为近侍的具体职位是什么呢？《隋书》卷三八《郑译传》记，"太子嗣位，是为宣帝。超拜开府、内史下大夫，封归昌县公，邑一千户，委以朝政"。郑译的职位是"内史下大夫"，在北周六官系统中内史下大夫"比中书侍郎之任"④。此中书侍郎为侍臣之证。可见在北周，原本中书省系统的官员，进入了近侍或侍臣行列。这也是在南北朝表现得最

---

① 庾信撰，倪璠注，许逸民校点：《庾子山集注》卷一三《周大将军司马裔神道碑》，中华书局，1980年，第798页。

② 李延寿撰：《北史》卷六九《申徽传》，中华书局，1974年，第2390页。

③ 令狐德棻等撰：《周书》卷四〇《王轨传》，中华书局，2022年修订本，第779页。

④ 李林甫等撰，陈仲夫点校：《唐六典》卷九《中书省》中书侍郎条注，中华书局，1992年，第275页。

为充分的。

我们再回到被当作侍臣的御正大夫,六官体系下的御正大夫相当于何职呢?胡三省认为御正大夫"盖中书舍人之职也",甚至"在帝左右,又亲密于中书"①。也有学者认为御正大夫相当于侍中,持侍中说者如清人倪璠,他在注释上引司马裔神道碑时称"御正,盖古侍中之职也"②。此外,日本学者榎本あゆち《关于西魏末、北周的御正》认为御正应相当于散骑常侍、散骑侍郎③。不论御正大夫相当何职,与我们上述西魏北周由原门下、中书官员共同构成侍臣群体的观点均无矛盾。

3. 隋与唐前期侍臣之构成

隋与唐前期,门下省和中书省官员成为制度上规定之侍臣。与此同时,在实际政治当中,尚书省官员又步入了侍臣行列。

隋门下省侍中更名纳言,隋文帝时,柳机为纳言,"机性宽简,有雅望,然当近侍,无所损益,又好饮酒,不亲细务,在职数年,复出为华州刺史"④。苏威在隋炀帝时任纳言,大业十二年(616),"帝问侍臣盗贼事",苏威"不能诡对,以身隐于殿柱。帝呼威而问之。威对曰:'臣非职司,不知多少,但患其渐近。'"⑤可见隋朝门下省官员仍为侍臣。隋中书省因避讳而改称内史省,内史省官员亦为侍臣,《隋书》卷六七《虞世基传》:"于时天下

---

① 司马光编著:《资治通鉴》卷一六八《陈纪二》文帝天嘉二年(561)六月条胡注,中华书局,1956年,第5214页。
② 《庾子山集注》卷一三《周大将军司马裔神道碑》,第799页。
③ 榎本あゆち:《西魏末・北周の御正について》,《名古屋大学東洋史研究報告》第25号,2001年。
④ 魏徵等撰:《隋书》卷四七《柳机传》,中华书局,2020年修订本,第1434页。
⑤ 《隋书》卷四一《苏威传》,第1345页。

大乱,〔内史侍郎〕世基知帝不可谏止,又以高颎、张衡等相继诛戮,惧祸及己,虽居近侍,唯诺取容,不敢忤意。"隋炀帝时内史省"加置起居舍人员二人"①,从六品起居舍人也被列为侍臣②。

在唐朝,《唐律疏议》卷九《职制》"官人从驾稽违"条疏:"侍臣,谓中书、门下省五品以上,依令应侍从者。"据《通典》卷二一《职官三》,门下、中书二省中依令文"掌侍从"的官员,包括门下省侍中、黄门侍郎、给事中、散骑常侍、谏议大夫,中书省中书令、中书侍郎、中书舍人③。这些职位都是中书、门下两省五品以上掌侍从者,他们在制度上被明确规定为侍臣。大量史料均与此吻合,不必多论。这里只举两例,"太宗诏侍臣举善音者,中书令温彦博白〔吕〕才天悟绝人,闻见一接,辄究其妙;侍中王珪、魏徵盛称〔吕〕才制尺八凡十二枚,长短不同,与律谐契"④,此中书令、侍中被视为侍臣之证。"咸亨中,高宗为飞白书以赐侍臣,赐〔戴〕至德曰'泛洪源,俟舟楫';赐郝处俊曰'飞九霄,假六翮';赐李敬玄曰'资启沃,罄丹诚'。"⑤作为侍臣的三人,参其本传,当时戴至德、李敬玄是中书侍郎,郝处俊为黄门侍郎。

值得注意的是,我们发现《唐律疏议》关于"侍臣"的概念,无法涵盖唐前期侍臣的全部。第一,中书、门下两省中五品

---

① 《隋书》卷二八《百官志下》,第 885 页。
② 《唐六典》卷八《门下省》起居郎条注,"自隋置为职员,列为侍臣,专掌其事,每季为卷,送付史官",第 248 页。
③ 参刘俊文:《唐律疏议笺解》,中华书局,1996 年,第 724—725 页。
④ 欧阳修、宋祁撰:《新唐书》卷一〇七《吕才传》,中华书局,1975 年,第 4062 页。
⑤ 刘昫等撰:《旧唐书》卷七〇《戴至德传》,中华书局,1975 年,第 2535 页。

第十章　从中古侍臣演变看决策群体之扩展　269

以下官员也有些被视为侍臣。第二，中书、门下两省之外，主要是尚书省官员，也被视为侍臣。以下分述之。

唐高祖"武德三年（620）十月三十日，有流星坠于东都城内，殷殷有声。高祖谓侍臣曰：'此何祥也？'起居舍人令狐德棻曰：'……此王世充灭亡之兆也。'"① 又唐太宗贞观十七年（643）四月，"上谓侍臣：'将何以处承乾？'群臣莫敢对，通事舍人来济进曰：'陛下不失为慈父，太子得尽天年，则善矣！'上从之"②。在以上两例中，中书省之起居舍人和通事舍人均为侍臣，但此二职都是从六品上阶，显然超出了《唐律疏议》所谓"五品以上"之范围。前文说明，起居舍人在隋代就已"列为侍臣"。而唐宪宗时，起居舍人裴潾在上疏中称，"伏以贞观以来，左右起居有褚遂良、杜正伦、吕向、韦述等，咸能竭其忠诚，悉心规谏。小臣谬参侍从，职奉侍臣之中，最近左右"③。可见隋唐时期起居郎和起居舍人一直是被作为侍臣的。

此外，武则天垂拱（685—688）中，在门下省和中书省分别设置从七品左、右补阙和从八品左、右拾遗，"掌供奉讽谏，扈从乘舆"④，其品位虽低于五品，但在唐朝也被视为侍臣。《新唐书》卷九一《温造传》记，文宗时御史中丞温造"性刚急，人或忤己，虽贵势，亦以气出其上。道遇左补阙李虞，恚不避，捕从者笞辱"。为此，左拾遗舒元褒等奏："拾遗、补阙，官秩虽卑，乃陛下侍臣也；御史中丞，官秩虽高，乃陛下法吏也。侍臣见凌，

---

① 王溥撰：《唐会要》卷四三《流星》，上海古籍出版社，1991年，第907页。
② 《资治通鉴》卷一九七《唐纪十三》贞观十七年四月条，第6193页。
③ 《唐会要》卷五六《省号下·起居郎起居舍人》，第1131页。
④ 《唐六典》卷八《门下省》左补阙条，第247页。

是不广敬；法吏坏法，何以持绳？"① 拾遗、补阙为侍臣无疑。拾遗、补阙之职位设立较晚，最初编纂《唐律疏议》时尚无此二职②，此后修订律疏时也没有加以增补，这也表现出《唐律疏议》"侍臣"概念的局限性。

在实际政治中，左右仆射、左右丞以及诸部尚书、侍郎等也被视为侍臣，这是唐代前期更为引人注目的现象。

《唐会要》卷四《储君》：唐太宗贞观十六年（642）"八月十四日，上谓侍臣曰：'当今国家何事最急？各为我言之。'右仆射高士廉曰：'养百姓最急。'黄门侍郎刘洎曰：'抚四夷最急。'中书侍郎岑文本曰：'行礼义最急。'谏议大夫褚遂良曰：'当今四方仰德，谁敢为非，但太子、诸王，须有定分。陛下宜为万代法，以遗子孙。'上曰：'此言是也。'"尚书右仆射与黄门侍郎、中书侍郎、谏议大夫同为侍臣。又《资治通鉴》卷一九五《唐纪十一》记贞观十二年九月"上问侍臣：'创业与守成孰难？'〔尚书左仆射〕房玄龄曰：……〔侍中〕魏徵曰：……"此例中尚书左仆射与侍中同为侍臣。此外，太宗时尚书仆射封德彝和萧瑀在当时也都被视为侍臣③。

《唐会要》卷二八《祥瑞上》记，武则天长寿二年（693）正月元日"上谓侍臣曰：'俗云元日有雪，则百谷丰。未知此语故实？'文昌左丞姚璹对曰：……"光宅元年（684）至长安三年

---

① 《唐会要》卷五六《省号下·左右补阙拾遗》，第1142页。
② 对于今本《唐律疏议》的修撰年代，学界存在争议。杨廷福持"永徽律疏"说，见杨廷福：《〈唐律疏议〉制作年代考》，氏著《唐律初探》，天津人民出版社，1982年。刘俊文认为"今传《唐律疏议》所据当是神龙以后，开元二十五年以前通行本《律疏》"，氏著《唐律疏议笺解》序论，第70页。
③ 分见《旧唐书》卷六〇《淮安王神通传》，第2342页。吴兢撰，谢保成集校：《贞观政要集校》卷八《辩兴亡第三十四》，中华书局，2003年，第464页。

（703）之间，尚书省称文昌台，文昌左丞即尚书左丞。唐高宗"乾封二年（667）八月，高宗引侍臣，责以不进贤良。司刑少常伯李安期进曰：……"①龙朔二年（662）至咸亨元年（670）间，"刑部侍郎"称"司刑少常伯"。神功元年（697），"太后谓侍臣曰：'顷者周兴、来俊臣按狱，多连引朝臣，云其谋反……自兴、俊臣死，不复闻有反者，然则前死者不有冤邪？'夏官侍郎姚元崇对曰：……"②光宅元年至神龙元年（705）之间，兵部称夏官，夏官侍郎即兵部侍郎。"睿宗即位，尝谓侍臣曰：神龙已来，李多祚、王同皎并复旧官，韦月将、燕钦融咸有褒赠，不知更有何人，尚抱冤抑？"回答睿宗问题的是吏部尚书刘幽求③。以上诸例可见，唐前期尚书左右丞和诸部尚书、侍郎也被称为侍臣。

总之，在隋和唐前期，南北朝后期中书省官员被视为侍臣的现象得到制度上的承认，门下省和中书省的高级官员在法律上被确定为侍臣。与此同时，尚书省高级官员也实际被皇帝纳入了侍臣之列。

4. 唐中后期至宋侍臣之构成

唐中期以后，侍臣群体之构成又发生了明显的变化，这就是在原来基础之上，学士进入了侍臣之列。唐玄宗开元二十六年（738），"改翰林供奉为学士，别置学士院，专掌内命"，翰林学士被称为"天子私人"④。此后，翰林学士被视为侍臣。如唐懿宗

---

① 《唐会要》卷五三《杂录》，第1078页。
② 《资治通鉴》卷二〇六《唐纪二十二》，第6523页。
③ 《旧唐书》卷九〇《朱敬则传》，第2917页。
④ 李肇：《翰林志》，洪遵辑《翰苑群书》，《丛书集成初编》本，中华书局，1991年，第1—3页。《新唐书》卷四六《百官志一》，第1183—1184页略同。

咸通七年（866）《晋康公主墓志》，"翰林学士朝议郎行尚书兵部员外郎柱国臣卢深奉敕撰，翰林待诏将仕郎守凉王府谘议参军臣张宗厚奉敕书，翰林待诏朝请郎守殿中省尚舍局直长柱国臣毛知俦奉敕篆盖"，志文称"爰命侍臣，志于贞石"。这里显然是将翰林学士和翰林待诏视为侍臣①。宋代侍臣为四品以上清要官。皆文学极选，以备顾问，有侍从献纳、荐士举官之任。翰林学士，给事中，六部尚书、侍郎，为内侍从官；带诸阁学士、直学士、待制者，为在外侍从官。中书舍人、起居郎、起居舍人称"小侍从"②。

（二）冠制所见中古侍臣之构成

以上我们从实际政治来分析中古侍臣的构成，在考察中多用"帝问侍臣……某某作答"形式的例证来证明某某职位被视为侍臣。这种用法在中古文献的个别地方有随意性③，读者可能由此

---

① 周绍良、赵超：《唐代墓志汇编续集》咸通〇三九，上海古籍出版社，2001年，第1065页。又咸通〇四五，第1069页《朗宁公主墓志》："翰林学士朝议郎守中书舍人上柱国赐紫金鱼袋李鄠奉敕撰，翰林待诏朝议郎行亳州谯县丞上柱国臣郭弘范奉敕书，翰林待诏承奉郎守殿中省尚药奉御臣董咸奉敕篆盖。……存存刻石，乃命侍臣。爰纪芳规，用为铭志。"也是把翰林学士与翰林待诏称为侍臣。

② 参龚延明：《宋代官制辞典》，中华书局，1997年，第664—665页。陈元锋：《北宋馆阁翰苑与诗坛研究》，中华书局，2005年，第124—125页。

③ 《资治通鉴》卷一二五《宋纪七》，宋文帝"谓侍臣曰：'观玄谟所陈，令人有封狼居胥意。'御史中丞袁淑言于上曰：'陛下今当席卷赵、魏，检玉岱宗；臣逢千载之会，愿上封禅书。'上悦。第3936页。《资治通鉴》卷一七六《陈纪十》，陈后主"从容谓侍臣曰：'王气在此。齐兵三来，周师再来，无不摧败。彼何为者邪！'都官尚书孔范曰：'长江天堑，古以为限隔南北，今日虏军岂能飞渡邪！边将欲作功劳，妄言事急。臣每患官卑，虏若渡江，臣定作太尉公矣！'"第5501—5502页。《隋书》卷四五《杨勇传》，隋文帝"谓侍臣曰：'我新还京师，应开怀欢乐，不知何意，翻邑然愁苦？'吏部尚书牛弘对曰：'由臣等不称职，故至尊忧劳。'"第1391页。《资治通鉴》卷一八三《隋纪七》，隋炀帝"问侍臣盗贼，左翊卫大将军宇文述曰：'渐少。'帝曰：'比从来少几何？'对曰：'不能什一。'"第5703页。

第十章 从中古侍臣演变看决策群体之扩展 273

产生怀疑。上文还有用近似的"近侍"概念来讨论侍臣之处,这也可能引起读者的疑问。因此,我们将通过冠制,从制度上做进一步论证。

明确将冠制作为侍臣的标志,始见于晋。《晋书》卷二五《舆服志》:"武冠,一名武弁,一名大冠,一名繁冠,一名建冠,一名笼冠,即古之惠文冠。……左右侍臣及诸将军武官通服之。侍中、常侍则加金珰,附蝉为饰,插以貂毛,黄金为竿,侍中插左,常侍插右。"① 可见,两晋"左右侍臣"的标志之一为着武冠,据《晋令》,门下三省之侍中、黄门侍郎、给事中俱为"武冠,绛朝服"②,诸散骑常侍"亦武冠"③。这与上文对两晋侍臣构成的认定吻合。与此同时,两晋尚书省之尚书令、仆射、诸尚书俱着文臣传统之"进贤冠"④。中书省监、令、侍郎也都为进贤冠⑤。他们显然与门下、集书诸官并非同一类官员。

整个南北朝期间,侍臣仍以着武冠(或称武弁)、加貂蝉为标志。此期门下省和集书省(原散骑省)诸官均着武冠,高官加貂蝉。

南朝宋沿袭旧制,侍臣武冠貂蝉⑥,"侍中、散骑常侍及中常

---

① 考古所见武冠、貂蝉的形象,参前引孙机文,《中国古舆服论丛(增订本)》,第172—177页。
② 《唐六典》卷八《门下省》第241页侍中条、第243页黄门侍郎条、第244页给事中条注引《晋令》。
③ 《通典》卷二一《职官三·门下省》,第552页。
④ 《晋书》卷二五《舆服志》,第767页;《唐六典》卷一《尚书省》尚书令条注,第6页;《唐六典》卷二《尚书吏部》吏部尚书条注引《晋令》,第26页。
⑤ 《唐六典》卷九《中书省》中书令条注,第273页;同卷中书侍郎条注引《晋令》,第275页。
⑥ 《宋书》卷一八《礼志五》,第549页。

侍，给五时朝服，武冠。貂蝉，侍中左、常侍右"，给事中、黄门侍郎、散骑侍郎"给五时朝服，武冠"①。南齐规定"武冠，侍臣加貂蝉"，"黄门、散骑"等俱武冠②，得以加貂蝉的是侍中和散骑常侍③。梁陈"左右侍臣及诸将军武官"通服武冠，"侍中、散骑常侍、通直常侍、员外常侍，朝服，武冠貂蝉，侍中左插，常侍右插"，给事中、黄门侍郎、散骑侍郎等为"朝服，武冠"④。这与上文所述南朝门下省和集书省诸官继续被皇帝视为侍臣合。由冠制也可以看出，同样是着武冠的侍臣，分为上下两级，侍中与常侍武冠、貂蝉，实际上也被视为侍臣的黄门侍郎和给事中等则未在武冠之上饰貂蝉。与此同时，南朝尚书省和中书省的官员则仍然着进贤冠⑤，与门下、集书省官员不同。

北朝，北魏冠服制度记载缺漏较多，语焉不详。大体经过太祖、高祖、肃宗三次改制，在肃宗熙平年间（516—518）基本定型⑥。从此后的零星记载来看，北魏武冠、貂蝉的应用与汉魏旧制或当时行用之南朝制度多有类似。如肃宗"神龟元年（518），诏加女侍中貂蝉，同外侍中之饰"⑦；孝武帝太昌元年（532），封

---

① 《宋书》卷一八《礼志五》，第 554、556 页。

② 《南齐书》卷一七《舆服志》，第 380 页。

③ 《南史》卷五九《江淹传》，第 1450 页。《南齐书》卷二九《周盘龙传》，第 605 页。《南齐书》卷三〇《薛渊传》，第 616 页。

④ 《隋书》卷一一《礼仪志六》，第 254、240、243 页。

⑤ 《宋书》卷一八《礼志五》，第 554、556 页；《南齐书》卷一七《舆服志》，第 380 页，此条"中书郎"或为"中书监、令"之讹；《隋书》卷一一《礼仪志六》，第 240、243、244 页。

⑥ 《魏书》卷一〇八之四《礼志四》，第 3069 页。《隋书》卷一一《礼仪志六》，第 258 页。

⑦ 李昉等撰：《太平御览》卷六八八《服章部五·貂蝉》引《后魏书》，中华书局，1960 年，第 3070 页。

第十章　从中古侍臣演变看决策群体之扩展

隆之"除侍中、骠骑大将军。密勿枢功,逶迤衮职,貂蝉承弁,华藻披衣"①。肃宗时李韶"就加散骑常侍,迁车骑大将军,赐剑佩、貂蝉各一具"②。侍中、常侍加貂蝉为汉魏旧制,且与南朝同。又肃宗孝昌二年(526),扬州刺史李宪上表云:"门下督周伏兴以去七月患假还家,至十一日夜梦渡肥水,行至草堂寺南,遥见七人,一人乘马着朱衣,笼冠,六人从后。……其人语兴:'君可回,我是孝文皇帝中书舍人,遣语李宪,勿忧贼堰,此月破矣。'"③"笼冠"即"武冠",北魏中书舍人朱服、武冠的装束,与梁、陈中书舍人同④。北齐"主兵官及侍臣,通着武弁。侍臣加貂珰"⑤。颜之推"以通直散骑常侍迁黄门郎",称为"珥貂蝉而就列,执麾盖以入齿"⑥。在北周,宣帝"自比上帝,不欲令人同己。尝自带绶及冠通天冠,加金附蝉,顾见侍臣武弁上有金蝉,及王公有绶者,并令去之"⑦。可见,此前北周侍臣依旧是武冠貂蝉。

上文指出,在南北朝后期,无论南北,中书省官员均开始被视为侍臣。在梁陈,能够找到的只是中书舍人被视为近侍之例,未发现中书监、令、侍郎为侍臣之例。从冠制来看,梁陈中书省中书监、令着进贤两梁冠,中书侍郎着进贤一梁冠⑧。这一方面

---

① 《艺文类聚》卷五〇《职官部六·刺史》引邢子才《冀州刺史封隆之碑》,第897页。
② 《魏书》卷三九《李韶传》,第981页。
③ 《魏书》卷一一二下《灵征志下》,第3216页。
④ 《隋书》卷一一《礼仪志六》,中书通事舍人"朱服,武冠",第247页。《隋书》卷二六《百官志上》,"其后除'通事',直曰中书舍人",第803页。
⑤ 《隋书》卷一一《礼仪志六》,第261页。
⑥ 《北齐书》卷四五《文苑·颜之推传》,第689页。
⑦ 《周书》卷七《宣帝纪》,第133页。
⑧ 《隋书》卷一一《礼仪志六》,第241、243页。

说明梁陈中书省官员被视为侍臣仍是个别现象，同时也意味着中书省官员作为侍臣，还没有在制度上得到确认。北朝后期中书省官员被视为侍臣的现象更为明显，但可惜冠服制度不详，尚无法考察。明显的制度变化发生于隋朝。

隋唐时期，门下省官员为侍臣的传统被继承下来，南北朝后期中书省官员被视为侍臣的现象在制度上得到确认。《隋书》卷一二《礼仪志七》："武弁，平巾帻，诸武职及侍臣通服之。侍臣加金珰附蝉，以貂为饰，侍左者左珥，右者右珥。"隋制，"剑履上殿"乃侍臣之特权。侍臣以外，是不能"剑履上殿"的。剑"非侍臣，解之"，履"非侍臣，皆脱而升殿"。隋文帝开皇十二年（592）规定"凡朝会应登殿坐者，剑履俱脱。……纳言、黄门、内史令、侍郎、舍人，既夹侍之官，则不脱。其剑皆真刃，非假"①。可见，隋文帝时内史省（中书省）官员，包括内史令、内史侍郎、内史舍人已经和门下省官员一样，拥有了"剑履上殿"的待遇，在制度上成了皇帝的侍臣。至迟到隋炀帝大业年间，冠服制度也发生了相应的变革，内史省诸职不再着进贤冠，而是与门下省官员一样戴上了武冠，内史令也和门下省纳言一样，着武冠加貂蝉②。

唐承隋制，门下省和中书省的官员在制度上被确定为侍臣。反映在冠制上，中书省诸职与门下省官员一样，俱为"武弁，平巾帻"，"侍中、中书令、左右散骑常侍，则加貂蝉"③。然而，此

---

① 《隋书》卷一二《礼仪志七》，第299、300页。
② 《隋书》卷一二《礼仪志七》，第297页。《旧唐书》卷四五《舆服志》，第1931页。
③ 《大唐开元礼》卷三《序例下·衣服》，民族出版社，2000年，第30页。

时在实际政治中被视为侍臣的尚书省高级官员,却仍着进贤冠①,与中书、门下二省官员有别。这种差别,至北宋随着冠制的变化才完全消失。

综上所述,通过实际政治与冠服制度两个方面对侍臣的考察,可以看出魏晋南北朝至北宋期间侍臣职位构成,由门下一省到涵盖门下、中书、尚书三省,是一个逐渐扩大的过程,如何理解这样的变化呢?我们认为其间存在着一个侍臣功能的分化、演变与侍臣角色逐步清晰、定位的过程。

三、侍臣、侍官、内侍:功能分化与角色定位

侍臣作为皇帝身边的一个群体,在帝国早期,其功能相当广泛,大体合三种职能为一身,即充当皇帝贴身警卫,宫廷服侍与处理皇帝家务,以及"顾问应对"的政务职能。在其发展历程中,三种功能逐渐分化,我们从分化以后的角度出发,选取三个概念,"侍臣""侍官"和"内侍"。从分化以后的情况看,三个概念分别代表了三种职能,一是参与顾问决策的"侍臣",二是执掌皇帝警卫的"侍官",三是由宦官充任、在生活上伺候皇帝的"内侍"。在魏晋南北朝,这三个概念混淆不清,某些情况下甚至可以互相替代,从北朝后期至隋唐,随着上述三种功能的分化,三个概念逐渐分离。在功能分化的过程中,以政务职能为核心的侍臣概念和角色定位逐步确立起来。以下试述之。

---

① 《唐六典》卷四《尚书礼部》礼部郎中员外郎条注,第118页。《通典》卷一〇八《礼六十八·开元礼纂类三·序例下》,第2802页略同。

(一) 魏晋南北朝

1. 侍臣之武官源头与禁卫残迹

《续汉书·舆服志下》:"武冠,一曰武弁大冠,诸武官冠之。侍中、中常侍加黄金珰,附蝉为文,貂尾为饰,谓之'赵惠文冠'。"由此条可见,后来被视为侍臣的侍中、中常侍着武冠,属于"诸武官"之列,不过因为此时他们已经和普通武官存在一定差别,所以"加黄金珰,附蝉为文,貂尾为饰",以示特别。侍中、中常侍等当为武官中一特殊群体。这显示出后代的侍臣可能是由武官群体中分化而来,至少其早期应具有某些武官的特点。其他史料可以与此呼应。许慎《说文解字》戈部"戣"字条:"周礼,侍臣执戣立于东垂。"侍臣在帝国早期显示出了皇帝禁卫亲兵的特点。汉代"凡诸郎皆掌更直,执戟宿卫诸殿门,以侍卫之故,通谓之侍郎"①。可见侍臣之"侍"字,也在一定程度上传达了侍臣"侍卫"的功能。《汉书·冯参传》记其在西汉后期"为黄门郎、给事中,宿卫十余年"②。三国吴景帝时发掘的一座公主墓中,铸有铜人为侍郎、常侍,"皆大冠朱衣,执剑列侍灵座"③。"大冠"即"武冠","执剑列侍灵座"反映了其侍卫职能。后代侍中、常侍等侍臣是由武官中分离而来,而且还保留了部分宿卫色彩,这或许是很长一段时期内侍臣着武冠的根本原因。

《晋书》卷二五《舆服志》:"武冠,一名武弁,一名大冠,一名繁冠,一名建冠,一名笼冠,即古之惠文冠。……天子元服

---

① 《通典》卷二二《职官四·尚书省》历代郎官条注,第 607 页。
② 班固撰,颜师古注:《汉书》卷七九《冯参传》,中华书局,1962 年,第 3306 页。
③ 《三国志》卷四八《吴书三·孙休传》注引葛洪《抱朴子》,第 1162 页。

亦先加大冠，左右侍臣及诸将军武官通服之。侍中、常侍则加金珰，附蝉为饰，插以貂毛，黄金为竿，侍中插左，常侍插右。"与前引《续汉书·舆服志下》对比，虽然侍中、常侍仍旧与诸将军武官一样通服武冠，但是"左右侍臣"概念被明确提出，且与"诸将军武官"并列，这显示了"侍臣"与"诸将军武官"已经是不同的两个群体，侍臣渐从武官概念中剥离出来。

在魏晋南北朝，侍臣仍然保留着部分侍卫特色。前文已述，魏晋时期门下省黄门侍郎为侍臣。《通典》卷二一《职官三·门下省》"门下侍郎"条记，"魏晋以来，给事黄门侍郎并为侍卫之官，员四人"，同条注引《山公启事》曰："黄门侍郎荀彧，清和理正，动可观采，真侍卫之美者。"可见在魏晋，黄门侍郎既为"侍臣"，同时也还被当作"侍卫之官"，当时侍臣和侍卫两个群体之间还没有完全分离，侍臣仍具备侍卫之责。

中古"侍官"，有"侍卫天子"之意[①]。魏晋南北朝很长时期内，"侍臣"与"侍官"这两个概念之间多有重合的现象，此期制度内被视为侍臣的门下省侍中、黄门侍郎等职，同时又被称为"侍官"。

《晋书》卷九九《桓玄传》记东晋安帝元兴三年（404），"〔刘〕裕率义军至竹里，玄移还上宫，百僚步从，召侍官皆入止省中"。《资治通鉴》亦载此事，胡三省注曰："侍官，自侍中下至黄、散之属。"[②] 胡注认为侍官即门下、散骑、侍中省之官员。这是有道理的，《晋书·舆服志》有"门下三省侍官"之谓，门

---

① 《新唐书》卷五〇《兵志》，第1327页。
② 《资治通鉴》卷一一三《晋纪三十五》安帝元兴三年二月条，第3561页。

下三省即指门下省、散骑省和侍中省。宋明帝泰始六年（470），陆澄云"自魏、晋以来，宗庙行礼之外，不欲令臣下服衮冕，故位公者，每加侍官"①，位公者所加"侍官"，加的就是侍中或散骑常侍②。南朝宋齐也有侍中、散骑常侍、黄门侍郎、散骑侍郎被称为"侍官"之例③。南朝陈，"侍中至于武卫，最是近官"，属于"侠侍之官""侠御之官"或"侍官"之列④。

《魏书》卷一一三《官氏志》记拓跋什翼犍"建国二年（339），初置左右近侍之职，无常员，或至百数，侍直禁中，传宣诏命"。北魏初年演进浅显，"左右近侍"既有在禁中侍卫更直的禁卫武官性质，也有出入诏命的文官性质⑤。北魏道武帝天赐"四年（407）五月，增置侍官，侍直左右，出内诏命"⑥。与上条对比，"侍官"与"左右近侍"功能极其相似，也同时具有侍卫和出入诏命的两类职能。唐长孺先生认为侍官即是以前内侍的改称与扩大，侍官之名可能承袭晋代旧名，晋代侍官为"自侍中下至黄、散之属"，北魏之侍官与北魏初期的侍中属同一性质⑦。北魏侍臣中包括集书省通直散骑侍郎，李业兴在长广王元晔当政时除通直散骑侍郎，前废帝"普泰元年（531），沙汰侍官，〔李〕

---

① 《宋书》卷一八《礼志五》，第572页。
② 参阅步克：《宗经、复古与尊君、实用（上）——中古〈周礼〉六冕制度的兴衰变异》，《北京大学学报（哲学社会科学版）》2005年第6期，第105页。
③ 《南齐书》卷九《礼志上》，"其外侍官则有侍中、散骑常侍、黄门侍郎、散骑侍郎各二人"，第145页。
④ 《陈书》卷一六《刘师知传》，第255—258页。
⑤ 张金龙：《魏晋南北朝禁卫武官制度研究》，中华书局，2004年，第686页。
⑥ 《魏书》卷一一三《官氏志》，第3234页。
⑦ 唐长孺：《魏周府兵制度辨疑》，氏著《魏晋南北朝史论丛》，生活·读书·新知三联书店，1955年，第285—286页。

业兴仍在通直,加宁朔将军"①。可见通直散骑侍郎属于侍官之列。北魏又有所谓"门下侍官"②。这些都显示了北魏门下、集书省官员与侍官,即侍臣与侍官之间的密切联系。《魏书》卷九四《阉官·贾粲传》:肃宗神龟三年(520)七月"灵太后之废,〔贾〕粲与元叉、刘腾等伺帝动静。右卫奚康生之谋杀叉也,灵太后、肃宗同升于宣光殿,左右侍臣俱立西阶下。康生既被囚执,粲绐太后曰:'侍官怀恐不安,陛下宜亲安慰。'太后信之,适下殿,粲便扶肃宗于东序,前御显阳,还闭太后于宣光殿"。在这条史料中,"侍官"就是指"左右侍臣"。

魏晋南北朝侍臣又被称为侍官,应是其传统侍卫职能的反映。正因为如此,所以虽然实际上因"近来侍官皆不习武"③,诸侍臣是否有能力充当皇帝的禁卫亲兵值得怀疑,但是在魏晋南北朝的礼制中,我们依然可以看到侍臣的侍卫功能在仪式中的体现。如晋"日将蚀,天子素服避正殿,内外严警。太史登灵台,伺候日变,便伐鼓于门。闻鼓音,侍臣皆着赤帻,带剑入侍"④。北齐制与晋类似,当日蚀将发生之时,"蚀前三刻,皇帝服通天冠,即御座,直卫如常,不省事。有变,闻鼓音,则避正殿,就东堂,服白袷单衣。侍臣皆赤帻,带剑,升殿侍"⑤。

2. 侍臣的宫官内侍色彩

如果说魏晋南北朝侍臣与侍官不分,反映了侍臣充当皇帝禁

---

① 《魏书》卷八四《儒林·李业兴传》,第 2011 页。
② 《魏书》卷三一《于忠传》,第 827 页。
③ 《北史》卷四八《尒朱荣传》,第 1760 页。
④ 《晋书》卷一九《礼志上》,第 594 页。
⑤ 《隋书》卷八《礼仪志三》,第 186 页。

卫亲军的军事职能，那么侍臣与内侍不分，则反映了侍臣具有服侍宫廷，伺候皇帝生活起居的职责。

魏晋南北朝，侍臣由门下省、集书省官员构成。据祝总斌先生的研究，门下省的前身是东汉侍中寺，在侍中寺设置以前，日后构成门下省的主要官员如侍中、黄门侍郎、散骑常侍等职西汉就都已经存在了。汉武帝以前，他们基本不参与政事，主要任务是"分掌乘舆服物，下至亵器虎子之属"，即仅在生活上侍奉皇帝。至汉武帝以后，侍中等职渐渐获得了一些参政的机会，在学术上充当皇帝的顾问，在政治上参与谋议或谏诤，东汉侍中寺成立后，又获得了固定的职掌"省尚书事"，这为门下省的建立、存在和发展指明了基本方向[①]。

参与政事职能的发展和完善，是魏晋南北朝门下省发展的趋向。但是由于职务渊源的影响，伺候皇帝生活起居的职责作为门下省工作的一个方面，在我们讨论的侍臣职能上长期有所表现。从称呼来看，"侍臣"与"内侍"长期不分。

《三国志》卷三九《蜀书九·董允传》："〔董〕允迁为侍中，领虎贲中郎将，统宿卫亲兵。……尚书令蒋琬领益州刺史，上疏以让费祎及允，又表'允内侍历年，翼赞王室，宜赐爵土以褒勋劳。'允固辞不受。"后陈祗代董允为侍中，被称为"继〔董〕允内侍"[②]。又孙吴韦曜"为侍中，常领左国史"，被称为"得与史官，貂蝉内侍，承合天问"[③]。几例中，侍中皆被称为内侍，可见当时侍臣与内侍并没有明确区分。西晋时，卫璪"为散骑侍郎，

[①] 祝总斌：《两汉魏晋南北朝宰相制度研究》第八章第二节。

[②] 《三国志》卷三九《蜀书九·陈祗传》，第987页。

[③] 《三国志》卷六五《吴书二十·韦曜传》，第1462、1463页。

内侍怀帝"①。宋后废帝"元徽初,褚渊参朝政,引〔何〕戢为侍中,时年二十九。戢以年未三十,苦辞内侍,表疏屡上,时议许之。改授司徒左长史"②。《南史》卷四八《陆慧晓传》:"陆慧晓字叔明,吴郡吴人,晋太尉玩之玄孙也。自玩至慧晓祖万载,世为侍中,皆有名行。慧晓伯父仲元,又为侍中,时人方之金、张二族。父子真,仕宋为海陵太守。"时有云"陆子真五世内侍"者,所谓"五世内侍",即五世侍中。以上诸例可见,在魏晋南朝,侍中、散骑侍郎等侍臣往往又被视为内侍。北魏前期,学者认为内侍之职应与侍中、中散一类侍从之职相似,或者就是这些职务,只是译为汉语时用词有别罢了③。北魏后期,高乾"解侍中"被称为"去内侍"④。

侍臣被称为内侍,而此期的内侍又常常表现出作为皇帝或其家人身边服侍者之特点,甚至由宦官担任。如《晋书》卷三二《后妃下·康献褚皇后传》记"及哀帝、海西公之世,太后复临朝称制。桓温之废海西公也,太后方在佛屋烧香,内侍启云'外有急奏',太后乃出"。北魏后期的贾粲"太和中,坐事腐刑。颇涉书记。世宗末,渐被知识,得充内侍"⑤。

此期侍臣有服侍皇帝的色彩,并不仅仅反映在名称与内侍的混淆上,而且还表现于侍臣的实际职责中。即使到了南北朝后期的梁代,门下省侍中、给事黄门侍郎的职责中还有"监合尝御

---

① 《晋书》卷三六《卫玠传》,第 1067 页。
② 《南齐书》卷三二《何戢传》,第 645 页。
③ 张金龙:《魏晋南北朝禁卫武官制度研究》,第 686 页。
④ 《北齐书》卷二一《高乾传》,第 291 页。
⑤ 《魏书》卷九四《阉官·贾粲传》,第 2200 页。

药"一条①。隋文帝开皇十年（590）前后，柳庄任给事黄门侍郎时，"尚药进丸药不称旨"，当时与他素有矛盾的另一位给事黄门侍郎陈茂乘机"密奏〔柳〕庄不亲监临，帝遂怒"②。可见，在隋朝虽然未见有明文规定纳言、给事黄门侍郎也有"监合尝御药"之责任，但是给事黄门侍郎不亲自监临御药，在当时至少仍被视为失职的表现。这反映出隋文帝时作为侍臣的门下省长、次官仍未彻底摆脱宫官内侍的色彩。

（二）北朝后期至隋唐

北朝后期至隋唐，侍臣与皇帝禁卫之侍官、服侍皇帝之内侍逐渐分离。

《魏书》卷一一《出帝纪》：孝武帝永熙三年（534）九月，"以卫大将军、河南尹元子思为使持节、行台仆射，使持节、骠骑大将军、开府仪同三司、领军将军娄昭为西道大都督，并率左右侍官西迎车驾"。唐长孺先生在 20 世纪 40 年代中所著《唐书兵志笺正》指出，领军统宿卫兵，故娄昭以领军将军率左右侍官，北魏末年之侍官已经和北魏初年类似侍中的侍官有所不同，以侍官充任宿卫，"侍官则禁军也"。但在此后发表的《魏周府兵制度辨疑》中，唐先生谨慎地认为"侍官还是过去那种担任出纳诏命等的人呢，还是已指侍卫的兵士，这里就难以断定"③。无论如何，北魏后期以来存在着侍官向纯粹禁军转化的现象。至东魏

---

① 《隋书》卷二六《百官志上》，第 802 页。
② 《隋书》卷六六《柳庄传》，第 1740 页。
③ 唐长孺：《唐书兵志笺正》，中华书局，1962 年，第 30 页。《魏晋南北朝史论丛》，第 285 页。

第十章 从中古侍臣演变看决策群体之扩展

北齐，这种迹象更为显著。北齐《尧峻墓志》记"神武皇帝嘉其忠烈，除镇远将军，右厢直寝。……君既侍官，常倍辇毂"①。《隋书》卷二七《百官志中》："左右卫府，将军各一人，掌左右厢。"直寝是左右卫府属员，从五品下阶。左右卫府是东魏北齐的一支重要禁卫部队②，墓志中"直寝"被称为"侍官"，侍官指禁军无疑。北齐隶属于左右卫府的还有御仗属官，包括"御仗正副都督、御仗五职、御仗等员"③，他们又被称为"侍官御仗"④。此"侍官"也指禁军。北齐左右卫府中的几支禁卫部队如御仗、直荡、直卫、翊卫等均设正都督为其长官，狄湛于东魏"武定六年（548），除侍官正都督"⑤，或与此诸职相关。真正完成侍官含义的转变是在北周武帝建德年间，《周书》卷五《武帝纪上》：建德三年（574）十二月"丙申，改诸军军士并为侍官"⑥。"侍官"成了一般军人，特别是禁卫军之称号。隋朝"高祖令选宗卫侍官，以入上台宿卫"⑦，这里侍官显系禁军。至唐代，"侍官"这个概念基本不再行用，径称"卫士"，个别用侍官称禁军之例，也是"时人依魏周故制呼之耳"⑧。

随着侍官概念的转变，侍臣与侍官不再混淆，侍臣也逐渐摆

---

① 赵超：《汉魏南北朝墓志汇编》，天津古籍出版社，2008年，第438页。
② 参张金龙：《魏晋南北朝禁卫武官制度研究》第十九章第三节。
③ 《隋书》卷二七《百官志中》，第844页。
④ 《隋书》卷八《礼仪志三》，第182页。
⑤ 罗新、叶炜：《新出魏晋南北朝墓志疏证（修订本）》，中华书局，2024年，第181页。
⑥ 《隋书》卷二四《食货志》作"建德二年，改军士为侍官，募百姓充之，除其县籍。是后夏人半为兵矣"，第754页。
⑦ 《隋书》卷四五《杨勇传》，第1389页。
⑧ 唐长孺：《唐书兵志笺正》，第30页。

脱了侍卫皇帝之责，故我们只能在礼制仪式中窥其一斑。例如隋制规定，皇帝朝会时，只有侍臣才能够"带剑上殿"，而其他人即使贵如王公，也必须"剑履俱脱"①。这应是侍臣的古老侍卫功能在礼仪上的遗存。到了唐代，即使这种仪式中的体现，也难觅其踪了。

变化的另一方面是侍臣摆脱服侍皇帝生活的色彩，这是随着隋文帝和隋炀帝期间门下省的改革而发生的。至隋炀帝时，原尚食、尚药等皇帝内侍性质的四局脱离了门下省，同时专门管理、服侍皇帝及其家人生活起居的殿内省和内侍省建立，门下内省也由内朝搬了出来，这些都使得门下省官员得以摆脱皇帝内侍色彩，而成为完全意义上的政府官员②。此后一直到宋朝，侍臣的概念彻底与内侍相分离，"内侍"均指宦官而言。

随着侍臣与侍官、内侍的逐渐分离，侍臣"顾问应对"的政务职能突出并固定下来。唐代侍臣的职能被明确规定为"侍臣之职，在献可替否"③，"献替可否，拾遗补阙"成为唐代官员考课二十七最中考评侍臣的标准④。

综上所述，魏晋至隋唐，侍臣所担负的职能由早期兼具禁卫、服侍、政务三种职能向单一的政务职能演化。唐代侍臣禁卫、服侍功能退化，政务功能增强。从源流看，侍臣从侍卫之将变成了政务之臣，从一个具有武官色彩的群体变成了纯粹的文官群体。

---

① 《隋书》卷一二《礼仪志七》，第300、299页。
② 参拙稿《隋朝门下省的机构变迁》《隋门下内省位置考》，载吴宗国主编：《盛唐政治制度研究》第四章，中国人民大学出版社，2019年。
③ 宋敏求编：《唐大诏令集》卷一〇一《条贯两省台官导从敕》，中华书局，2008年，第515页。
④ 《唐六典》卷二《尚书吏部》考功郎中员外郎条注，第42页。

四、从武冠到进贤冠：冠制对侍臣演变的反映及其意义

魏晋至隋唐，武冠都是武官之服，同时侍臣也着武冠，不过"侍臣有貂蝉"①，即侍臣服武冠时，要"加黄金珰，附蝉为文，貂尾为饰。侍中插左貂，常侍插右貂"②。因此从冠制来看，此期侍臣以武冠貂蝉区别于普通文官的进贤冠。侍臣的构成与冠制都在变化之中，不过冠制的变化与实际政治中侍臣构成的发展有一定差异。前文已述，南北朝后期，中书省官员已被视为侍臣，但他们仍着进贤冠；唐代，尚书省官员也被视为侍臣，但同样未着武冠，而着进贤冠。

冠制的演变，与实际政治的发展密切相关。

梁陈制度规定，中书监、令为"朝服，进贤两梁冠"，中书侍郎为"朝服，进贤一梁冠"③，但是在实际中出现了中书省官员着武冠的迹象。《太平御览》卷六八八《服章部五·貂蝉》："《梁书》：朱异除中书郎，时秋日始拜，有飞蝉正集异武冠上，时咸谓蝉珥之兆。后果如其言。"④ 此条不见于今本《梁书》。据《梁书》卷三八《朱异传》，朱异此后曾任员外常侍、散骑常侍。所谓"蝉珥之兆"，当指其迁员外常侍或散骑常侍而言。朱异所任

---

① 《宋书》卷一八《礼志五》，第549页。
② 《通典》卷五七《礼十七·沿革十七·嘉礼二》，第1612页。
③ 《隋书》卷一一《礼仪志六》，第241、243页。
④ 《南史》卷六二《朱异传》，第1515页略同。《太平御览》卷二四《时序部九·秋上》引《梁书》略同，第114页。

中书郎，即中书侍郎①，"飞蝉正集异武冠上"显示中书侍郎朱异所戴乃武冠，与制度规定的进贤一梁冠不同。这或许是实际与制度的差异，又或许是梁武帝日后对天监制度做了修订。无论如何，其结果是中书侍郎向成为着武冠的制度上的"左右侍臣"靠近了一步，可视作隋朝彻底改制之先声。

《旧唐书》卷四五《舆服志》记隋制："门下、内书、殿内三省，诸卫府，长秋监，太子左右庶子、内坊、诸率，宫门内坊，亲王府都尉，府镇防戍九品以上，散官一品已下，武弁、帻。侍中、中书令，加貂蝉，珮紫绶。"其中"内书"显系"内史"之讹。可见隋朝内史省官员已经和门下省官员一样着武弁（武冠）了，二省长官侍中（纳言）和中书令（内史令）也同加貂蝉了，中书省官员冠服制度发生了彻底变革。那么这个变化具体发生在何时呢？《隋书》卷一二《礼仪志七》述隋炀帝大业初制云："内史令金蝉右貂，纳言金蝉左貂。开皇时，加散骑常侍在门下者，皆有貂蝉，至是罢之。唯加常侍聘外国者，特给貂蝉，还则输纳于内省。"此制意义有二，一是"内史令金蝉右貂"表明，最迟到隋大业初，内史省即中书省官员冠制已发生变革，中书省高级官员为侍臣在制度上得到确认。二是罢散骑常侍之貂蝉，同时又规定常侍等只有作为加官出访时，才"特给貂蝉"，且事毕收回。我们知道，隋朝诸散骑已成闲散之职，数量被大大压缩，散骑常侍在大业三年被废②。不给其貂蝉，意味着那些与门下省政务业

---

① 参祝总斌：《两汉魏晋南北朝宰相制度研究》，第342页所举褚球、刘孺、谢征例。

② 《隋书》卷二八《百官志下》，第885页。

已疏离之闲散职位的侍臣地位被剥夺了，这反过来说明隋代侍臣与政务的联系愈发紧密。

中书省官员改着武冠，是对中书省高级官员侍臣地位的确认，但这还不足以消除我们的疑问。汉唐之间，尚书、中书、门下三省都是由皇帝身边的侍从组织逐步发展成为国家政权机构的。在这一过程中，三省转型快慢有别，尚书省最早、中书省次之、门下省最后。中书省和门下省最终走出禁中、完成转变是在隋朝。在一定程度上，可以说是中书省和门下省在机构性质上，经历着趋近于尚书省的转变。那么，在这样的转变中，为什么中书省官员的冠制反而舍弃了与尚书省官员一样的进贤冠，改为与门下省官员一致的武冠了呢？

为了对此现象做一解释，有必要回顾一下帝国早期侍臣与武冠貂蝉结合所标识的意义。

《续汉书·舆服志下》："武冠，一曰武弁大冠，诸武官冠之。侍中、中常侍加黄金珰，附蝉为文，貂尾为饰，谓之'赵惠文冠'。胡广说曰：'赵武灵王效胡服，以金珰饰首，前插貂尾，为贵职。秦灭赵，以其君冠赐近臣。'"获赐武冠的近臣为"百僚之中，莫密于兹"的侍中①。《汉书·燕王旦传》："旦遂招来郡国奸人，赋敛铜铁作甲兵，数阅其车骑材官卒，建旌旗鼓车，旄头先驱，郎中侍从者着貂羽，黄金附蝉，皆号侍中。"颜师古注："貂羽，以貂尾为冠之羽也。附蝉，为金蝉以附冠前也。凡此旄头先驱，皆天子之制。而貂羽附蝉，又天子侍中之饰，王僭为之。"②

---

① 《艺文类聚》卷四八《职官部四·侍中》引应劭《汉官仪》，第864页。
② 《汉书》卷六三《燕王旦传》，第2753—2754页。

武冠貂蝉用以"赐近臣",而且只有天子的侍从才有资格"貂羽附蝉"。侍臣与武冠貂蝉结合所显示的是其与皇帝的近密。其近密,汉代以侍中为代表①,西汉入侍天子的侍中,多半是和天子有特殊关系的亲信,如外戚、佞幸之类②。皇帝给外朝官加侍中、中常侍,一方面使之可以入禁中,一方面也意味着加强了与这些大臣之间私人性的亲密关系③。加侍中、中常侍,除了得以入禁中参与谋议的实质意义外,侍中、中常侍着武冠貂蝉以示皇帝亲信的符号意义也得以突显。在魏晋南北朝,武冠貂蝉的侍中、散骑等侍臣作为加官,也是在这两方面意义上来应用的,以之加于地方官,"欲以抚结众心",尤其显示了加强君臣关系的符号意义④。

隋朝皇帝面对业已摆脱内侍色彩、走出内朝、与皇帝距离扩大的门下省和中书省官员,让门下省官员继续保留武冠、对中书省官员追加赐予武冠,同时两省高官加貂蝉。从武冠貂蝉所具有的符号意义看,此举具有维系和加强皇帝与二省官员之间私人性亲密关系的意味,以体现侍臣"天子私人"之身份特色。这或许是门下省官员保留武冠、中书省官员由进贤冠改着武冠的又一层意义。当然,唐宋官僚系统内之"私人"与秦汉官僚系统外的

---

① 参杨鸿年:《汉魏制度丛考》"侍中近密"条,武汉大学出版社,2005年,第50—56页。

② 参安作璋、熊铁基:《秦汉官制史稿》上册,齐鲁书社,1984年,第285—292页。

③ 参杨鸿年:《汉魏制度丛考》"侍中是加官"条,第57—60页;祝总斌:《两汉魏晋南北朝宰相制度研究》第四章第一节"西汉的中朝官制度"。

④ 关于侍中、散骑等作为加官在魏晋南北朝的应用,请参徐冲:《关于曹魏的侍中尚书》,《国学研究》第16卷,北京大学出版社,2005年;张小稳:《魏晋南北朝时期地方官等级管理制度研究》第五章"地方官加侍中、散骑官",九州出版社,2010年。

"舍人"已不可同日而语了。

唐代三省制下,三省官员同为国家机关重要成员,也同为"献替可否,拾遗补阙"的侍臣。三省官员类型等级的趋同,也终究会在冠制上得到体现。

唐朝中书、门下二省高级官员作为侍臣,以武冠貂蝉区别于普通文官的进贤冠,至少到唐玄宗时期,依然如此。如《通典》卷一〇八《开元礼纂类三》所云:"武弁,平巾帻。武官及中书、门下省、殿中省、内侍省、诸卫及太子诸坊、诸率府及镇戍流内九品以上服之。若侍中、中书令、左右散骑常侍,则加貂蝉,侍左者左珥,侍右者右珥。"① 但是,《新唐书》卷二四《车服志》对此却有不同的记载:"进贤冠者,文官朝参、三老五更之服也。……三品以上三梁,五品以上两梁,九品以上及国官一梁,六品以下私祭皆服之。侍中、中书令、左右散骑常侍有黄金珰,附蝉,貂尾。侍左者左珥,侍右者右珥。"与《通典》相比,《新唐书》所记侍中、中书令、左右散骑常侍的"加貂蝉",被从武弁转移到了进贤冠之上。也就是从武冠加貂蝉变为进贤冠加貂蝉了。

一般而言,《新唐书》诸志关于制度的记述有可能是反映唐后期制度的,但具体到这一条材料,我们尚无法断定其确切时间,因此只是一种对变化的猜测。不过,如果看看北宋初期之制,便可以知道,以上的猜测在宋初已成事实。宋初有进贤冠与貂蝉冠之别,《宋史》卷一五二《舆服志四》:"朝服:一曰进贤冠,二曰貂蝉冠,三曰獬豸冠,皆朱衣朱裳。宋初之制,进贤五

---

① 《大唐开元礼》卷三《序例下·衣服》第30页作"侍左者右珥,侍右者左珥",误。

梁冠：……一品、二品侍祠朝会则服之，中书门下则冠加笼巾貂蝉。"可见，宋初的所谓貂蝉冠，实则进贤冠加笼巾貂蝉，"笼巾"即"武冠"，也就是宋制把武冠的某些特点和貂蝉一起融合到了进贤五梁冠上，即所谓"加于进贤冠而服之"①。明朝邱浚对此说得很清楚："宋朝服之冠，虽曰有三，然皆进贤冠也，加以貂蝉、豸角，因异其名耳。"② 文官朝服之冠向进贤冠靠拢，趋于合一，是隋代以来冠制演变的结果。宋初将貂蝉加于进贤冠，是此演变过程中的一环，冠之形制与《新唐书》的记载如出一辙。

虽然中书、门下二省官员仍与其他文官有"笼巾貂蝉"的区别，但是"笼巾貂蝉"与进贤冠的结合，毕竟反映了中书、门下官员与其他文官冠制的趋同。这还只是一个过渡，变化仍在继续。

北宋仁宗康定二年（1041），"准《阁门仪制》，以中书令、侍中、同中书门下平章事为宰臣，亲王、枢密使、留守、节度使、京尹兼中书令、侍中、同中书门下平章事为使相。……宰臣、使相则加笼巾貂蝉"③。在这里，加"笼巾貂蝉"者显然已经突破了中书、门下二省，"笼巾貂蝉"成为最高级文官，即"宰臣、使相"的荣耀标志。而从神宗元丰二年（1079）制和北宋末年徽宗之制可知，"笼巾貂蝉"和传统进贤冠结合，成为文官七等冠之首，称作"貂蝉笼巾七梁冠"，"宰相、亲王、使相、三师、三公服之"，第二等为"无貂蝉笼巾"之七梁冠，再下为六梁冠、

---

① 脱脱等撰：《宋史》卷一五二《舆服志四》，中华书局，1977年，第3558页。
② 邱浚著，林冠群、周济夫校点：《大学衍义补》卷九八《备规制·章服之辨》，京华出版社，1999年，第837页。
③ 徐松辑：《宋会要辑稿·舆服》四之一一，中华书局，1957年，第1799页。

五梁冠等等①。"笼巾貂蝉"已不再是官员类别之标志,而成为了官员等级的标志。

可以说,至北宋,原标志侍臣身份的武冠貂蝉被结合到了最高级文官的进贤冠之上,不再作为侍臣群体的特殊标示。侍臣与其他文官冠制的区别已不复存在,中古侍臣群体构成之变化以及侍臣从武职到文职演变过程的终结,在冠服制度上得到了反映。

五、小结

至此,我们可以简单回答本章开始所提出的问题了。为什么在魏晋南北朝着进贤冠的中书监、令和中书侍郎至隋改为武冠呢?这是因为中书省高级官员在南北朝后期已经在实际政治当中被视为侍臣,隋朝以后中书省官员着武冠,是对其侍臣身份的制度确认。唐代三省制下,三省高官均为国家机关重要成员,中书、门下二省官员着武冠,尚书省官员着进贤冠,二者仍处于不同类别。北宋神宗元丰以后,三省官员均着梁冠,冠制差别消失,这是冠服制度对三省官员不再存在类型区别的承认,同时也是冠制本身变化的结果。矛盾的产生,主要是由于制度发展和政治变迁之不同步,这也是我们提出问题并深入研究的一个出发点。

总之,从政治史的角度看,"侍臣"似乎是一个比较模糊的群体,但若将冠服制度引入,这个概念就变得清晰起来了,因为魏

---

① 《宋史》卷一五二《舆服志四》,第 3554—3556 页。

晋隋唐之间侍臣冠服有一个特点，即"武冠貂蝉"。这样，我们得以分析不同时代，皇帝究竟把哪些职位列入身边的侍臣群体。考察发现，魏晋至隋唐，侍臣作为皇帝身边的一个重要群体，其职位的构成，有一个从门下省扩展到中书省再扩展到尚书省的过程。在此过程中，侍臣的职能由早期兼具禁卫、服侍、政务三种职能向单一的政务职能演化，侍臣从一个具有武官色彩的群体变成了纯粹的文臣群体。

侍臣的演变与三省和三省制的发展有关。在此期间，门下省经历了由内廷机构到政府机构的转变，门下省的官员由亲而尊，从带有佞幸色彩的内廷私臣，转变为外朝大臣。因为魏晋至隋唐门下省的高级职位一直是侍臣，所以门下省性质的变化也体现了侍臣角色的变化，侍臣从一个超越官僚体制之上的内朝官群体，演变为一个官僚体制内部协助皇帝决策的外朝大臣群体。而侍臣职位从一省到三省的发展，意味着参与决策群体的扩大。对三省发展的源流，学界有一通说，即认为三省都是以天子的近侍之官而发展成政治上的重要机关的[①]。从魏晋隋唐侍臣变迁角度来看，虽然尚书台在西晋业已成为宰相机构[②]，但是尚书省高级职位不必通过加官即为侍臣却是在唐代以后。尚书、中书、门下三省依次由内廷走向外朝，而门下、中书、尚书三省官员又以相反的顺序依次被赋予侍臣身份。因此，我们不仅看到皇帝身边的群体侵夺外朝权力，也能看到一个外朝大臣被皇帝引入身边的过程。侍臣从门下一省到涵盖三省，从政府角度而言，是决策群体的扩

[①] 内藤乾吉：《唐代的三省》，载《日本学者研究中国史论著选译》第八卷，中华书局，1992年，第230页。王素：《三省制略论》，齐鲁书社，1986年，第271—272页。

[②] 祝总斌：《两汉魏晋南北朝宰相制度研究》第六章第二节"两晋的三公、尚书"。

大；从皇帝角度而言，则是力图将整个决策群体赋予"天子私人"的身份。其结果当是内外朝界限的模糊，皇帝不再将身边的亲信侍臣与政府的公卿大臣相分割，侍臣与外朝之重臣这两种角色从疏离趋于合一。"天子私人"的身份，也使决策群体对皇帝的认同和依附有所增加。

第十一章

唐代异姓爵的袭封问题

唐代封爵制度基本沿袭隋文帝时期的九等爵制,至迟到唐太宗年间已经制度化,九等爵分别是亲王、郡王、国公、开国郡公、开国县公、开国县侯、开国县伯、开国县子、开国县男。其中,非李唐宗室贵族所能获得的最高爵位是郡王,即"其庶姓卿士功业特盛者,亦封郡王","其次封国公,其次有郡县开国公侯伯子男之号"①。对唐代爵制的研究,是唐史研究中的传统课题之一,成果颇多,其中仁井田陞、今堀诚二、日野开三郎等先生着手较早,成果具有代表性②。总体而言,前贤所关注的,主要集中于唐代宗室爵,特别是能给爵位获

---

① 杜佑撰,王文锦等点校:《通典》卷三一《职官十三·历代王侯封爵》,中华书局,1988年,第869页。

② 仁井田陞:《唐代の封爵及び食封制》,《東方學報》(東京)第10册之1,1939年。今堀誠二:《唐代封爵制拾遺》,《社會經濟史學》12—4,1942年。日野開三郎:《唐朝租庸調時代食封制の財政史の考察》,《東洋學報》49—2,1966年。

得者带来实际经济利益,进而影响国家财政的食封制问题,对异姓爵及其爵位承袭问题措意较少,故仍有一定研究空间。

作为一种古老的社会身份尺度,传祚袭国、施惠后裔是封爵制度所具有的本质属性之一①。唐代的异姓爵袭封制度发生了一些显著变化,动摇了这种本质属性。对唐代异姓爵的承袭问题,元朝史家马端临有论:"唐初,如英、卫之类,其子尚袭封,至中叶以后,则此制尽废。如狄仁杰封梁公,子光嗣,未尝袭梁公;张说封燕公,子均未尝袭燕公。"他进而下按语曰:"唐自中叶以来,皇子弟之封王者不出阁,诸臣之封公侯者不世袭,封建之制已尽废矣。"②清代学者纪昀等撰《历代职官表》继承了马端临的论断,并进一步明确地说:"今考唐书元宗本纪,开元五年诏予公侯子孙承袭。褚无量列传,无量请收叙唐初功臣世绝者,虽在支庶,亦得承袭。元宗允其请,始与袭封。是则开元中偶有袭封,而肃、代后则绝无其制也。"③马端临和纪昀等都认为,唐中叶,特别是肃宗和代宗以后,废除了异姓爵的世袭制度。若此,唐中叶后就已经与宋制接轨了。事实果真如此吗?下面,针对马、纪论说,结合具体史实,对唐代异姓爵的承袭问题略做阐述。

一、 肃、代以前异姓爵的承袭

马端临、纪昀认为唐中叶以前异姓爵可世袭,还举出英国公

---

① 杨光辉:《汉唐封爵制度》,学苑出版社,1999年,第142页。
② 马端临著,上海师范大学古籍研究所、华东师范大学古籍研究所点校:《文献通考》卷二七六《封建考十七》,中华书局,2011年,第7553页。
③ 纪昀等撰:《历代职官表》卷六五《世爵世职》,上海古籍出版社,1989年,第1250页。"支庶"原作"支庹",今据文渊阁四库本改。

李勣与卫国公李靖子嗣爵例。我们对此并无异议，不过纪昀以褚无量请收叙唐初功臣世绝者例，强调"开元中偶有袭封"的论断则不甚确切。首先，唐玄宗开元五年（717）褚无量上疏以及相应诏书针对的都是"收叙唐初逮今功臣世绝者"①。所谓"世绝"，是指因犯罪而除爵或因没有法定继承人而爵位自动消失的情况，不同于爵位的自然承袭，当为特例，不足以说明"开元中偶有袭封"。其次，从目前掌握的材料看，玄宗时期的异姓爵承袭情况与此前并无太大差别。下面仅对不同等级的爵位世袭，特别是玄宗期情况再补充几例，并简要说明此期继承顺序和嗣爵时间问题。

唐前期异姓爵与同姓爵一样，是可以世袭的。唐《封爵令》明文规定"王、公、侯、伯、子、男，皆子孙承嫡者传袭"②，还补充规定"其嗣王、郡王及特封王子孙承袭者，降授国公"③。唐异姓爵最高为郡王，承袭时需降爵一级为国公。国公以下诸爵是可以世袭的。杨恭仁在高祖时"封观国公。……子思训袭爵。……思训孙睿交，本名璬，少袭爵观国公，尚中宗女长宁公主"④。此唐前期国公袭封四代之例。唐前期在册封国公时，有些册文中明确说明"传之子孙，世为唐辅"⑤。王守一袭爵祁国公、

---

① 欧阳修、宋祁撰：《新唐书》卷二〇〇《儒学下·褚无量传》，中华书局，1975年，第5689页。

② 长孙无忌等撰，刘俊文点校：《唐律疏议》卷二五《诈伪》"非正嫡诈承袭"条疏引《封爵令》，中华书局，1983年，第463页。

③ 李林甫等撰，陈仲夫点校：《唐六典》卷二《尚书吏部》司封郎中员外郎条，中华书局，1992年，第37页。

④ 刘昫等撰：《旧唐书》卷六二《杨恭仁传》，中华书局，1975年，第2381—2382页。

⑤ 宋敏求编：《唐大诏令集》卷六二《册高士廉改封申国公文》，中华书局，2008年，第337页。类似文字，又见同书同卷之《册李勣改封英国公文》《册程知节改封卢国公文》《册侯君集改封陈国公文》《册段志玄改封褒国公文》。

第十一章　唐代异姓爵的袭封问题　299

姜庆初袭爵楚国公都是玄宗时期袭封国公之例①。

郡公、县公同样可以世袭。郑仁泰爵至"同安郡开国公，食邑二千户，实封二百户"，龙朔三年（663）去世后，其子郑玄果"袭爵同安郡公"，郑玄果死于垂拱元年（685），此后，长子"□嗣"袭爵"同安郡开国公"②。郑仁泰祖孙三代为同安郡公。李光弼于玄宗天宝五年（746）"八月袭封蓟郡开国公"③。韩仲良"贞观中，位至刑部尚书、秦州都督府长史、颍川县公。〔韩〕瑗少有节操，博学有吏才。贞观中，累至兵部侍郎，袭父颍川公"④。

县公以下爵位同样可以看到世袭之例。如万俟玄道爵至灵丘县开国侯，其子万俟肃袭灵丘县开国侯⑤，寇鐈于玄宗时"袭封上谷县开国子"⑥。县男是唐九等爵最低一级，亦可世袭。如"太宗即位，征拜〔窦静〕司农卿，封信都男。……子逵，逵尚太宗女遂安公主，袭爵信都男"⑦。又如王希傅"开元二年始封华容县男"⑧，开元六年去世后，由其长子右卫兵曹参军王炅"袭华容县

---

① 《旧唐书》卷一八三《外戚·王守一传》，第4745页；《新唐书》卷九一《姜庆初传》，第3794页。

② 周绍良、赵超：《唐代墓志汇编》开元〇一一，《郑玄果墓志》，上海古籍出版社，1992年，第1158页。

③ 颜真卿撰：《颜鲁公集》卷四《开府仪同三司太尉兼侍中河南副元帅都知河南淮南淮西荆南山南东五道节度行营事东都留守上柱国赠太保临淮武穆王李公神道碑铭》，上海古籍出版社，1992年，第25页。

④ 《旧唐书》卷八〇《韩瑗传》，第2740页。其中"颍川公"即"颍川县公"，见《新唐书》卷一九一《忠义传上》，"侍中、兼太子宾客、袭颍川县公瑗"，第5514页。

⑤ 《唐代墓志汇编》天宝〇六六，《郑府君夫人万俟氏墓志》，第1576页。

⑥ 《唐代墓志汇编》天宝〇二五，《寇鐈墓志》，第1547页。

⑦ 《旧唐书》卷六一《窦静传》，第2369—2370页。

⑧ 张九龄撰，熊飞校注：《张九龄集校注》卷一八《故太仆卿上柱国华容县男王府君墓志铭》，中华书局，2008年，第968页。

开国男"①。

爵位承袭时具体的继承顺序,唐代也有法律规定,第一继承人当然是嫡长子,若"无嫡子,立嫡孙;无嫡孙,以次立嫡子同母弟;无母弟,立庶子;无庶子,立嫡孙同母弟;无母弟,立庶孙。曾、玄以下准此"②。异姓爵在承袭中也是严格按照这个次序进行的。如《崔暟墓志》③记载,"皇圣中兴,旧德咸秩,以安平之三百户爵公为开国男焉。……神龙元年(705),公七十有四,秋七月季旬有八日,终于东都履道里之私第。……安平公之元子浑,字若浊,居丧不胜哀,既练而殁。御史之长子孟孙,仕至向城县令;嫡子众甫,仕至朝散大夫行著作佐郎,嗣安平县男;少子夷甫,仕至魏县令"。志文中"以安平之三百户爵公为开国男焉",是指崔暟获封安平县开国男④。神龙元年崔暟去世后,"元子浑……既练而殁",嫡长子还没来得及继承爵位,便也去世了。此后由谁继承安平男爵位呢?因为崔浑官至"监察御史"⑤,所以"御史之长子孟孙"云云,说的便是崔浑诸子的情况,根据墓志可知,继承安平男爵位的并不是崔浑长子崔孟孙,而是嫡子崔众甫。正符合"无嫡子,立嫡孙"的规定。此外,长山县男韩伦在世时,其子已经去世,故韩伦的爵位是由其孙韩思复继承的⑥。

---

① 《唐代墓志汇编》元和一二七,《王氏墓志》,第 2039 页;同书咸通〇五六,《王虔畅墓志》,第 2421 页。
② 《唐律疏议》卷四《名例》"会赦应改正征收"条疏,第 96—97 页。
③ 《唐代墓志汇编》大历〇六二,第 1802—1803 页。
④ 《唐代墓志汇编》大历〇六〇,《崔沔墓志》,"考讳皑府君,朝散大夫、汝州长史、安平县开国男",第 1799 页。
⑤ 《唐代墓志汇编》大历〇五九,《崔众甫墓志》,第 1798 页。
⑥ 《新唐书》卷一一八《韩思复传》,第 4271 页。

爵位承袭的时间，未见具体制度规定。通过分析实际袭封情况可获得以下两点认识。第一，获得爵位在唐代并没有年龄限制，唐前期童年即获封的例子并不罕见，如契苾明"孺褓授上柱国，封渔阳县公"[1]；泉毖"年甫二岁，受封淄川县开国男，寻进封淄川子，食邑四百户"[2]。第二，袭封的时间应该在服阕之后不久。服阕袭爵，南北朝以来已有此制，唐前期依旧行之。彭城县公刘德威高宗永徽三年（652）去世，其子刘审礼"服阕当袭爵，累表让弟，朝议不许。永徽中，累迁将作大匠，兼检校燕然都护，袭封彭城郡公"[3]。睿宗景云元年（710），许国公苏瓌薨，子苏颋"服阕就职，袭父爵许国公"[4]。韦翼为武阳郡公，谥曰平，其长子韦英"开元四年，丁平公忧……除服，授尚食直长，主司以丧制有终，遽荣新命，国令举嗣侯之典，无废旧勋，加上柱国，袭封武阳郡公"[5]。薛元超六岁时，袭爵汾阴男[6]，据其墓志，薛元超生于武德六年（623），六岁应在贞观二年（628），这一年距其父汾阴县男薛收去世时隔五年[7]，当是服阕后不久。泉献诚"仪凤四年（679），丁父〔泉男生〕忧，哀毁过礼……调露元年（679）九月，有制夺礼充定襄军讨叛大使。金革无避，非公所能

---

[1] 《新唐书》卷一一〇《契苾明传》，第4120页。
[2] 《唐代墓志汇编》开元三七八，《泉毖墓志》，第1417页。
[3] 《旧唐书》卷七七《刘审礼传》，第2677页。
[4] 《旧唐书》卷八八《苏颋传》，第2880页。
[5] 西安碑林博物馆编，赵力光主编：《西安碑林博物馆新藏墓志汇编》第189号《韦英墓志》，线装书局，2007年，第475页。
[6] 杨炯撰，祝尚书笺注：《杨炯集笺注》卷一〇《中书令汾阴公薛振行状》，中华书局，2016年，第1396页。周绍良、赵超：《唐代墓志汇编续集》垂拱〇〇三，《薛震墓志》，上海古籍出版社，2001年，第278页同。
[7] 薛收去世于武德七年，见《旧唐书》卷七三《薛收传》，第2589页。

辞也。使还录功,授上柱国。开耀二年(682),袭封卞国公食邑三千户"①。此例中,泉献诚袭爵也是在其父去世三年以后。值得注意的是,其间泉献诚已经被"夺礼",起复带兵出征,这显示出是否出任职事官与袭爵并无必然联系。

二、肃、代以后异姓爵的承袭

马端临认为唐中叶以后"诸臣之封公侯者不世袭,封建之制已尽废",纪昀则强调异姓爵袭封"肃、代后则绝无其制也"。事实并非如此。

首先,肃宗、代宗以后,唐朝曾多次颁布有关袭封的诏书。如代宗"永泰二年(766)正月十六日敕:自今已后,子孙袭实封,宜减半,永为常式"②。这道敕书可并不是仅仅针对宗室爵的,如德宗"贞元二年(786)五月,故尚父汾阳王〔郭〕子仪实封二千户,宜准式减半,余以分袭"③。西平郡王李晟食实封一千五百户,其子李愿袭爵岐国公、食实封七百五十户④。又文宗开成四年(839)三月,晋国公、食邑三千户、赐实封三百户裴度去世,此后,其子裴识"袭晋国公、食邑三千户、袭实封一百五十户"⑤。这都是遵照"子孙袭实封,宜减半"而行的。德宗

---

① 《唐代墓志汇编》大足〇〇一,《泉献诚墓志》,第984页。
② 王溥撰:《唐会要》卷九〇《缘封杂记》,上海古籍出版社,1991年,第1953页。
③ 《唐会要》卷九〇《缘封杂记》,第1953页。
④ 李晟爵封见《旧唐书》卷一三三《李晟传》,第3675—3676页;李愿爵封见王昶辑:《金石萃编》卷一〇七《使院石幢记》,中国书店,1985年。
⑤ 裴度爵封见《旧唐书》卷一七〇《裴度传》,第4430页;裴识爵封见《旧唐书》卷一八下《宣宗纪》,第637页。

"贞元元年（785）八月诏：九庙配飨功臣，封爵废绝者，宜令绍封，以时飨祀"①，功臣中当然也会包括大量异姓。此类诏书的颁行，显然意味着肃宗、代宗以后异姓爵世袭的存在。

其次，肃、代以后，不乏异姓爵世袭的实例。开元二十年（732），裴光庭"扈从祠后土，加光禄大夫，封正平男。寻卒"②，其子裴稹，裴稹子裴倩在天宝十四载时，爵为"嗣正平县开国男"③，裴倩子裴均在德宗建中三年（782），"以劳加上柱国，袭正平县男"④。建中二年，汾阳王郭子仪去世，因为唐代规定"嗣王、郡王及特封王子孙承袭者，降授国公"，所以其子郭曜"袭代国公"⑤，郭曜死后，郭暧于德宗"贞元三年，袭代国公"，死后，爵位由长子"铸袭封"⑥。丹阳郡开国公包佶贞元八年去世以后，其子包陈"袭丹郡开国公"⑦。萧俛"曾祖太师徐国公嵩，开元中宰相。祖华，袭徐国公，肃宗朝宰相"，萧俛在宪宗元和末年"袭徐国公"⑧。上引裴识袭爵晋国公的时间是在宣宗大中年间。值得注意的是，此期甚至出现了突破旧制、郡王得以世袭的个案，如雁门郡王田绪贞元十二年去世后，嫡子田季安"袭封雁门郡王"⑨。

以上事实表明，唐肃宗、代宗以后异姓爵世袭的情况仍旧存

---

① 《唐会要》卷四五《功臣》，第945页。
② 《旧唐书》卷八四《裴光庭传》，第2807页。
③ 《唐代墓志汇编续集》天宝一〇八，《裴稹妻郑氏墓志》，第661页。
④ 《新唐书》卷一〇八《裴均传》，第4091页。
⑤ 《新唐书》卷一三七《郭曜传》，第4610页。
⑥ 《新唐书》卷一三七《郭暧传》，第4611页。
⑦ 《唐代墓志汇编》大和〇一一，《包陈墓志》，第2102页。
⑧ 《旧唐书》卷一七二《萧俛传》，第4476页。
⑨ 《旧唐书》卷一四一《田季安传》，第3847页。

在，马、纪所论不确。同时，肃宗、代宗以后异姓爵世袭情况与此前相比，的确发生了一些明显的变化，主要包括以下几个方面。

第一，郡王以下爵位继承中出现降封现象①。

唐前期的规定是"嗣王、郡王及特封王子孙承袭者，降授国公"，以下诸爵袭封时爵级不降。在唐后期，出现了袭封以后爵位降低的现象。如牛僧孺爵至奇章郡开国公，宣宗大中初年去世。牛僧孺有子五人，长曰蔚②。牛蔚在懿宗"咸通中，为给事中，延英谢日，面赐金紫。蔚封驳无避，帝嘉之。逾岁，迁户部侍郎，袭封奇章侯"③。爵位由郡公降至县侯。牛蔚二子分别为循、徽，牛循事迹无考，继承爵位的是牛徽，大概在昭宗乾宁（894—898）中，牛徽"繇中书舍人为刑部侍郎，袭奇章男"④。爵位又从县侯降至最低一级的县男。

此例并非孤证，令狐楚在文宗大和九年（835）"进封彭阳郡开国公"，开成二年（837）十一月去世⑤。其子令狐绹"〔开成〕二年，丁父丧。服阕，授本官，寻改左补阙、史馆修撰，累迁库部、户部员外郎。会昌五年（845），出为湖州刺史。大中二年

---

① 松岛才次郎在《唐の封爵について》一文中，指出了唐代异姓爵的降封现象，见《信州大学教育学部纪要》第20号，1969年。不过，他认为降封世袭是整个唐代的常态，不降封袭爵只是特例，似不太准确。

② 杜牧撰，吴在庆校注：《杜牧集系年校注》卷七《唐故太子少师奇章郡开国公赠太尉牛公墓志铭并序》，中华书局，2008年，第705页。姚铉编：《唐文粹》（《四部丛刊》本）卷五六，李珏《唐丞相太子少师赠太尉牛公神道碑铭》。

③ 《旧唐书》卷一七二《牛蔚传》，第4473—4474页。

④ 《新唐书》卷一七四《牛徽传》，第5234页。时间参严耕望：《唐仆尚丞郎表》，中华书局，1986年，第313页。

⑤ 《旧唐书》卷一七二《令狐楚传》，第4462、4464页。

第十一章 唐代异姓爵的袭封问题

(848),召拜考功郎中,寻知制诰。其年,召入充翰林学士。三年,拜中书舍人,袭封彭阳男,食邑三百户,寻拜御史中丞"①。袭封之爵位由郡公降至县男。另外,杨达爵至弘农郡开国伯,其子杨孝直为弘农县开国男②,太原郡开国公王元逵嫡孙王景崇封太原县男③,均为降爵。当然,这两例并不像牛蔚、令狐绹例那样明言"袭封",只可作为旁证。

第二,异姓爵承袭时的顺序,与前期一致。但值得注意的是,出现了不能承袭或长期未见袭封的情况。

琅邪郡王王武俊死于德宗贞元十七年(801),"子士真、士清、士平、士则。士真嗣"④。王士真在元和四年(810)去世后,以嫡长子王承宗继承,元和十一年,朝廷"夺承宗官爵,仍以士平袭父实封"⑤。士平是士真之弟。这个次序,正是按照唐律规定爵位继承时的嫡子、嫡孙、嫡子同母弟的次序。德宗兴元元年(784)十二月,淮南节度使、颍川县开国子、实封三百户陈少游卒⑥,约贞元四年,"故淮南节度使陈少游子正仪请袭封",御史中丞兼户部侍郎窦参"大署尚书省门曰:'陈少游位兼将相之崇,节变艰危之际,君上含垢,未能发明,愚子何心,辄求传袭。'

---

① 《旧唐书》卷一七二《令狐绹传》,第 4465—4466 页。《唐代墓志汇编续集》咸通〇九九,《孙简墓志》"从表侄金紫光禄大夫守□□右仆射兼门下侍郎同平章事充太清宫使弘文馆大学士上柱国彭阳县开国男食邑三百户令狐绹撰",第 1110 页。
② 《唐代墓志汇编》大和〇九〇,《杨孝直墓志》,第 2160 页。
③ 《旧唐书》卷一四二《王元逵传》,第 3889 页,同卷《王绍鼎传》,第 3890 页。
④ 《旧唐书》卷一四二《王武俊传》,第 3876 页。
⑤ 《旧唐书》卷一四二《王士真传》,第 3877 页,同卷《王士平传》,第 3878 页。时间据《旧唐书》卷一五《宪宗纪下》,第 455 页。
⑥ 《旧唐书》卷一二《德宗纪上》,第 347 页,同书卷一二六《陈少游传》,第 3564 页。

正仪惧，不敢求封而去"①。窦参所言，当指建中年间陈少游曾夺两税使输京财帛及款附叛臣李希烈事。此例表明，唐后期异姓爵的袭封，似乎并不是仅仅依靠血缘关系便可天经地义地获得的。

长期未见袭封之例见于权德舆、权璩父子。权德舆有二子，长曰璩，次曰珏②。宪宗元和十二年（817），权德舆是扶风郡公，权璩为扶风县男③。权德舆去世于元和十三年④，但直到 13 年以后的文宗大和五年（831），权璩的爵位仍旧是扶风县男⑤，尚未见袭封。

第三，从袭爵时间看，肃、代以前有儿童封爵例，肃、代以后则不见；又肃、代以前多在服阕后不久袭爵，肃、代以后袭爵的时间似无一定之规，多在十几年以上。

太原郡公郭钊文宗大和四年十二月去世，"子仲文、仲恭、仲词。开成二年（837），诏仲文袭太原郡公"⑥。此例基本是在服阕后不久，与前期无异，但唐后期更多的例子是袭封时间要久得多。德宗贞元九年西平郡王李晟去世，12 年以后，其子李愿袭封岐国公⑦。太原郡公王廷凑死于大和八年，其子王元逵封太原郡公是在 10 年以后的武宗会昌四年（844）⑧。在前文引述诸例中，

---

① 《旧唐书》卷一三六《窦参传》，第 3746 页。

② 《新唐书》卷七五下《宰相世系表五下》，第 3392 页。韩愈著，刘真伦、岳珍校注：《韩愈文集汇校笺注》卷二〇《唐故相权公墓碑》，中华书局，2017 年，第 2169 页。

③ 《唐代墓志汇编》元和一〇二，《权氏殇子墓志》，第 2020 页。

④ 《旧唐书》卷一五《宪宗纪下》，第 464 页。

⑤ 《唐代墓志汇编》大和〇三九，大和五年《崔弘礼墓志》"朝议郎尚书考功员外郎云骑尉扶风县开国男食邑三百户赐绯鱼袋权璩书"，第 2123 页。

⑥ 《新唐书》卷一三七《郭钊传》，第 4612 页。

⑦ 分见《旧唐书》卷一三《德宗纪下》，第 377 页；《旧唐书》卷一四《顺宗纪》，第 407 页。

⑧ 分见《旧唐书》卷一四二《王廷凑传》，第 3888 页；《旧唐书》卷一八上《武宗纪》，第 601 页。

裴识袭封是在他担任大理卿之后、泾原节度使之前，时间当在宣宗大中六年（852）①。此时距其父裴度去世已经13年了。令狐绹袭封是在令狐楚去世11年以后。牛僧孺死于大中初年，其子牛蔚在十几年以后的咸通中才袭封，牛蔚在僖宗中和年间（881—885）去世，到牛徽袭封时也已经过了十余年。

三、异姓爵袭封制变化与唐后期皇权

通过对比唐肃宗、代宗前后异姓爵承袭的状况，可以发现，实际情况并非如马端临、纪昀所论。首先，肃、代以后，异姓爵爵位仍旧可以由子孙世袭；其次，异姓爵袭封制度出现了一些变化，主要表现于存在袭爵降封、不能世袭以及获袭时间多有延长的现象。概括地说，就是唐后期异姓爵虽然仍旧可以世袭，但是比前期来得难了。如何理解这种变化呢？

我们可以在更长的时间尺度上来观察唐代异姓爵袭封制度的调整。相对于宗室爵，异姓爵的继承在中国古代受到更多限制。研究表明，汉初二十等爵中，除了最高的彻侯、关内侯外，其余爵位继承时需要降袭②。魏晋以后，废除了汉代的无子国除之制，并普遍实行绍封继绝。封爵的稳定性、传袭性大大加强，政局稳定之时，封爵的传递几不受限制③。宋代官员之封爵、食邑、食

---

① 参郁贤皓、胡可先著，胡可先增订：《唐九卿考（增订本）》，凤凰出版社，2022年，第426页；吴廷燮：《唐方镇年表》，中华书局，1980年，第70页。
② 王彦辉：《试论〈二年律令〉中爵位继承制度的几个问题》，《江苏行政学院学报》2009年第2期，第134页。
③ 杨光辉：《汉唐封爵制度》，第145页。王安泰：《开建五等——西晋五等爵制成立的历史考察》，花木兰文化出版社，2009年，第185—186页。

实封都没有子孙世袭的规定①。明朝功臣封爵可否世袭，加封时即明令规定。有的世世相传，有的可传二三世，有的只及其身，有的可以降级袭封。清代爵位分等，袭封有一定次数。封爵除了世袭罔替和特别准许的之外，承袭时须递降②。在此背景下可以发现，唐前期制度基本上沿袭了魏晋以来近 400 年的传统，而肃宗、代宗以后对异姓爵世袭的种种干预，压抑了魏晋以来异姓爵爵位特权的代际传递，这可远溯汉代制度，同时也可视为宋代异姓爵不能世袭的先声。中国古代异姓爵承袭制度变化的阶段性特点，清晰地体现了魏晋南北朝官僚阶层贵族化的时代特色，也体现了唐代"前期结束南北朝相承之旧局面，后期开启赵宋以降之新局面"③的变革与过渡性。这彰显了爵制所具有的"风向标"性质④。没有世袭制度的宋代封爵制，其本质属性已失，异姓爵制实际上已经走到了尽头。

宋制的直接源头可追溯至唐后期开始的若干制度调整。异姓爵袭封制度的变化与唐后期异姓爵的泛滥有关。在平定安史之乱的过程中，产生了大量因功封爵甚至是获封王爵的人，杜佑称"自〔肃宗〕至德元年（756）至〔代宗〕大历三年（768），封异姓为王者，凡百一十二人"⑤。赵翼有论："及德宗奉天之难，危窘万状，爵赏尤殷。……是时王爵几遍天下，稍有宣力，无不

---

① 张希清等：《宋朝典章制度》，吉林文史出版社，2001 年，第 96 页。
② 陶希圣、沈任远：《明清政治制度》，台湾商务印书馆，1983 年第 4 版，上编《明朝政治制度》第 230 页，下编《清朝政治制度》第 179 页。
③ 陈寅恪：《论韩愈》，《历史研究》1954 年第 2 期。又收入陈寅恪：《金明馆丛稿初编》，生活·读书·新知三联书店，2001 年，第 332 页。
④ 阎步克：《中国古代官阶制度引论》，北京大学出版社，2010 年，第 379 页。
⑤ 《通典》卷三一《职官十三·历代王侯封爵》，第 869 页注文。

王者矣。"因此他认为"古来王爵之滥,未有如唐中叶以后之甚者"①。王爵尚且如此,以下诸爵便更为泛滥了。

郡公以下爵位的泛滥除了因战功获封外,还有一个原因,就是"泛恩叙爵"。约从高宗乾封(666—668)年间开始,在皇帝即位、改元、册尊号、立太子、南郊祭天等颁布赦或德音的场合,常常给文武百官"三品以上赐爵一级,四品以下各加一阶"。三品、四品均指文武散阶,之所以对三、四品采取不同赏赐,是因为"三品已上,其阶已贵,故赐爵;四品以下,其阶未贵,故加阶"②。在这种场合,所赐爵位"止于郡公,其郡公更蒙赐爵,即听回授。其国公及封王,并须特恩,不在叙限。其国公及封王准赐爵,亦听回授"③。泛阶的存在,使得更多的官员可以获得三品以上散阶。按制度,郡王、国公为特封,"泛恩叙爵"造成的便是郡公以下诸爵的泛滥了。

当然,"泛恩叙爵"所造成的问题并不始于肃、代,前人也已经有所注意。中宗景龙三年(709),兵部尚书、同中书门下三品韦嗣立针对"滥食封邑者众,国用虚竭"而上疏曰:"皇运之初,功臣共定天下,当时食封才上三二十家,今以寻常特恩,遂至百家已上。国家租赋,太半私门。"④ 约从玄宗初期便开始了限制、削减有爵者食实封户数的措施。"开元四年(716)三月制,诸封

---

① 赵翼著,栾保群、吕宗力校点:《陔余丛考》卷一七《唐时王爵之滥》,河北人民出版社,1990年,第278页。

② 《唐会要》卷八一《阶》,第1771页。

③ 《唐会要》卷八一《阶》,第1772页。《唐六典》卷二《尚书吏部》司封郎中员外郎条略同。

④ 《旧唐书》卷八八《韦嗣立传》,第2870—2871页。《唐会要》卷九〇《缘封杂记》作"今以恩泽受封,至百十四家以上",第1951页。

国自始封至曾孙者,其封户三分减一",开元"二十二年(734)九月敕:诸王公以下食封薨,子孙应承袭者,除丧后十分减二,仍具所食户数奏闻"①。肃宗以后,泛恩叙爵有增无减、因功封爵又不断增加,"自武德至天宝,实封者百余家。自至德二年(757)至大历三年(768),食实封者二百六十五家"②。因此,削减爵位承袭时食实封户数的政策力度进一步加大,代宗"永泰二年(766)正月十六日敕:自今已后,子孙袭实封,宜减半,永为常式。至三月十八日敕:应请封家,三分给二分,待兵革稍宁,即当全给"③。除了少量如"奉天定难功臣"中"食实封者,子孙相继,代代无绝"④外,均应削食实封户数。可见,较之玄宗,不论是削减食实封户数的幅度,还是削减政策应用的范围,肃、代以后都有明显扩大。

由此,肃、代之后袭爵降封、不能世袭以及获袭时间多有延长的现象就不难理解了。不过,大家可能要问,为什么不在源头控制封爵的数量,而在袭封问题上做文章呢?我们认为,其中体现了唐后期皇权的干预作用,目的是突显获得爵位的荣耀应当更多地来自当今皇帝,而不是归功于他们的父祖。

《韩非子·二柄》曰:"明主之所导制其臣者,二柄而已矣。二柄者,刑、德也。何谓刑、德?曰:杀戮之谓刑,庆赏之谓德。

---

① 分见《通典》卷三一《职官十三·历代王侯封爵》,第870页;《唐会要》卷九〇《缘封杂记》,第1952页。在子孙袭封时削减封户数的政策,北魏中后期曾经采取过,时称"世减之法",参杨光辉:《汉唐封爵制度》,第153—154页。

② 《通典》卷三一《职官十三·历代王侯封爵》,第869页注。

③ 《唐会要》卷九〇《缘封杂记》,第1953页。

④ 陆贽撰,王素点校:《陆贽集》卷四《赐将士名奉天定难功臣诏》,中华书局,2006年,第124页。

为人臣者，畏诛罚而利庆赏，故人主自用其刑、德，则群臣畏其威而归其利矣。"爵，是皇帝二柄中对文武臣僚重要的激励手段之一，唐代以后尤其如此①。明朝邱浚有论："人君之所以为君，所以砺天下之人，而使之与我共国家之政，而治天下之民者，爵号之名，车服之器而已。……为人君者，谨司其出纳之权，不轻以假借于人焉。……苟有财者可以财求，有势者可以势得，有亲昵夤缘者，皆可以幸而致之，则名与器不足贵矣。"② 中国古代的皇帝是要把爵赏之权掌握在自己手里的。

因功授爵或泛恩叙爵，无疑是显示皇帝对官员的恩泽。在唐后期袭爵中，皇权通过对旧制的突破，来彰显其对爵赏主权的掌控。前引田季安袭其父田绪爵被封为雁门郡王，便是打破郡王承袭"降授国公"旧制的事例。降封、不能世袭以及获袭时间多有延长的现象，也都是对旧制的冲击。郡公以下诸爵承袭降封现象，是唐前期旧制所未见的。从目前所见资料看，降封事例不多，虽然对袭爵降封是否存在制度性规定无法知晓，但是其压抑爵位特权代际传承的指向还是明显的，与削减食实封政策异曲同工。

肃、代以后，对袭封申请的程序更为强调。前引德宗贞元四年（788）陈少游之子陈正仪"请袭封"，后"不敢求封而去"。这反映出唐后期之袭爵，并不是仅靠血缘关系便理所当然能够获得的，而是必须通过"请袭封"等程序并获得中央的认可。德宗

---

① 阎步克：《中国古代官阶制度引论》，第389页。
② 邱浚著，林冠群、周济夫校点：《大学衍义补》卷二《正朝廷·定名分之等》，京华出版社，1999年，第15—16页。

贞元八年，进一步规范了袭封程序。贞元"八年八月，户部奏：准贞元七年三月二十日敕节文，比来食实封人，多不依令式，皆身殁之后，子孙自申请传袭。伏请自今以后，并今日以前，应食实封人，并一年内准式具合袭子孙官品年名，并母氏嫡庶，于本贯陈牒，如无本贯，即于食封人本任、本使申牒。如合袭人有罪疾及身死者，亦限一周年内申牒，请立以次合袭人，仍具家口陈牒，请附籍帐。本贯勘责当家及亲近，如实是嫡长，即与责保，准式附贯，然后申省。到后即取文武职事三品正员一人充保。敕旨宜依"①。强调程序的背后，自然是突显审批的权力，皇权与中央机构得以在此过程中发挥作用。如文宗"开成初，诏〔郭〕仲文袭父〔郭钊〕太原郡公，制下，给事中封敕奏曰：'伏准制书，赠司徒郭钊嫡男仲文袭封太原郡公者……仲文不合假冒，自称嫡子。……'诏曰：'以万年县尉〔郭〕仲辞袭封。'仲文落下，以太皇太后侄，不之罪。寻以仲辞为银青光禄大夫、检校殿中少监、驸马都尉，袭封太原郡公，尚饶阳公主"②。

子嗣获袭时间多有延长的现象背后，也隐约可见皇权的影子。前引诸例中，裴倩之子裴均在德宗建中年间参与了平李希烈之叛的战争，"以劳加上柱国，袭正平县男"，在劳与袭爵之间，是否存在某种联系？劳是袭爵的前提吗？令狐绹和牛蔚分别在其父去世十余年后，"拜中书舍人，袭封彭阳男""迁户部侍郎，袭封奇章侯"，职位的升迁与袭爵有什么联系呢？裴识并非裴度的嫡长子，而是"第三子"，他在裴度去世13年以后，"官由朝议郎

---

① 《唐会要》卷九〇《缘封杂记》，第1954页。
② 《旧唐书》卷一二〇《郭仲文传》，第3473页。

以至于银青光禄大夫□□□□□□□国子以至袭晋国公"①,此时裴识已经57岁了。从他们的袭爵看,袭封与劳、职位相联系,暗示着袭封或许是有条件的,这在一定程度上降低了依据血缘关系袭封的必然性,增加了当今皇帝恩赐与奖励的意味。

总之,唐肃宗、代宗以后,异姓爵爵位仍旧可以由子孙世袭,但同时也出现了袭爵降封、不能世袭以及获袭时间多有延长的新现象,可以说唐后期异姓爵世袭比前期来得难了。难的背后,是传祚袭国、施惠后裔等封爵制度的本质属性开始动摇了。这是唐后期在皇权对异姓爵世袭的干预之下,异姓爵爵位代际世袭特权被压抑的结果,皇帝把爵位的自动世袭权变为当今皇帝对大臣们功德、劳绩的奖赏与恩赐,从制度上加强了大臣对皇帝的人格依附。

---

① 中国文物研究所、河南省文物研究所编:《新中国出土墓志》河南卷〔壹〕第374号,文物出版社,1994年,下册第328页。"至于银青光禄"六字,据新郑市文物管理局编《新郑碑刻文集》(香港国际出版社,2004年)第14页录文补。

结　语

　　本书聚焦于唐后期皇权的运用方式问题。

　　秦汉以降,皇帝与皇权在政治运行和制度演变过程中发挥着无可替代的重要作用,因此皇权是传统政治史研究中的一个核心问题,也是理解中国古代政治与社会的重要视角之一。

　　就唐后期而言,安史之乱爆发以后,唐朝的中央集权受到很大冲击,但这并不一定意味着皇权随之衰落。在部分唐前期制度瓦解后的制度空白期,皇帝和内廷愈发成为帝国政治的中心。值得注意的是,翰林学士院学士、神策护军中尉、枢密使等与唐后期政治息息相关且对后代产生重大影响的制度安排,几乎都是围绕皇权的行使而构建的,它们都与皇权有着直接而密切的关系,唐后期重要制度的调整与变迁深刻地打上了皇权的印记,皇帝与皇权在唐后期政务运行中的主导作用更为突出。

　　皇帝在官员任免、军队控制、法律和制度废立等方面有制度化权力,但制度化的权力不一定能够保证皇帝对政务的主导权，主导权只有在权力的运行过程中方能更为清晰地体现出来。基于此，我们从权力运用入手，从皇权能动性的角度出发，讨论唐后期皇权的运用方式问题，重点关注皇权对政务信息的控制、皇权对议题及议政程序的控制、加强大臣对皇帝的人格依附等三方面，希望从皇帝对上述隐藏性权力的运用，探讨唐后期皇权的具体表现形式及其运行方式，揭示皇帝权力及其运作方式在技术层面的发展。

唐后期皇帝通过制度调整，努力提高皇权在重要政务信息流转过程中的控制力。皇帝不再仅仅作为信息的接受者处于政务信息流转过程中的顶端，而是处于政务信息流转过程的核心，亲自控制着重要政务信息的筛选和分配。在重要政务信息的掌控方面，相比唐后期参与决策的翰林学士和宰相，皇帝越发处于优势地位，有效掌握政务处理的主动权。宰相和翰林学士，则由于其信息来源渠道不同，在决策中承担着不同的辅助角色。为了保证皇帝及时准确地掌控敏感和关键的政务信息，唐后期还制定了针对报告性上行公文的多种兼申规定。通过兼申，皇帝或上级机构能够与具体负责机构同步了解相关信息，有利于皇帝和上级机构对具体负责机构的管理、指导和监督。

唐后期皇权的行使中，注重对议题与议政程序的控制。集议在唐后期政治运行中的作用颇为重要，集议过程中，皇帝不是全程参与，但也并非只是最后环节的拍板者。皇帝不仅拥有对集议议题的批准权和否决权，而且通过在集议过程若干关节点的参与，使其意志深入到决策过程的各个关键环节之中。对议题的搁置、不决策，也是唐后期皇权掌控议题能力的体现之一。在唐代，搁置并非皇帝怠政的表现，搁置、暂不决策其实也是一种决策，使得有些政策的备选方案在进入决策过程之前就被剔除出议程。重大决策做出以后，搁置反对意见，使之不成为议题、不再讨论，实质是皇帝以其最高决策者的身份压制了相关议题。此外，对有可能引发或加剧官员内部矛盾的议题加以搁置，体现了皇帝对官僚群体的掌控能力。搁置既是皇帝处理与官僚机构矛盾、压制大臣意见的方式之一，也是皇帝处理君臣关系时的灵活手段。

唐后期皇权的能动性，还体现在皇帝致力于构建与大臣之间的私人关系上。唐后期皇帝与地方官之间、中央高级官员与地方官之间私人联系有所加强。侍臣群体的逐渐扩大，意味着皇帝试图将整个决策群体赋予"天子私人"的身份。对唐代异姓爵的袭封问题的探讨，则揭示了唐后期将大臣的制度性家族待遇变为皇帝对大臣临时、个人性赏赐。以上制度性调整，从不同侧面加强了大臣对皇帝的人格依附关系。

总之，唐后期皇权行使的方式，既包括直接命令干预异姓爵袭封等公开层面的显性权力，也包括皇帝有意识地通过对信息控制、议题控制及人格依附关系构建等隐藏性权力的综合运用，整体上加强了唐后期皇帝在政务决策中的主导作用，并强化了皇帝对决策的干预能力，体现了中国古代皇权运用方式在技术层面的演进。

关于皇权的行使，六十年前，宫崎市定先生从唐宋变革论出发，以唐代贵族政治向宋代君主独裁转变的角度，对唐、宋皇帝制度进行过简明扼要的比较：

> 在三省六部的组织下，天子的主权徒具形式，只在名义上握有政权，实际的运作则在天子耳目所不能及的政府中，经贵族的协议而决定，再得天子的同意而以天子之名实施于

天下。……宋代政府的形态便大不相同了。如前所述，三省六部制只剩形骸，不过是记账和保存账目的事务所；决策的部分被抽出，由直属天子的机关处理，在天子的监督下运作。新的决策机关设在天子周围，构成有力的新中央政府。天子参与所有部门，以首长的身份指导。天子不再是闲居深宫的象征，他的手就像章鱼的脚一般从四面八方紧抱着新中央政府，天子变成了有实力的人。一向是中央政府首脑的宰相，则不过是天子的顾问罢了。①

宫崎市定先生对唐宋皇帝制度之间差异的敏锐观察，引发了学界的关注与讨论。宋史研究中，对所谓宋代君主独裁有了更为具体而深入的认识：两宋时期，通过视朝听政，皇帝对于日常政务的介入程度日渐加深，皇帝的行事范围较以往大大扩展，对政务的参与范围与控制力度大为增强②。而宫崎市定先生强调的唐宋变革，学界则有不同意见。在唐宋对比研究中，有学者从政治制度角度、特别是从中枢机构宰相制度考虑，认为唐宋属于一个板块③。本书对唐后期皇权运用方式的研究也表明，宋代皇帝对朝政干预、控制能力的提升，及其掌控范围的扩大，难以构成唐宋之间质的变化，宋代皇帝制度处在唐代特别是唐后期皇帝制度演进的延长线上。

---

① 宫崎市定著，于志嘉译：《宋代官制序说——宋史职官志的读法》，《大陆杂志》第78卷第1、2期，1989年。原文见佐伯富编：《宋史職官志索引》，東洋史研究會，1963年。

② 参王化雨：《面圣：宋代奏对活动研究》，生活·读书·新知三联书店，2019年，第274、305页。周佳：《北宋中央日常政务运行研究》，中华书局，2015年，第61、65页。

③ 参刘后滨：《唐代中书门下体制研究：公文形态、政务运行与制度变迁（增订版）》，中国人民大学出版社，2022年，第356页；方诚峰：《从唐宋宰相概念论君主支配模式》，《史学月刊》2021年第3期。

中国古代皇帝制度在技术层面的演进，大体包含两个方向：一是在皇帝怠政的情况下，制度能够保证国家政务基本正常运转；二是皇帝参政时，制度保证其具有强大的干预能力。之所以向这两种看似矛盾的方向演进，是与中国古代皇帝制度的基本特点分不开的。首先，在秦汉至明清的绝大部分时间里，帝位传承原则上实行嫡长子继承制。嫡长子继承制是依据血缘关系确定继承人，其目的在于减少潜在继承人之间的竞争，以达成最高权力的平稳过渡。但嫡长子继承制并非选贤任能，难免会出现能力平庸、精力不济或者干脆不愿过问朝政的皇帝，因此制度的演进趋向于确保在这种极端情况出现时，官僚机构依然能够基本维持正常运转。其次，中国古代皇帝制度下，国家是一家一姓之天下，为了保证国家政权由这一家一姓把持，制度演进的另一个方向便是确保并加强皇帝对各项政务的干预权力。唐后期皇帝对隐藏性权力的综合运用，丰富了皇帝对政务的干预手段，提升了皇帝对政务的干预能力，强化了皇帝对政务决策的主导权。

本书所勾勒的唐后期皇权中的隐藏性权力，是属于皇帝专制权力的一部分，此类权力的使用并非始于唐朝，但在唐后期被更为主动、更加综合地运用起来。唐后期皇权隐藏性权力的运用被宋代继承并进一步精细化，而且成为皇权工具箱中的常备品。后代皇帝诉诸专制权力时，这些手段时常会被采用，在专制皇权发展到巅峰阶段的帝国晚期尤其明显。研究显示，明清两代皇帝都致力于通过直接掌握信息渠道与信息内容来强化皇权[①]。清雍正

---

① 顾慕晴：《资讯与皇权之强化——以明、清通政使司的兴衰为例》，《中国行政评论》第 19 卷第 3 期，2013 年。

皇帝希望建立内廷机构来辅佐他治理国家，因为这更便于皇帝积极插手干预政务。雍正皇帝还减少大规模正式、公开的朝会，采取步骤减少外朝通信体系的公开性，目的是保证他自己垄断或操纵信息①。当乾隆皇帝力图整肃官僚队伍时，他首先致力于全面而可靠地掌握信息，同时他也以强化君主与大臣个人关系的方式，加强大臣对皇权的依附，以有效控制大臣②。清代皇帝垄断信息的方式，还包括所有奏折皆须由专门渠道径达御前，由皇帝根据所奏内容及其机密紧要程度决定留中不发或发交讨论处理机构③，通过控制信息流转而掌控议题。与唐后期异姓爵袭封制度异曲同工的是，清朝皇帝通过恩封，将爵位的自动世袭权改变为皇帝对功德劳绩的奖赏④，以突破制度的方式彰显皇帝至高无上的权力，同时加强对大臣的掌控。

　　唐后期皇权运作中对隐藏性权力有意识地综合利用，加强了皇帝的政务决策主导作用，并强化了皇帝的决策干预能力，但对皇权约束的天然缺乏也增加了皇帝非理性决策的可能性。隐藏性权力是不同于强制式权力的同化式权力，权力的运用者通过信息控制、议题设置以及个人吸引力等同化手段，得到他希望得到的结果。我们注意到，唐后期皇帝对决策干预能力的加强，并未使皇权得以脱离官僚机构，而是使皇权的行使与官僚机构更加紧密地联系在一起，制度、政策的顺利出台与推行，有赖于君臣之间

---

① 白彬菊著，董建中译：《君主与大臣：清中期的军机处》，中国人民大学出版社，2017年，第7、152、38、314页。
② 孔飞力著，陈兼、刘昶译：《叫魂》，上海三联书店，1999年，第264、273—278页。
③ 白新良：《清代中枢决策研究》，辽宁人民出版社，2002年，第328页。
④ 罗友枝著，周卫平译、雷颐审校：《清代宫廷社会史》，中国人民大学出版社，2009年，第120页。

的共识。对唐后期来说,其结果便是皇帝致力于君臣之间形成共识,当然是皇帝所希望的那个共识。会昌年间,即使武宗和宰相李德裕不顾群臣反对,决意讨伐泽潞刘稹后,也进行了一场集议。司马光《考异》云:"君相诛讨之意已决,百官集议及宰臣再议,皆备礼耳。"① 所谓"备礼",司马光认为在君相决策意向已定的情况下,集议不过是走过场。但即便走过场,也是有必要的,因为集议有助于确立、扩大或巩固共识。皇帝与大臣,特别是参与决策大臣共识的形成,是一些皇帝努力追求的。如第六章讨论,元和七年集议之前的元和三年诏,从结果来看,更像是宪宗在解决钱货问题上的投石问路。而"德宗以〔李〕元谅专杀,虑有章疏,先令宰相谕谏官勿论"②,宪宗"欲复用〔韩〕愈,故先语及,观宰臣之奏对"③ 等举措,可以看出皇帝在小心地争取与宰相或其他重臣之间获得共识,这些大都发生于正式讨论之外。对制度周边问题的进一步发掘,或可拓展并深化对皇权运作方式的认识。

---

① 《资治通鉴》卷二四七《唐纪六十三》会昌三年四月条,第7981页。
② 《旧唐书》卷一四四《李元谅传》,第3917页。
③ 《旧唐书》卷一六〇《韩愈传》,第4202页。

征引文献目录

一、史料[①]：

白居易著，朱金城笺校：《白居易集笺校》，上海古籍出版社，1988年。

白居易著，谢思炜校注：《白居易文集校注》，中华书局，2011年。

陈思：《宝刻丛编》(《丛书集成初编》本)，中华书局，1985年。

阙名：《宝刻类编》(《丛书集成初编》本)，商务印书馆，1936年。

孙光宪撰，贾二强点校：《北梦琐言》，中华书局，2002年。

李百药撰：《北齐书》(点校本二十四史修订本)，中华书局，2024年。

李延寿撰：《北史》，中华书局，1974年。

王钦若等编：《册府元龟》，中华书局，1960年。《宋本册府元龟》，中华书局，1989年。

朱熹：《昌黎先生集考异》，朱杰人、严佐之、刘永翔主编《朱子全书》第19册，上海古籍出版社、安徽教育出版社，2002年。

赵升编，王瑞来点校：《朝野类要》，中华书局，2007年。

陈子昂著，彭庆生校注：《陈子昂集校注》，黄山书社，2015年。

姚思廉撰：《陈书》(点校本二十四史修订本)，中华书局，2023年。

袁说友等编，赵晓兰整理：《成都文类》，中华书局，2011年。

不著撰人，罗宁点校：《大唐传载》，中华书局，2019年。

阙名：《大唐开元礼》，民族出版社，2000年。

[①] 按书名音序排列。

邱濬著，林冠群、周济夫校点：《大学衍义补》，京华出版社，1999年。

圆照：《代宗朝赠司空大辨正广智三藏和上表制集》，《大正新修大藏经》第52册，中国书店，2021年。

刘珍等撰，吴树平校注：《东观汉记校注》，中华书局，2008年。

裴庭裕撰，田廷柱点校：《东观奏记》，中华书局，1994年。

王夫之：《读通鉴论》，中华书局，1975年。

杜牧撰，吴在庆校注：《杜牧集系年校注》，中华书局，2008年。

苏鹗：《杜阳杂编》（《丛书集成初编》本），中华书局，1985年。

赵翼著，栾保群、吕宗力校点：《陔余丛考》，河北人民出版社，1990年。

崔致远撰，党银平校注：《桂苑笔耕集校注》，中华书局，2007年。

韩偓撰，吴在庆校注：《韩偓集系年校注》，中华书局，2015年。

马其昶校注，马茂元整理：《韩昌黎文集校注》，上海古籍出版社，1986年。

吕大防等撰，徐敏霞校辑：《韩愈年谱》，中华书局，1991年。

屈守元、常思春主编：《韩愈全集校注》，四川大学出版社，1996年。

韩愈著，刘真伦、岳珍校注：《韩愈文集汇校笺注》，中华书局，2017年。

方崧卿原著，刘真伦汇校：《韩集举正汇校》，凤凰出版社，2007年。

班固撰，颜师古注：《汉书》，中华书局，1962年。

赵超：《汉魏南北朝墓志汇编》，天津古籍出版社，2008年。

洪遵辑：《翰苑群书》（《丛书集成初编》本），中华书局，1991年。

范晔撰，李贤等注：《后汉书》，中华书局，1965年。

常璩撰，任乃强校注：《华阳国志校补图注》，上海古籍出版社，1987年。

皇甫湜：《皇甫持正文集》（"宋蜀刻本唐人集丛刊"），上海古籍出版社，1994年。

王昶辑：《金石萃编》，北京市中国书店，1985年。

赵明诚撰、金文明校证：《金石录校证》，中华书局，2019年。

房玄龄等撰：《晋书》，中华书局，1974年。

刘昫等撰：《旧唐书》，中华书局，1975年。

李菁：《旧唐书文苑传笺证》，周祖譔主编《历代文苑传笺证》（贰），凤凰出版社，2012年。

王仁裕等撰，丁如明辑校：《开元天宝遗事十种》，上海古籍出版社，1985年。

王应麟著，翁元圻等注，栾保群、田松青、吕宗力校点：《困学纪闻》，上海古籍出版社，2008年。

李翱撰，郝润华、杜学林校注：《李翱文集校注》，中华书局，2021年。

李德裕撰，傅璇琮、周建国校笺：《李德裕文集校笺》，中华书局，2018年。

刘学锴、余恕诚著：《李商隐文编年校注》，中华书局，2002年。

李绛撰，冶艳杰校注：《〈李相国论事集〉校注》，华中科技大学出版社，2015年。

纪昀等撰：《历代职官表》，上海古籍出版社，1989年。

《刘禹锡集》整理组点校，卞孝萱校订：《刘禹锡集》，中华书局，1990年。

刘禹锡著，瞿蜕园笺证：《刘禹锡集笺证》，上海古籍出版社，1989年。

柳宗元著：《柳河东集》，上海人民出版社，1974年。

柳宗元著：《柳宗元集》，中华书局，1979年。

柳宗元撰，尹占华、韩文奇校注：《柳宗元集校注》，中华书局，2013年。

陆贽撰，王素点校：《陆贽集》，中华书局，2006年。

沈括撰，胡道静校证：《梦溪笔谈校证》，上海人民出版社，2011年。

张廷玉等撰：《明史》，中华书局，1974年。

萧子显撰：《南齐书》（点校本二十四史修订本），中华书局，2017年。

李延寿撰：《南史》，中华书局，1975年。

独孤及撰，刘鹏、李桃校注，蒋寅审订：《毘陵集校注》，辽海出版社，2006年。

赵文成、赵君平编：《秦晋豫新出墓志蒐佚续编》，国家图书馆出版社，2015年。

张九龄撰，李玉宏校注：《曲江集》，当代中国出版社，2004年。

张九龄：《曲江集》（"四库唐人文集丛刊"），上海古籍出版社，1992年。

权德舆撰，郭广伟校点：《权德舆诗文集》，上海古籍出版社，2008年。

权德舆撰，蒋寅笺，唐元校，张静注：《权德舆诗文集编年校注》，辽海出版社，

2013年。

董诰等编：《全唐文》，上海古籍出版社，1990年。

陈尚君辑校：《全唐文补编》，中华书局，2005年。

吴钢主编：《全唐文补遗（千唐志斋新藏专辑）》，三秦出版社，2006年。

陶敏主编：《全唐五代笔记》，三秦出版社，2012年。

洪遵：《泉志》（《丛书集成初编》本），商务印书馆，1939年。

许敬宗编，罗国威整理：《日藏弘仁本文馆词林校证》，中华书局，2001年。

陈寿撰，裴松之注：《三国志》，中华书局，1959年。

叶梦得撰，宇文绍奕考异、侯忠义点校：《石林燕语》，中华书局，1984年。

王鸣盛著，黄曙辉点校：《十七史商榷》，上海书店出版社，2005年。

司马迁撰：《史记》（点校本二十四史修订本），中华书局，2013年。

许慎撰：《说文解字》，中华书局，1963年。

永瑢等撰：《四库全书总目》，中华书局，1965年。

船越泰次编：《宋白续通典辑本》，汲古书院，1985年。

江少虞撰：《宋朝事实类苑》，上海古籍出版社，1981年。

徐松辑：《宋会要辑稿》，中华书局，1957年。

脱脱等撰：《宋史》，中华书局，1977年。

沈约撰：《宋书》（点校本二十四史修订本），中华书局，2019年。

魏徵等撰：《隋书》（点校本二十四史修订本），中华书局，2020年。

刘餗撰，程毅中点校：《隋唐嘉话》，中华书局，1979年。

李昉等编，张国风会校：《太平广记会校》，北京燕山出版社，2011年。

李昉等撰：《太平御览》，中华书局，1960年。

张九龄：《唐丞相曲江张先生文集》（《四部丛刊初编》本）。

宋敏求编：《唐大诏令集》，中华书局，2008年。

周绍良、赵超：《唐代墓志汇编》，上海古籍出版社，1992年。

周绍良、赵超：《唐代墓志汇编续集》，上海古籍出版社，2001年。

李肇撰，聂清风校注：《唐国史补校注》，中华书局，2021年。

王溥撰：《唐会要》，上海古籍出版社，1991年。《唐会要》，台湾商务印书馆景印《文渊阁四库全书》第606、607册。《唐会要》，北京商务印书馆影印《文津阁四库全书》第606、607册。

范祖禹撰，吕祖谦音注：《唐鉴（附考异）》，商务印书馆，1936年。

李林甫等撰，陈仲夫点校：《唐六典》，中华书局，1992年。

长孙无忌等撰，刘俊文点校：《唐律疏议》，中华书局，1983年。

姚铉编：《唐文粹》（《四部丛刊初编》本），台湾商务印书馆，1967年第2版。

天一阁博物馆、中国社会科学院历史研究所天圣令整理课题组：《天一阁藏明钞本天圣令校证》，中华书局，2006年。

杜佑撰，王文锦、王永兴、刘俊文、徐庭云、谢方点校：《通典》，中华书局，1988年。

中国文物研究所、新疆维吾尔自治区博物馆、武汉大学历史系编：《吐鲁番出土文书》，文物出版社，1996年。

魏收撰：《魏书》（点校本二十四史修订本），中华书局，2017年。

庞元英：《文昌杂录》，中华书局，1958年。

徐师曾著，罗根泽校点：《文体明辨序说》，人民文学出版社，1962年。

马端临著，上海师范大学古籍研究所、华东师范大学古籍研究所点校：《文献通考》，中华书局，2011年。

李昉等编：《文苑英华》，中华书局，1966年。

吴讷著，于北山校点：《文章辨体序说》，人民文学出版社，1962年。

西安碑林博物馆编，赵力光主编：《西安碑林博物馆新藏墓志汇编》，线装书局，2007年。

罗新、叶炜：《新出魏晋南北朝墓志疏证（修订本）》，中华书局，2024年。

权德舆撰：《新刊权载之文集》（"宋蜀刻本唐人集丛刊"），上海古籍出版社，1994年。

欧阳修、宋祁撰：《新唐书》，中华书局，1975年。

新郑市文物管理局编：《新郑碑刻文集》，香港国际出版社，2004年。

中国文物研究所、河北省文物研究所编:《新中国出土墓志》河北卷〔壹〕,文物出版社,2004年。

中国文物研究所、河南省文物研究所编:《新中国出土墓志》河南卷〔壹〕,文物出版社,1994年。

颜真卿:《颜鲁公集》("四库唐人文集丛刊"),上海古籍出版社,1992年。

杨炯撰,祝尚书笺注:《杨炯集笺注》,中华书局,2016年。

欧阳询撰:《艺文类聚》,上海古籍出版社,1999年新2版。

郝春文、宋雪春、李芳瑶、王秀林、陈于柱编著:《英藏敦煌社会历史文献释录》第13卷,社会科学文献出版社,2015年。

程大昌撰,黄永年点校:《雍录》,中华书局,2002年。

庾信撰,倪璠注,许逸民校点:《庾子山集注》,中华书局,1980年。

王应麟撰:《玉海(合璧本)》,中文出版社,1977年。

李吉甫撰,贺次君点校:《元和郡县图志》,中华书局,1983年。

元稹撰,冀勤点校:《元稹集》,中华书局,1982年。

杨军撰:《元稹集编年笺注(散文卷)》,三秦出版社,2008年。

元稹著,周相录校:《元稹集校注》,上海古籍出版社,2011年。

冯贽编,张力伟点校:《云仙散录》,中华书局,1998年。

张九龄撰,熊飞校注:《张九龄集校注》,中华书局,2008年。

张说:《张燕公集》("四库唐人文集丛刊"),上海古籍出版社,1992年。

张说著,熊飞校注:《张说集校注》,中华书局,2013年。

张说:《张说之文集》(《四部丛刊初编》本)。

吴兢撰,谢保成集校:《贞观政要集校》,中华书局,2003年。

令狐德棻等撰:《周书》(点校本二十四史修订本),中华书局,2022年。

李匡文撰,陶敏整理:《资暇集》,陶敏主编:《全唐五代笔记》第3册,三秦出版社,2012年。

司马光编著,胡三省音注,"标点资治通鉴小组"校点:《资治通鉴》,中华书局,1956年。

二、专著：

安作璋、熊铁基：《秦汉官制史稿》上册，齐鲁书社，1984年。

白彬菊著，董建中译：《君主与大臣：清中期的军机处》，中国人民大学出版社，2017年。

白钢主编：《中国政治制度通史》，人民出版社，1996年。

白新良：《清代中枢决策研究》，辽宁人民出版社，2002年。

卞孝萱：《元稹年谱》，齐鲁书社，1980年。

岑仲勉：《唐史余沈》，上海古籍出版社，1979年。

陈克明：《韩愈年谱及诗文系年》，巴蜀书社，1999年。

陈明光：《唐代财政史新编》，中国财政经济出版社，1991年。

陈寅恪：《金明馆丛稿初编》，生活·读书·新知三联书店，2001年。

陈元锋：《北宋馆阁翰苑与诗坛研究》，中华书局，2005年。

池田温编：《唐代诏敕目录》，三秦出版社，1991年。

大庭脩著，徐世虹等译：《秦汉法制史研究》，中西书局，2017年。

邓小南、曹家齐、平田茂树主编：《文书·政令·信息沟通：以唐宋时期为主》，北京大学出版社，2012年。

付兴林：《白居易散文研究》，中国社会科学出版社，2007年。

傅璇琮：《新订唐翰林学士传论》，辽海出版社，2015年。

龚延明：《宋代官制辞典》，中华书局，1997年。

古丁、克林格曼主编，钟开斌等译：《政治科学新手册》，生活·读书·新知三联书店，2006年。

何灿浩：《唐末政治变化研究》，中国文联出版社，2001年。

何世龙：《文种、格式与表述：党政机关法定公文处理规范化研究》，武汉大学出版社，2014年。

黄光国、胡先缙等著：《人情与面子——中国人的权力游戏》，中国人民大学出版社，2010年。

黄进兴：《圣贤与圣徒》，北京大学出版社，2005年。

黄文弼：《塔里木盆地考古记》，科学出版社，1958 年。

柯万成：《韩愈事迹与诗文编年》，文史哲出版社，2012 年。

肯尼斯·米诺格著，龚人译：《当代学术入门：政治学》，辽宁教育出版社、牛津大学出版社，1998 年。

孔飞力著，陈兼、刘昶译：《叫魂》，上海三联书店，1999 年。

李福君：《明代皇帝文书研究》，南开大学出版社，2015 年。

李锦绣：《隋唐审计史略》，昆仑出版社，2009 年。

李锦绣：《唐代财政史稿》（上卷），北京大学出版社，1995 年。

李锦绣：《唐代财政史稿》（下卷），北京大学出版社，2001 年。

廖伯源：《秦汉史论丛（增订本）》，中华书局，2008 年。

刘后滨：《唐代中书门下体制研究：公文形态、政务运行与制度变迁（增订版）》，中国人民大学出版社，2022 年。

刘俊文：《唐律疏议笺解》，中华书局，1996 年。

刘真伦：《韩愈集宋元传本研究》，中国社会科学出版社，2004 年。

卢克斯著，彭斌译：《权力：一种激进的观点》，江苏人民出版社，2008 年。

陆扬：《清流文化与唐帝国》，北京大学出版社，2016 年。

罗友枝著，周卫平译、雷颐审校：《清代宫廷社会史》，中国人民大学出版社，2009 年。

马克垚：《古代专制制度考察》，北京大学出版社，2017 年。

马奇、奥尔森著，张伟译：《重新发现制度：政治的组织基础》，生活·读书·新知三联书店，2011 年。

毛蕾：《唐代翰林学士》，社会科学文献出版社，2000 年。

牟复礼、崔瑞德编：《剑桥中国明代史》，中国社会科学出版社，1992 年。

尼科洛·马基雅维里著，潘汉典译：《君主论》，商务印书馆，1985 年。

宁可主编：《中国经济通史》（隋唐五代经济卷），经济日报出版社，2000 年。

彭信威：《中国货币史》，上海人民出版社，1958 年。

平冈武夫、市原亨吉、今井清编：《唐代的散文作品》，上海古籍出版社，

1989 年。

平田茂树著,林松涛、朱刚等译:《宋代政治结构研究》,上海古籍出版社,2010 年。

仇鹿鸣:《长安与河北之间:中晚唐的政治与文化》,北京师范大学出版社,2018 年。

仁井田陞著,栗劲、霍存福、王占通、郭延德编译:《唐令拾遗》,长春出版社,1989 年。

施子愉:《柳宗元年谱》,湖北人民出版社,1958 年。

松本保宣:《唐王朝の宮城と御前会議——唐代聴政制度の展開》,晃洋書房,2006 年。

舒炜编:《施米特:政治的剩余价值》,上海人民出版社,2002 年。

孙机:《中国古舆服论丛(增订本)》,文物出版社,2001 年。

孙继民:《唐代瀚海军文书研究》,甘肃文化出版社,2002 年。

谭英华:《两唐书食货志校读记》,四川大学出版社,1988 年。

唐长孺:《唐书兵志笺正》,中华书局,1962 年。

唐长孺:《魏晋南北朝史论丛》,生活·读书·新知三联书店,1955 年。

陶希圣、沈任远:《明清政治制度》,台湾商务印书馆,1983 年第 4 版。

窪添庆文著:赵立新、涂宗呈、胡云薇等译:《魏晋南北朝官僚制研究》,复旦大学出版社,2017 年。

万曼:《唐集叙录》,中华书局,1980 年。

王安泰:《开建五等——西晋五等爵制成立的历史考察》,花木兰文化出版社,2009 年。

王化昆:《金石与唐代历日》,国家图书馆出版社,2012 年。

王化雨:《面圣:宋代奏对活动研究》,生活·读书·新知三联书店,2019 年。

王素:《陆贽评传》,南京大学出版社,2001 年。

王素:《三省制略论》,齐鲁书社,1986 年。

吴丽娱:《唐礼摭遗》,商务印书馆,2002 年。

吴廷燮：《唐方镇年表》，中华书局，1980年。

吴宗国：《中古社会变迁与隋唐史研究》，中华书局，2019年。

吴宗国主编，刘后滨副主编：《盛唐政治制度研究》，中国人民大学出版社，
　　2019年。

夏婧：《清编全唐文研究》，上海古籍出版社，2019年。

谢和耐著，何高济译：《中国人的智慧》，上海古籍出版社，2004年。

谢元鲁：《唐代中央政权决策研究（增订本）》，北京师范大学出版社，2020年。

徐连达、朱子彦：《中国皇帝制度》，广东教育出版社，1996年。

阎步克：《中国古代官阶制度引论》，北京大学出版社，2010年。

阎守诚主编：《危机与应对：自然灾害与唐代社会》，人民出版社，2008年。

严耕望：《唐史研究丛稿》，新亚研究所，1969年。

严耕望：《唐仆尚丞郎表》，中华书局，1986年。

严耕望：《严耕望史学论文集》，中华书局，2006年。

杨光辉：《汉唐封爵制度》，学苑出版社，1999年。

杨鸿年：《汉魏制度丛考》，武汉大学出版社，2005年。

杨廷福：《唐律初探》，天津人民出版社，1982年。

于景祥：《陆贽研究》，辽宁人民出版社，1998年。

郁贤皓：《唐刺史考全编（增订本）》，凤凰出版社，2022年。

郁贤皓、胡可先著，胡可先增订：《唐九卿考（增订本）》，凤凰出版社，2022年。

约瑟夫·奈著，李达飞译：《巧实力》，中信出版社，2013年第2版。

约瑟夫·奈著，王吉美译：《论权力》，中信出版社，2015年第2版。

张达志：《唐代后期藩镇与州之关系研究》，中国社会科学出版社，2011年。

张国刚：《唐代藩镇研究（增订版）》，中国人民大学出版社，2010年。

张金龙：《北魏政治与制度论稿》，甘肃教育出版社，2003年。

张金龙：《魏晋南北朝禁卫武官制度研究》，中华书局，2004年。

张希清等：《宋朝典章制度》，吉林文史出版社，2001年。

张小稳：《魏晋南北朝时期地方官等级管理制度研究》，九州出版社，2010年。

张祎:《制诏敕劄与宋代中枢体制》,商务印书馆,2024 年。

赵和平:《敦煌本〈甘棠集〉研究》,新文丰出版公司,2000 年。

中村裕一:《唐代制敕研究》,汲古書院,1991 年。

中村裕一:《唐代公文書研究》,汲古書院,1996 年。

中村裕一:《隋唐王言の研究》,汲古書院,2003 年。

周佳:《北宋中央日常政务运行研究》,中华书局,2015 年。

周相录:《元稹年谱新编》,上海古籍出版社,2004 年。

祝总斌:《两汉魏晋南北朝宰相制度研究》,中国社会科学出版社,1998 年第 2 版。

三、论文:

蔡明伦、蔡伟:《"报闻"与"不报":从〈万历邸钞〉看万历朝奏疏留中》,《河北师范大学学报(哲学社会科学版)》2014 年第 6 期。

陈明光:《唐代"除陌"释论》,《中国史研究》1984 年第 4 期。

陈明光:《唐朝的出使郎官与地方监察》,《厦门大学学报(哲学社会科学版)》2009 年第 2 期。

陈文龙:《唐"通籍"考》,《中华文史论丛》2011 年第 2 期。

陈晔:《唐代次对制析论》,《天府新论》2010 年第 6 期。

陈寅恪:《论韩愈》,《历史研究》1954 年第 2 期。

大津透著,苏哲译:《唐律令国家的预算——仪凤三年度支奏抄·四年金部旨符试释》,《敦煌研究》1997 年第 2 期。

代国玺:《蔡邕〈独断〉考论》,《文献》2015 年第 1 期。

德永洋介:《宋代の御筆手詔》,《東洋史研究》第 57 卷第 3 号。

Denis Twitchett, "Lu Chih (754-805): Imperial Advisor and Court Official", Arthur F. Wright and Denis Twitchett, *Confucian Personalities*, Stanford: Stanford University Press, 1962, 84-122.

杜文玉:《论唐大明宫延英殿的功能与地位——以中枢决策及国家政治为中心》,《山西大学学报(哲学社会科学版)》2012 年第 3 期。

方诚峰:《从唐宋宰相概念论君主支配模式》,《史学月刊》2021 年第 3 期。

方诚峰:《敦煌吐鲁番所出事目文书再探》,《中国史研究》2018 年第 2 期。

宫崎市定著,于志嘉译:《宋代官制序说——宋史职官志的读法》,《大陆杂志》第 78 卷第 1、2 期,1989 年。

顾慕晴:《资讯与皇权之强化——以明、清通政使司的兴衰为例》,《中国行政评论》第 19 卷第 3 期,2013 年。

侯厚吉、万安培:《白居易的货币思想述论》,《中南财经大学学报》1990 年第 2 期。

胡可先:《新出土〈裴夷直墓志〉考论》,《中国典籍与文化论丛》第 11 辑,凤凰出版社,2009 年。

黄桢:《北魏前期的官制结构:侍臣、内职与外臣》,《民族研究》2016 年第 3 期。

榎本あゆち:《西魏末・北周の御正について》,《名古屋大学東洋史研究報告》第 25 号,2001 年。

今堀誠二:《唐代封爵制拾遺》,《社會經濟史學》12-4,1942 年。

雷闻:《从 S. 11287 看唐代论事敕书的成立过程》,《唐研究》第 1 卷,北京大学出版社,1995 年。

雷闻:《唐代帖文的形态与运作》,《中国史研究》2010 年第 3 期。

李都都:《南北朝集议制度考述》,郑州大学 2009 年硕士学位论文。

李佳:《明万历朝奏疏"留中"现象探析》,《古代文明》2009 年第 4 期。

李锦绣:《唐前期公廨本钱的管理制度》,《文献》1991 年第 4 期。

李全德:《通进银台司与宋代的文书运行》,《中国史研究》2008 年第 2 期。

柳浚炯:《唐代宦官与皇权运作关系研究》,北京大学 2010 年博士学位论文。

马俊民:《唐代甀使院制考论》,《天津师大学报》1990 年第 1 期。

毛蕾:《唐"铜匦"设置地点小考》,《唐史论丛》第 11 辑,三秦出版社,2009 年。

孟宪实:《唐代前期使职问题研究》,收入吴宗国主编,刘后滨副主编:《盛唐政治制度研究》，中国人民大学出版社，2019年。

内藤乾吉：《唐代的三省》，《日本学者研究中国史论著选译》第8卷，中华书局，1992年。

屈文军：《元代的百官集议》，《中国史研究》2000年第2期。

仁井田陞：《唐代の封爵及び食封制》，《東方學報》（東京）第10册之1，1939年。

日野開三郎：《唐朝租庸調時代食封制の財政史的考察》，《東洋學報》49-2，1966年。

荣新江：《唐代西州的道教》，《敦煌吐鲁番研究》第4卷，北京大学出版社，1999年。

松本保宣：《从朝堂至宫门——唐代直诉方式之变迁》，邓小南、曹家齐、平田茂树主编《文书·政令·信息沟通：以唐宋时期为主》上册，北京大学出版社，2012年。

松本保宣：《唐代の閤門の樣相について——唐代宮城における情報伝達の一齣その二》，《立命館文學》第608卷，2008年。

松島才次郎：《唐の封爵について》，《信州大学教育学部紀要》第20号，1969年。

王化雨：《宋代皇帝与宰辅的政务信息处理过程——以章奏为例》，邓小南、曹家齐、平田茂树主编《文书·政令·信息沟通：以唐宋时期为主》上册，北京大学出版社，2012年。

王剑：《汉代上封事考论》，《学习与探索》2005年第6期。

王静：《唐大明宫的构造形式与中央决策部门职能的变迁》，《文史》2002年第4辑。

王彦辉：《试论〈二年律令〉中爵位继承制度的几个问题》，《江苏行政学院学报》2009年第2期。

王永生：《大历元宝、建中通宝铸地考——兼论上元元年以后唐对西域的坚守》，《中国钱币》1996年第3期。

魏斌:《"伏准敕文"与晚唐行政运作》,《中国史研究》2006 年第 1 期。

魏斌:《唐代敕书内容的扩展与大赦职能的变化》,《历史研究》2006 年第 4 期。

吴丽娱:《试论"状"在唐朝中央行政体系中的应用与传递》,《文史》2008 年第 1 辑。

吴丽娱:《下情上达:两种"状"的应用与唐朝的信息传递》,《唐史论丛》第 11 辑,三秦出版社,2009 年。

吴丽娱:《再论复书与别纸》,《燕京学报》新 13 期,北京大学出版社,2002 年。

吴丽娱:《再谈私书中的"状"与别纸》,收入波波娃、刘屹主编:《敦煌学:第二个百年的研究视角与问题》,圣彼得堡,2012 年。

吴伟斌:《元稹诗文辨伪录集》,《南京广播电视大学学报》2015 年第 1 期。

吴宗国:《三省的发展和三省制的确立》,《唐研究》第 3 卷,北京大学出版社,1997 年。

吴宗国:《中国古代的王朝和皇权》,收入吴宗国:《中古社会变迁与隋唐史研究》,中华书局,2019 年。

徐冲:《关于曹魏的侍中尚书》,《国学研究》第 16 卷,北京大学出版社,2005 年。

阎步克:《政体类型学视角中的"中国专制主义"问题》,《北京大学学报(哲学社会科学版)》2012 年第 6 期。

阎步克:《宗经、复古与尊君、实用(上)——中古〈周礼〉六冕制度的兴衰变异》,《北京大学学报(哲学社会科学版)》2005 年第 6 期。

杨希义:《唐代君臣朝参制度初探》,《唐史论丛》第 10 辑,三秦出版社,2008 年。

杨希义:《唐延英殿补考》,《文博》1987 年第 3 期。

永田英正:《漢代の集議について》,《東方學報》第 43 册,京都大學人文科學研究所 1972 年。

游自勇:《墨诏、墨敕与唐五代的政务运行》,《历史研究》2005 年第 5 期。

禹成旼:《试论唐代赦文的变化及其意义》,《北京理工大学学报(社会科学版）》2004 年第 3 期。

禹成旼：《唐代德音考》，《中国史研究》2006 年第 2 期。

袁刚：《延英奏对制度初探》，《北京大学学报（哲学社会科学版）》1989 年第 5 期。

赵和平：《中晚唐钱重物轻问题和估法》，《北京师院学报（哲学社会科学版）》1984 年第 4 期。

张春海：《论隋唐时期的司法集议》，《南开学报（哲学社会科学版）》2011 年第 1 期。

张帆：《中国帝制时代"君主专制"问题片论》，北京大学历史学系、北京大学中国古代史研究中心编《吴荣曾先生九十华诞颂寿论文集》，中华书局，2022 年。

张雨：《唐宋间疑狱集议制度的变革——兼论唐开元〈狱官令〉两条令文的复原》，《文史》2010 年第 3 期。

中村裕一：《唐代「議」の文書の考察》，收入《布目潮渢博士古稀記念論集：東アジアの法と社会》，汲古書院，1990 年。

周佳：《北宋仁宗朝的集议》，《中华文史论丛》2012 年第 4 期。

祝总斌：《试论明代内阁制度的非宰相性质——兼略说明代以前秘书咨询官员权力的特点》，《文史》2002 年第 3 辑。